教育部人文社会科学研究规划基金项目成果
（项目编号：21YJA790032）

新时代金融创新与发展系列丛书

农户金融素养提升与返贫阻断：

影响机理与政策研究

李正旺　李　毅　著

中国金融出版社

责任编辑：石　坚
责任校对：李俊英
责任印制：陈晓川

图书在版编目（CIP）数据

农户金融素养提升与返贫阻断：影响机理与政策研究／李正旺，李毅著．—北京：中国金融出版社，2023.12
ISBN 978-7-5220-2211-6

Ⅰ.①农…　Ⅱ.①李… ②李…　Ⅲ.①农村金融—研究—中国
Ⅳ.①F832.35

中国国家版本馆 CIP 数据核字（2023）第 204546 号

农户金融素养提升与返贫阻断：影响机理与政策研究
NONGHU JINRONG SUYANG TISHENG YU FANPIN ZUDUAN：YINGXIANG JILI YU ZHENGCE YANJIU

出版
发行　中国金融出版社
社址　北京市丰台区益泽路 2 号
市场开发部　（010）66024766，63805472，63439533（传真）
网 上 书 店　www.cfph.cn
　（010）66024766，63372837（传真）
读者服务部　（010）66070833，62568380
邮编　100071
经销　新华书店
印刷　北京九州迅驰传媒文化有限公司
尺寸　169 毫米×239 毫米
印张　11.75
字数　210 千
版次　2023 年 12 月第 1 版
印次　2023 年 12 月第 1 次印刷
定价　78.00 元
ISBN 978-7-5220-2211-6

前言 PREFACE

我国从20世纪80年代开始扶贫，特别是在党的十八大之后开展精准脱贫战略以来，经过全党全社会七年多的精准扶贫，四年多的脱贫攻坚战，我国脱贫攻坚取得历史性成就，习近平总书记在全国脱贫攻坚总结表彰大会上发表重要讲话，庄严宣告，经过全党全国各族人民共同努力，在迎来中国共产党成立一百周年的重要时刻，我国脱贫攻坚战取得了全面胜利，现行标准下9899万农村贫困人口全部脱贫，832个贫困县全部摘帽，12.8万个贫困村全部出列，区域性整体贫困得到解决，完成了消除绝对贫困的艰巨任务，创造了又一个彪炳史册的人间奇迹！① 中国政府一直致力于农村反贫困事业，如何做到脱贫不返贫至关重要。在国家的脱贫攻坚政策引导下，我国金融体系的确向农村扶贫事业投入了大量金融资源，在一定程度上改善了贫困问题，但金融扶贫的效果差强人意，特别是阻返贫困方面如何作出更大贡献尤其令人担忧，究其原因有两方面，一方面，农户欠缺金融知识，不能有效地从事金融活动，其信用积累和长期利益趋向弱化，另一方面，随着金融市场的快速发展，尽管金融产品和服务的可获得性在增强，但金融产品和服务的形式更具多样性，以金融科技为载体的去人工化金融服务已是大势所趋，这些新型服务形式对金融知识贫乏的农户群体的金融决策形成了巨大挑战。因此，农户金融素养急需尽快提升。

21世纪，金融素养是至关重要的能力，必须努力提高这一能力以支持世界各地经济增长。然而，尽管金融素养很重要，但全球范围的研究结果都显示，世界上大多数人仍然对金融不甚了解，因此迫切需要采取行动解决这一问题。2008年国际金融危机后，在政策层面纳入金融素养教育已成为一种“国际政治趋势”，包括美国、德国在内的许多国家都纷纷通过实施各种金融教育项目来提高国民的金融素养水平，在中国，消费者的金融素养问题也得到了高度重视，中国人民银行金融消费权益保护局于2017年、2019年和2021年在全国范围内（除港澳台地区）开展了三次消费者金融素养调研，结果显示，我国居民的金

① 参见《习近平庄严宣告：我国脱贫攻坚战取得了全面胜利》，新华社，2021-02-25。

融素养水平普遍偏低，且农户金融素养水平明显低于城镇居民。随着经济金融化程度增强，农户自然无法获得适当、有益且能为未来提高福祉水平的金融服务，尤其是缺乏金融知识和金融技能的农村贫困人口，在日益复杂的金融市场中难以作出正确的金融决策，使贫困进一步加剧，因此，农户的金融素养对农村脱贫的影响日益凸显。

本书使用河南和安徽两省 13 个脱贫摘帽县的实地调查数据。首先，构建金融素养测定框架，对被调查的脱贫摘帽县的农户金融素养进行测度，结果显示平均得分只有 4. 131。其次，针对金融素养微观传导机制的研究发现，在不同的金融科技普及度水平下，农户的金融素养对金融决策的影响弹性大小不同，而且随着金融科技普及度的提高，影响弹性也在逐步攀升，这表明金融科技普及度对主观金融素养、客观金融素养具有非线性的影响结构特征。再次，基于 Probit 模型对金融素养和返贫阻断进行回归分析，在控制了农村贫困的背景变量后，回归结果显示主观、客观金融素养对农村返贫阻断发挥着显著抑制作用。最后，从宏观和微观两个层面提出了提升金融素养的对策建议。

具体内容分为五大部分，安排如下。

第一部分为绪论部分。阐述研究背景、研究意义，并详细梳理金融素养及相关文献，重点阐释金融素养的定义、金融素养的测度及金融素养对金融行为影响等研究。

第二部分为金融素养与贫困关系研究的理论分析，为本书第二章。梳理金融素养理论，包括金融素养的起源与发展、金融素养的测度、金融素养对贫困的影响机制和金融素养提升的方法，进而搭建金融素养与贫困关系的理论框架。

第三部分的主要内容是现实描述，对脱贫农户金融素养调查情况进行描述并评测，为本书第三章和第四章。第三章使用调研数据进行描述性统计分析，研究了贫困地区农户金融素养水平及其主要影响因素。第四章通过因子分析构建了金融素养水平指标体系，分类考察了农户的金融素养水平的分布，对河南、安徽两省贫困地区农户金融素养水平进行评测，并将 13 个脱贫摘帽县的金融素养水平与居民家庭收入分别进行拟合分析，发现居民金融素养对家庭收入有正向影响作用。

第四部分针对宏观层面的金融素养影响返贫阻断的机理、微观层面的返贫阻断机制进行实证研究，包含第五章和第六章。第五章研究基于宏观层面分析，从人均收入和人均资产以及贫困脆弱性三个方面衡量农村人口贫困程度，在农村贫困函数里引入金融素养变量，使用河南、安徽两省农户金融素养调查数据，采用 Probit 模型研究金融素养对农村返贫阻断的影响。通过建立联立方程模型，采用对经济金融信息的关注度这一工具变量，处理遗漏变量产生的内生性问题并进行稳健性检验，得出主观金融素养和客观金融素养的影响差异结果。第六章基于微观层面分析，利用豫皖两省的调查数据，运用中介效应和调节效应检验贫困地区农户主观和客观金融素养对其金融决策的影响路径，结果显示：主观金融素养和客观金融素养对金融市场参与产生正的直接效应；主观金融素养和客观金融素养对保险市场参与产生负的直接效应；主观金融素养在客观金融素养对金融市场和保险市场参与的影响中发挥不完全中介作用；客观金融素养对金融市场参与和保险市场参与的影响受主观金融素养的调节作用的影响。同时，引入金融科技普及度作为门限变量，得出金融科技普及度越高，金融素养对金融决策影响越显著的结论。

第五部分金融素养的提升路径分析及结论与政策建议，包含第七章和第八章。第七章研究贫困地区农户金融素养的提升路径，通过分位数回归来探究应该如何有针对性地提升农户金融素养。第八章为结论及政策建议，首先总结本书研究的主要结论，然后提出相应的政策建议。

通过全书的论述，得出了以下结论。

1. 从门限的视角分析动态金融科技普及度下金融素养对金融决策的影响路径。基于 TAR 模型，构建了以金融科技普及度为门限的模型，确定门限阈值后，探究不同金融科技普及度下金融素养对于金融决策的影响程度，实证结果表明，当金融科技普及度越高时，主客观金融素养对金融决策的估计系数越大且越显著，此时也符合金融素养对金融决策的影响路径，证明了金融科技普及度作为门限变量的合理性，同时也为后来学者研究金融素养时需要关注的金融科技提供了借鉴意义。

2. 采用中介效应模型和调节效应模型观察主观金融素养和客观金融素养在影响金融决策中的作用。由于主观金融素养和客观金融素养之间存在一定程度的依赖关系，所以在实证检验中必须严格区分两者对金融决策的真实影响程度，并在多层次回归中，用 Sobel 检验法提高回归结果统计效力，结果显示，主观金融素养在客观金融素养对金融市场参与和保险市场参与中的中介效应占比分别达到了 26.7%、12.07%，明示了主观金融素养的调节作用和中介效应，使实证结果更具科学性和合理性。

3. 在控制了农村贫困的背景变量后，使用三阶段最小二乘法对主观金融素养与农村贫困的关系进行实证检验，主观金融素养对农村收入贫困、农村资产贫困和贫困脆弱性的影响，在整体宏观层面对农村返贫阻断表现出显著的抑制效应，而且在收入贫困发生率和贫困脆弱性方面，主观金融素养的影响大于客观金融素养，说明提高金融素养水平不仅可以在短期内减轻农民因收入致贫的压力，还可以通过资产配置、参与金融市场在长期内保持其收入的稳健性，实现可持续性减贫。

4. 使用分位数回归分析得出教育水平因素的系数估计值最大，说明受教育程度在贫困农村地区对农民的主客观金融素养水平影响最强，其次为健康因素。有针对性地从宏观层面和微观层面提出了提升农户金融素养的多方面建议，宏观路径包括增加金融教育的公共供给、针对不同人群开展针对性金融教育活动、实施“金融扫盲教育工程”以及制定金融素养教育有效性评估标准，微观路径包括调动各类金融教育主体的积极性和主动性、金融机构进行创新满足脱贫农户的金融需求、鼓励农民积极参与农业现代化建设、加快产业转型支持贫困农村企业发展、在贫困农村地区加快提供数字普惠金融服务、快速提升贫困农村青少年的金融素养以及关注脱贫农户健康状况。

本书边际贡献主要有以下三个方面。

第一，研究思路的创新。通过考察金融素养对农村返贫阻断的影响机理，发现提升金融素养对农村返贫阻断起到重要作用，金融素养可以通过金融行为实现扶贫减贫目标，从而为农村返贫阻断研究提供了新思路。

第二，开展农村实地调研，获取第一手资料。2019 年 7—8 月在河南省和安徽省 13 个脱贫摘帽县、26 个乡镇、91 个行政村发放调研问卷并回收 2234 份调查问卷，通过统计分析发现，金融素养与返贫阻断存在相关性，为金融素养反贫困政策的实施提供了现实依据。

第三，构建并完善了农户金融素养评测指标体系。构建农户金融素养评测指标体系，使用河南、安徽两省 13 个脱贫摘帽县的实地调查数据，准确测算了受访者的综合金融素养、主观金融素养以及客观金融素养水平，分析得到影响农户金融素养的主要因素。

由于作者水平有限，研究仍然难免有不少错漏和不足，还望读者海涵并批评指正，不胜感激。

目录 CONTENT

第一章　绪　论

一、研究背景与意义

（一）研究背景

贫困问题是全世界面临的共同难题，消除贫困是世界各国政府和人民面临的共同任务。我国从 20 世纪 80 年代开始扶贫，特别是在党的十八大之后开展精准脱贫战略以来，经过全党全社会七年多的精准扶贫，四年多的脱贫攻坚战，我国脱贫攻坚取得历史性成就，习近平总书记在全国脱贫攻坚总结表彰大会上发表重要讲话，庄严宣告，经过全党全国各族人民共同努力，在迎来中国共产党成立一百周年的重要时刻，我国脱贫攻坚战取得了全面胜利，现行标准下 9899 万农村贫困人口全部脱贫，832 个贫困县全部摘帽，12.8 万个贫困村全部出列，区域性整体贫困得到解决，完成了消除绝对贫困的艰巨任务，创造了又一个彪炳史册的人间奇迹！但是，全面脱贫目标的实现并不意味着我国扶贫事业的终止和结束，而是站在新的历史方位上的全新启航，当前稳固脱贫攻坚成果，确保“脱贫不返贫”是农村可持续脱贫的重要基础和保障，实现可持续脱贫必须保证“脱贫不返贫”。因此，在全面脱贫背景下，稳固脱贫攻坚成果和实现可持续脱贫，必须要把防止农村返贫放在重要位置。

与此同时，我国金融体系也向农村扶贫事业投入了大量金融资源，但金融在阻断返贫的作用上的效果依然差强人意，因为农户欠缺金融知识，不能有效地从事金融活动，其信用积累和长期利益日趋弱化，同时，金融产品和服务的形式更多样化，以金融科技为载体的智能化金融服务已是大势所趋，对金融知识贫乏的农户群体的金融决策构成了巨大挑战，在我们看来，解决返贫的根本的出路不是授之以“鱼”而是授之以“渔”，打造精准扶贫的 2.0 版，农户金融素养急需尽快提升。

农村金融政策、金融产品以及金融服务的有效性等客观外在因素影响金融行为，而金融意识则是影响金融行为的主观内在因素，国内大多数关于农村金融的研究都建立在农民很大程度上的“经济理性”的假设之上，即农民可以及时地获得金融服务和金融产品的信息并进行合理的决策，但实际上不同金融素养使不同的农户表现出不同的金融意识和金融行为，“三农”问题的症结在于农民的发展程度偏低，是长期的教育落后、信息不对称和投资匮乏所导致的

“深度能力贫困”，在此背景下，研究贫困地区金融素养问题，提升农户的金融素养与返贫阻断以及乡村振兴战略的实施有重大意义，因此对农户金融素养的研究非常必要，而且改善农户金融素养也有助于提高我国农民生产经营能力，从而授之以“渔”地促进农村经济的可持续发展。

中国人民银行金融消费权益保护局在2013年和2015年针对消费者金融素养情况进行了两次全国范围内的试点调查，2016年1月正式建立消费者金融素养问卷调查制度，2017年开始在全国31个省级行政单位（除港澳台地区）每两年全面开展一次消费者金融素养问卷调查，截至2021年已发布三轮《消费者金融素养调查分析报告》。研究表明，金融素养有助于居民制定合理金融决策，实现个人、家庭福利最大化，因此，提高居民金融素养水平意义重大。

本书将主要研究构建农户金融素养评测指数来评测我国贫困地区农户金融素养水平，并分析农户金融素养提升是否能够实现返贫阻断问题，并研究其影响机制，进而提出提升金融素养水平的路径。第一，通过对农村贫困地区农户的金融素养的现状进行分析，并构建农村金融素养评测指标体系来评测金融素养水平；第二，分析农户金融素养对金融决策乃至金融市场行为的影响；第三，分析农户金融素养对返贫阻断的影响及相关机理；第四，研究影响我国贫困地区农户金融素养的主要因素，并分析提升贫困地区农户金融素养的路径。

（二）研究意义

治国有常而利民为本，自党的十九大把脱贫攻坚、精准扶贫作为决胜全面小康社会的三大攻坚战之一以来，中国政府减贫工作取得了举世瞩目的成绩，并且承诺通过精准扶贫，2020年全面实现贫困歼灭战。然而，具体到每个脱贫摘帽县，许多政策和研究在探讨返贫阻断实施过程存在的问题时，往往忽略脱贫农户作为农村金融市场的主体作用，忽视其金融素养水平对扶贫政策的参与程度，缺乏分析脱贫农户的金融素养对整体扶贫效果的影响。许多脱贫地区的脱贫农户、小微企业和低收入群体缺乏基本的金融知识，导致他们不能有效地利用金融工具和优惠的金融政策实现减贫脱贫、增加收入的目标。

2019年8月，《乡村振兴战略规划（2018—2022年）》被中央政治局审议通过，标志乡村振兴这一重大战略全面进入落地实施期，必将给我国“三农”发展带来重大而深远的影响，而与乡村振兴战略相匹配的却是和美欧国家农户相差甚远的金融素养水平，2019年我国农村总人口已达到55162万①，因

① 数据来源：中商产业研究院，《2019年中国统计公报》，https：//s. askci. com/news/hongguan/20200228/1521191157387_2. shtml。

此，对农户金融素养问题开展研究，为国家制定合理的金融素养政策提出建议，提升我国农户金融素养的任务刻不容缓。

1. 理论意义

一是构建农户金融素养评测体系，丰富金融素养理论。本书在前人研究的基础上，扩展了金融素养的内涵，超越了以往测度时的狭义范畴，将个人对金融的认知、态度、金融知识的掌握和运用、可观测的金融行为等方面综合起来作为金融素养的内在要求，通过四个一级指标：金融知识、金融技能、金融行为、金融意识下面细分的二级指标来设计问卷，以此涵盖上述以金融概念为划分依据的四个维度，因此，修正后的金融素养指数模型更加具体和准确，有利于丰富金融素养理论。

二是有利于丰富金融扶贫的理论体系。在现有的相关研究成果中，大部分是以政策性支持贫困地区基础设施建设和扶贫小额信贷研究为主，对金融素养的研究侧重于对城市家庭财富、资产配置等的研究，对于提高金融素养实现农村持久减贫的研究成果较少。本书将金融素养与农村贫困紧密联系，尝试将金融教育与贫困地区农村金融素养发展相结合，强调提升金融素养实现扶贫目标对丰富农村扶贫理论成果有着重要的意义。

三是深化供给侧结构性改革，赋予农村金融供给侧改革新的内涵。在农村金融供给侧改革的函数里增加了农户金融素养这个变量，农村金融供给侧改革要考虑农民的金融素养这个因素，对处理好农村的间接融资和直接融资关系、总量增加和结构优化的关系、处理农村金融改革和金融发展的关系的具有一定参考和借鉴价值。

2. 现实意义

一是进一步提升我国脱贫农户金融素养，促进生产，提高农户家庭收入。通过本书研究金融素养与性别、年龄、收入、职业类型、学历水平、健康状况和婚姻状况以及金融教育等的关系，找出影响我国农户金融素养水平的主要因素，并且分析得出，金融素养的提升有助于我国农户合理有效使用各种金融产品和服务、防范金融诈骗、降低信用违规等风险的发生，促进我国农户生活经济状况改善和道德水平提高。

二是进一步提升我国普惠金融水平和乡村振兴高质量发展。从金融供给视角对我国农户金融素养展开研究，可以优化我国农村金融供给规模、农村金融供给结构和农村金融供给效率。农村金融供给的有效增加可以使金融服务“普之城乡，惠之于民”，让更多的农业企业、农民专业合作社和农户享受广领域、低成本的金融服务和产品，改善农村金融生态环境、提高现代金融服务在贫困地区的可获得性，进而助推国家扶贫开发事业和乡村振兴，对于全面建成小康社会和全面实现农业强、农村美、农民富具有重要意义。

三是有利于深化对“后脱贫攻坚期”发展模式的探讨与实践。在精准扶贫的战略指导下，我国减贫成效显著，随着脱贫攻坚战进入冲刺期，原有扶贫模式的边际减贫效应在不断递减，返贫风险在不断增大，这需要进一步转变扶贫思路，创新脱贫模式，增强贫困人口借助市场力量实现稳定可持续脱贫的内生动力。因此，在扶贫实践中关于金融素养问题的研究，既是打好脱贫攻坚战的必经路径，也是避免贫困人口脱贫后返贫、保持贫困地区可持续发展的重要保障。

鉴于此，本书将金融素养与农村贫困纳入统一的分析框架内，阐释农村金融素养影响因素，实证考察金融素养对农村贫困的影响，研究金融素养提升的路径，探析精准脱贫和乡村振兴的现实可行性和有效性。

二、国内外相关研究综述

（一）金融素养概念的界定

金融素养的研究兴起于 20 世纪 90 年代，是一个崭新的研究领域，但当时的国外学者尚未对其含义、概念与测量形成一致意见，金融素养在有些文献中也只是表述为金融知识、金融教育、金融教养、金融信息、金融能力等，就含义而言，国外文献的表述也不尽相同。最早由 Noctor（1992）提出“金融素养是个人使用和管理资金以作出明智判断和有效决策的能力”，此后金融素养的概念又被多次定义，但并未得到人们的普遍认可，早期金融素养概念仅仅局限于对金融知识的掌握。

金融素养理论早期研究始于斯坦福大学经济学教授 B. Douglas Bemheim 1995 年和 1996 年的两项研究，1995 年，他在研究税收公共政策和经济增长的联系时发现，随着金融产品的日益发展，美国家庭并没有意识到家庭金融的脆弱性。1996 年，他通过对美国家庭的一个金融教育项目进行调查，发现金融教育项目影响雇主的金融行为。

此后，国民的金融素养问题得到了各国的重视。2003 年 12 月，经国会批准，美国政府颁布了 FACT 法案（公平交易与信用核准法案），提出正式成立美国金融素养与教育委员会（The Financial Literacy and Education Commission），将面向美国国民的金融素养教育正式纳入国家法案，为大力加强居民的金融常识教育采取了一系列措施，比如建立了政府官方网站 www. mymoney. gov 提供金融信息，开展国民金融能力调查，在全国范围内开展金融教育，将每年 4 月定为

“金融扫盲月”等。继美国之后，英国、俄罗斯、瑞典、德国、意大利、荷兰、日本、印度、墨西哥等国家也以不同的形式，将国民金融素养教育和普及提高到国家层面。金融素养教育实务和立法发展迅速，但其理论研究远远落后于实务发展。

在此期间，一些学者继续对金融素养含义进行阐释，（Cutler、Devlin，2000）等认为，具备金融素养的人必须了解关键经济术语，并熟悉经济学基本原理和金融投资理财知识。Moore（2003）认为，金融素养不仅涵盖对金融概念的认识，而且包括对金融知识的运用。直到2008年国际金融危机，美国金融素养总统顾问委员会正式把“金融素养”定义为“个人利用知识和技能，为一生金融福祉有效管理金融资源的能力”，这一定义得到大多数研究者的认同。OECD（2015）将金融素养定义为“责任、知识、技能、态度和行为的结合，这些是作出正确的金融决策并最终实现个人金融福祉所必需的”。本书在这个定义基础上增加了金融意识。

此后，一些学者和机构继续深化金融素养研究领域。Huston（2010）认为，金融素养有两个维度：理解（个人的金融知识，也称为金融教育）和应用（这些知识在个人理财上的应用），因此，一个人可能有金融知识，但要被认为具有金融素养，他必须有能力和信心将这些知识应用到任何决策中。近几年，一些专家开始研究人们获得金融知识的决定，并研究金融知识、储蓄和投资行为之间的联系（Delavande、Rohwidder 和 Willis，2008；Jappelli 和 Padula，2013；Hsu，2016；Lusardi、Michaud 和 Mitchell，2013）。

关于金融素养层次界定见表1-1。

表1-1 金融素养层次界定

维度	概念界定
金融知识	人们为了在现代社会中生存所必须具备的基本知识（Kim，2001）
	对日常生活中关键财务术语和概念的理解程度（Bowen，2002）
	人们自我评估或实际掌握的金融知识（Courchane，2005）
金融能力	个人使用和管理资金时能够作出明智判断和有效决策的能力（Noctor，1992）
	个人为保证自身福祉对其金融状况进行阅读、分析、管理和交流的能力（Vitt，2000；Cude 等，2006）
	人们理解和充分利用金融概念的能力（Servon 和 Kaestner，2008）
	人们获取财务规划、财富积累、养老金等信息并作出决策的能力（Lusardi 和 Mitchell，2014）

续表

维度	概念界定
金融知识 金融能力	个人为其一生金融福祉有效管理金融资源的知识和能力（Jump$tart Coalition，2007；US Financial Literacy and Education Commssion，2007；王宇熹、杨少华，2014）
	掌握基本经济知识和金融概念以及使用这些知识和其他技能有效配置金融资源以实现终身财务保障的能力（Hung，2009）
	个人能多大程度地理解和应用金融信息（张欢欢，2017）
金融知识 金融能力 金融意识	消费者的金融态度、金融行为、金融知识和金融技能（中国人民银行金融消费权益保护局，2013、2015、2017、2019）
	消费者对金融资源作出明智有效决策的意识、技能和知识（Sayinzoga，2015）

（二）金融素养评测指标体系构建

不同国家金融素养评测指标体系的内容有所差异。国内大多学者研究指出，全面的金融素养衡量方法应该包含以下内容：基本的金融知识、借贷意识、理财意识以及风险预防意识（徐明瑜，2016），有的学者提出用金融知识、金融态度、金融行为三个指标来测度金融素养（张燕，2017），有的使用金融意识、金融知识和金融能力三个维度衡量金融素养水平（何学松，2018）。美国金融素养调查的主要内容有：个人特征、家庭和家庭特征、收入和就业特征、储蓄和安全网、财务状况、金融行为、技能和态度。加拿大包括（1）基本情况：性别、婚姻状况、教育状况、就业状况；（2）金融能力：日常财务管理、投资管理、主要支出、教育资助、退休计划、资产和负债、收入、金融选择；（3）个人评估：主观的个人评估、客观的个人评估。本书构建金融素养评测指标体系包括金融知识、金融意识、金融行为和金融技能四个维度。

目前较为全面的评测框架是经济合作与发展组织（OECD）在 2000 年开发的 PISA 评测框架，基于内容、过程和背景三个维度进行评测。大多数国外研究则从复利、通货膨胀和风险多样性三个维度来评测金融素养水平。在评测方法上，许多研究都通过设置几个问题，根据问题回答情况赋值，然后将得分直接加总（如 Lusardi 等，2010；Agarwal 等，2015），或通过因子分析得出综合得分（如 Lusardi 和 Mitchell，2007）来评测居民金融素养水平。在主观金融认知或金融素养的评测方面大多是通过自评的形式来测度，评分方法则一般通过五分量表或七分量表来赋分。

此外，Delavande、Rohwidder 和 Willis（2008）提出了一个简单的两阶段模型，即安全债券和风险股票的储蓄和投资组合分配，允许以金融知识的形式获得人力资本（La Ben Porath，1967；Becker，1976），每一个基本概念都是储蓄和投资决策的根源，这三个概念是：（1）计算能力和计算利率的能力，如复利；（2）了解通货膨胀；（3）了解风险分散。将这些指标转化为易于衡量的金融素养评测指标是困难的，但 Lusardi 和 Mitchell（2008、2011）围绕这些理念设计了一套标准的问题，并在美国和国外的众多调查中加以实施。Jappelli 和 Padula（2013）也考虑了一个两阶段模型，另外还绘制了一个多阶段生命周期模型，其中金融素养由内生决定。

（三）金融素养的影响因素

国内外研究金融素养的影响因素的成果非常多，一般都是从人口社会学因素，如性别、年龄、学历、收入、职业等来分析，还有研究围绕一些外在的因素，如金融教育、地域差异、民族种族差异、经济金融条件等来分析对金融素养的影响。

1. 人口社会学因素

（1）性别。总体来看，金融素养水平存在性别差异，但在其具体表现及原因方面观点不一。国内大多数研究认为，女性金融素养低于男性（向大攀，2019），男性和户主在家庭收入中占据主导地位，通常负责家庭开支计划，接触银行等金融机构的机会多于女性和家庭其他成员，因而对金融素养有正向影响；但在一些文献中（如余文建，2017；毛泽强，2017）也认为，性别对金融素养的影响有限。因此，金融素养的性别差异仍然需要加以研究来予以检验。

国外学者认为，不仅老年男性通常比老年女性更了解金融知识，而且类似的模式也出现在年轻的受访者中（Lusardi 和 Mitchell，2008；Lusardi、Mitchell 和 Curto，2010；Lusardi 和 Mitchell，2010；Lusardi 和 Tufano，2015）。Lusardi 和 Mitchell（2008）最早报告表明，金融素养有鲜明的性别差异，美国女性比男性金融素养低，特别是关于分散风险，警示女性可能在金融决策中面临的困难，尤其是在配偶死亡之后。在不发达国家，这种性别差异更大，因为女性教育程度低，有的甚至识字都难，难免金融素养低（Hung、Parker 和 Yoong，2009a）。越来越多的经济文献研究了性别在解释消费者金融行为差异方面的作用（如 Almenberg 和 Dreber，2015），包括金融知识中的性别差距。Lusardi 和 Mitchell（2011c）表明，这些性别差异在不同国家也存在。Fonseca 等（2012）也使用了来自美国的数据，显示了在金融知识上存在着性别差异，并考察了家庭决策在解释这种差异时的作用。Bucher - Koenen 等（2016）使用来自美国，德国和荷兰的三项不同调查的微观数据并报告这三个国家男女在金融知识上的系统性差距。

（2）年龄。国外最早关注年龄与金融素养的关系的是美国 HRS[①] 调查项目。2004 年调研结果显示，金融素养随着年龄的增长而显著下降，金融素养在老年阶段非常低，这是一个重要的发现，因为每个人都需要在生命周期的后期作出金融决定，而且越来越多的人担心针对老年人的金融欺诈的流行。此后，更多国外学者对此开展研究，认为在不同生命周期阶段，人们金融素养的程度是不同的，金融素养的生命周期轮廓往往呈驼峰形，调查数据证实金融素养得分在年轻人和老年人中实际上是最低的，尽管如此，对老年人在金融素养得分的认识仍存在差异，有学者认为老年人金融素养高（Lusardi 和 Mitchell，2011；Lusardi 和 Tufano，2009），认为不仅在美国如此，而且在其他国家也如此（Lusardi 和 Mitchell，2011）。类似地，Finke、Howe 和 Huston（2011）对老年人的金融素养进行了多维测量，并证实，虽然金融素养随着年龄的增长而下降，但人们对自己的金融决策能力的信心实际上随着年龄的增长而增加，实际知识和感知知识之间的不匹配可能解释了为什么金融诈骗经常针对老年人（Deevy、Lucich 和 Beals，2012）。

但是，国内学者的研究与国外研究有区别，中国人民银行（2019）调研结果是中国消费者金融素养水平与年龄呈正相关关系，在 40~49 岁阶段金融素养水平提升最快，之后随着年龄上涨提升速度放缓，但依然保持正向关系[②]，这个结论与已有的国外文献研究存在很大差异，但具体原因尚未有解释。此外，之前国内有些学者研究结果也有类似的结论，认为中国居民的金融素养随年龄的增大大致呈现倒“U”形趋势，但具有高级金融素养水平居民的具体年龄段则存在差异（王露露，2018；王宇熹和范洁，2015），但也有部分国内学者认为年龄对金融素养的影响有限（余文建，2017）。

（3）受教育程度。国外学者的研究认为，教育程度对金融素养的影响是正向显著的，甚至包括父母的教育程度，国内学者研究认为，父母最高学历的高低，对大学生金融素养的影响是显著的，即父母最高学历越高，其子女的金融素养越高，引导其子女在日后独立生活中作出理性的金融决策及行为，此外，学历高的大学生，金融素养要高于学历低的大学生（何学松，2018）。金融素养与个人受教育程度存在正相关关系（毛泽强，2017；刘学爱，2018；余文建，2017）。国外研究认为，按教育程度划分的金融知识存在着巨大差异，具体而言，没有受过大学教育的人对基本金融素养概念的了解程度要低得多，这

① 美国健康和退休研究（HRS）是一项针对 50 岁及以上美国人家庭的调查，它关注了旨在衡量美国和其他国家金融知识水平的基础调查问题。

② 中国人民银行，《2019 消费者金融素养调查简要报告》。

在美国的几项调查和各国之间都有发表（Lusardi 和 Mitchell，2007、2011）。此外，那些受教育程度低的人计算能力尤其不佳（Christelis、Jappelli 和 Padula，2010；Lusardi，2012），这影响到了他们的金融素养。

（4）金融教育。金融教育定义是 Schagen（1997）在向英国国家教育研究基金会（NFER）提交的评估报告中的定义，即“对货币的使用和管理作出知情判断和有效决定的能力”。之后，金融教育问题被各国所重视，澳大利亚有一个“国家消费者和金融知识框架”（ASIC，2011a），该框架阐明了澳大利亚学校中消费者和金融教育的重要性。澳大利亚还制定了“国家金融素养战略”（ASIC，2011b、2014、2018），重点关注澳大利亚人如何通过金融教育提高金融素养控制金融生活。国内学者廖理、初众和张伟强（2019）在研究中发现，金融从业人员和专家并不存在金融素养的性别差异，原因是金融素养的性别差异完全能够通过金融教育削减，因此说明金融教育和金融训练对金融素养有正向积极的影响。多数研究认为，金融教育对金融素养存在正效应，也有少数研究显示，金融教育对金融素养没有显著影响或影响微乎其微，或虽有正效应但教育成本明显高于收益。

（5）收入。国内研究一般认为，金融素养与个人收入存在正相关关系（余文建，2017；向大攀，2019）或显著的正向影响。但也有研究显示，金融素养与收入没有显著的关系（张欢欢，2017）。国外研究认为，收入会影响金融素养，一般来说，收入越高的居民，金融素养也越高，因为他们有提升自己金融素养的动机和能力（Lusardi 和 Tufano，2009）。

（6）职业。大多数研究显示，不同职业从业者的金融素养存在差异（毛泽强，2017；韩冰，2015）。比如，在金融行业工作的人员，其金融素养相对较高（王露露，2018），但也有学者研究发现，金融素养与职业相关性不强（向大攀，2019）。国外研究认为，职业不同，金融素养也会有所差异，雇员和自由职业者金融素养比失业者好（Lusardi 和 Mitchell，2011）。

（7）地区差异。金融素养存在重要的地区差异，例如，Fornero 和 Monticone（2011）报告称，意大利各地区的金融知识分散程度相当高，Beckmann（2013）对罗马尼亚的研究也证实了这一点，Bumcrot、Lin 和 Lusardi（2013）报告了美国各州的类似差异，一国不同地区人们的金融素养也存在显著差异，生活在农村地区的人通常比城市里的人得分更差（Klapper 和 Panos，2011），刘学爱（2018）研究发现，城镇居民金融素养要高于农户，说明居民户口所在地对居民金融素养产生显著影响。这些发现表明，通过与他人、工作场所或社区的互动，金融素养更容易获得。

（8）其他因素。一些研究还报告了按种族和民族划分的显著差异，在美国，非裔美国人和西班牙裔显示出最低的金融知识水平（Lusardi 和 Mitchell，2007、2011），外国公民的金融素养低于本国出生的人（Brown 和 Graf，2013）。也有研究发现，宗教（Alessie、van Rooij 和 Lusardi，2011）和政治观点不同（Arrondel、Debbich 和 Savignac，2013），金融素养也存在差异。这些研究结果有利于揭示金融素养是如何获得的。

文献中还指出了家庭背景对金融素养的影响。Lusardi、Mitchell 和 Curto（2010）将 23~28 岁受访者的金融素养与他们成长的家庭特征联系起来。受访者的金融素养与父母教育（尤其是母亲的教育）以及父母在青少年时期是否持有股票或退休账户显著正相关。Mahdavi 和 Horton（2012）报告了金融素养与父母背景之间的联系，在这种情况下，父亲的教育与女性子女的金融素养正相关。

2. 经济因素

国内研究侧重于家庭经济特征、信息获取约束、社会经济发展等经济因素对金融素养的影响研究。何学松（2018）指出，社会资源、金融发展、信息技术使用程度和使用能力对金融素养有显著正向影响。收入水平越高则存取款等日常金融业务会越频繁，接触银行等金融机构的机会越多，从而有利于其金融知识与金融能力的提升；手机上网既有利于金融信息与金融知识的获取，又可以促进对网上银行、手机银行、支付宝等第三方支付的使用，从而正向促进金融素养的培育提升。通信费用越高，意味着社会网络的规模越大和强度越强，从而有利于获取更多的金融信息和金融知识；各地区经济发展水平、社会保障、风俗习惯、农村人口居住密度等方面的差异也会带来一定程度的金融素养差异①。

3. 金融因素

Libby 等（2002）研究表明，投资经验和一个人的金融知识水平之间存在正相关关系。张欢欢（2017）认为，风险厌恶程度偏低的主体，其金融素养更容易提高。农户越偏好风险，其金融素养水平就越高，因为越偏好风险的农户越会主动地参与一些金融活动，从而积累更多的金融知识和技能。此外，研究还发现，距离银行机构越近，越有利于接触金融信息和金融知识，越有利于办理存取款等日常金融业务，从而可提升农户的金融素养水平；在村庄开展金融知识下乡活动，可以帮助农户树立风险防范和科学理财等金融意识，促进农户对现代金融知识的理解；富裕村庄的居民家庭收入通常较高，从而有利于提高

① 何学松．普惠金融视域下西部地区农民金融素养水平及其影响因素［J］．经济研究，2018（9）：1-9.

金融素养水平（张欢欢，2017）。对这些影响得到不同的结论，究其背后的原因：一是不同学者使用的数据集不同，很难形成横向比较；二是所采用的数据衡量方法各异，没有形成客观的评价标准。现有文献在金融素养内容、变量测度及评价等问题上仍有待深入。

本书将重点分析性别、年龄、教育程度、职业类型、收入水平、婚姻状况、健康状况 7 个影响金融素养的因素。

（四）金融素养与居民金融决策

国外学者较早就发现，金融素养问题会导致居民家庭作出有偏的金融决策。Moore（2003）报告说，拥有较低文化素养的受访者更有可能拥有昂贵的抵押贷款。同样，Campbell（2006）报告说，收入较低、教育水平较低的个人，不太可能在利率下降期间为抵押贷款进行再融资。金融素养低的人不太可能选择收费较低的共同基金（Hastings 和 Tejeda-Ashton，2008）。例如，那些金融素养较低的人不太可能计划退休（Lusardi 和 Mitchell，2007、2008、2011a、2011c）、积累财富（Stango 和 Zinman，2009），并参与股市（Christelis 等，2010；van Rooij 等，2011；Yoong，2011）。相反，Campbell（2006）与 Calvet、Campbell 和 Sodini（2009b）的研究都发现，较高的金融素养是人们避免作出错误金融决策的前提。伯南克（2011）认为，金融素养对人们进行正确的金融决策至关重要，此外，金融素养与储蓄行为和投资组合决策有关。

国内对金融素养的研究虽然起步晚，但同样成果丰富。葛洪申（2013）通过实证证明，作为金融素养评测重要指标的投资经验，能够显著提高家庭的风险资产占比和股票资产占比。刘荣茂和陈丹临（2014）研究证明，家庭成员的金融知识越丰富、家庭整体金融素养越高，对金融市场的判断能力越强。周弘（2015）研究发现，有较高金融素养的家庭，投资理财行为更具有科学性。周亭孜（2017）认为，较高金融素养的人有更高的风险偏好，并会采取更加积极主动的养老方式。吴卫星、吴锟、王琎（2018）研究发现，提高居民的金融素养会促进居民家庭拥有负债，而且会减少过度负债。秦海林、李超伟、万佳乐（2018）运用中国家庭微观调查数据研究发现，金融素养有助于实现消费效用最大化①。吴锟（2016）研究发现，提高金融素养水平有利于改善家庭金融借贷行为，从而降低过度负债现象。胡振、臧日宏（2017）研究发现，家庭客观金融素养高，一定程度上会提前制订投资理财计划行为，结果反映出金融素养

① 秦海林，李超伟，万佳乐．金融素养、金融资产配置与投资组合有效性［J］．南京审计大学学报，2018，15（6）：99-110.

水平对家庭金融行为的影响存在明显的正相关关系①。尹志超、宋全云、吴雨（2014）研究发现，金融素养的增加会促使家庭积极参与金融市场，并提高家庭金融资产在风险资产上的配置。本书研究金融素养对金融市场和保险市场参与金融决策的影响。

（五）金融素养与家庭金融行为

国外学者在早期研究金融素养的作用时发现，金融素养对家庭金融行为存在显著影响，包括储蓄、理财、退休规划等行为。Agnew（2005）、Shum 和 Faig（2006）研究发现，年龄、性别、学历以及是否结婚等特征因素在一定程度上影响家庭的金融资产选择，而年龄、性别、学历以及是否结婚是影响金融素养的基本指标。Gusio、Sapienza 和 Zingales（2008）研究发现，金融素养越高其对金融服务行业的信任度越高，居民的信任度与股票市场参与度呈现正相关关系，当居民对金融行业服务机构的信任程度越高，其会预期获得较高的投资收益，因而参与股市的积极性越高。居民的投资理财行为一般包括储蓄、借贷以及投资行为，为研究投资理财行为的影响因素，Markcolin 和 Abraham（2006）实证研究发现，金融素养正向影响人们的投资、信贷以及储蓄等金融决策。Cude（2006）认为，金融素养对个人金融活动具有重要的指导作用，研究发现个人的金融素养高有利于其金融行为，正向影响行为规划和金融决策。

之后，Lusardi 和 Mitchell（2011）研究认为，金融素养水平较低的家庭经常会作出错误的金融决策，从而影响家庭今后的金融参与行为，并且他们运用案例证明金融素养与金融参与行为是正相关关系。Richard Disney 等（2011）以英国债务家庭为研究对象，认为金融素养积极正面影响着家庭的信贷行为，能够有效利用借贷资金实现财务增值并按时偿还借贷资金，但较低金融素养水平的家庭则面临财务困境，它们往往面临无法按时还贷的困境。

国外学者同时关注金融素养同退休规划以及退休财富积累之间的关系，认为两者关系密切。Gustman 等（2010）以美国老年人为样本，并没有发现基本认知技能（计算能力）与退休计划特征和社会保障知识之间的任何关系，虽然养老金财富和知识之间存在着积极的关系，但他们认为，因果关系更有可能从养老金财富到养老金知识，而不是其他方式，积极的算术—财富关系不应被视为证据，用于表明提高认知能力和计算能力将增加家庭的财富。Alessie、van Rooij 和 Lusardi（2011）通过荷兰中央银行（DNB）家庭调研的数据发现，居

① 胡振，臧日宏．金融素养对家庭理财规划影响研究——中国城镇家庭的微观证据［J］．中央财经大学学报，2017（2）：72-83.

民拥有的金融知识越多，将来进行养老规划的可能性越大，金融知识是金融素养评测指标体系的重要一环，因此金融素养的提高可以推动养老规划行为并增加财富积累。Lusardi 和 Mitchell（2011）认为，无论金融市场的发展水平和养老金提供的类型如何，全世界的金融素养均不乐观，因此，市场的进步显然没有带来金融素养的增强，这同时表明，人们的知识获取可能仅限于他们从自己的金融活动的经验中学到的东西，大多数工人，包括年纪较大的人，甚至从未考虑过退休问题，这一点很重要，因为退休规划是退休财富的良好指标，早已计算过退休需要储蓄多少的人，真正到了退休年龄时，他们的财富会是没有计算过的人的三倍。他们的研究还表明，退休计划可以追溯到金融素养，那些能够进行简单计算、了解通货膨胀、掌握风险分散概念的人更有可能为自己的退休去规划，人们可能会因储蓄不足，而无法明智地进行投资，以及由于长寿而在老年时期提前耗尽资金（Poterba 等，2008；Mitchell，2011）。在另一个研究中发现，金融素养同退休规划以及退休财富积累密切相关（Behrman 等，2010；Lusardi，2009；Lusardi 和 Mitchell，2011）。不幸的是，许多人并不了解基本的经济和金融知识，这些不足可能导致他们在退休规划上犯下严重，甚至不可挽回的错误，如麦道夫诈骗案（2008）。

近年来，国内学者也研究发现，金融素养对金融行为有显著的影响。曾志耕、何青、吴雨和尹志超（2015）研究发现，金融素养越高的居民家庭越倾向于分散风险，投资更多种类的金融产品，对家庭股票投资组合的多样性也有显著影响。尹志超等（2015）研究发现，金融素养的提高可显著促进居民家庭参与创业活动，能显著促进家庭主动创业，政府应大力普及金融知识，这不仅有助于激发家庭创业精神、增进家庭福利水平，还有利于推动我国金融市场和就业市场的健康运行。本书将分析金融素养对金融决策和参与金融活动的影响，进而影响家庭收入。

（六）金融素养的影响机制

国外学者近年来开始研究金融素养的影响机制。Meier 和 Sprenger（2013）研究发现，那些拥有高水平金融素养的人可能具有某些不易察觉的特征，如天赋、能力或耐心，这些也可能会让他们作出更好的金融决策，越有远见的消费者越有可能参与金融教育项目；同时，有远见的消费者更倾向于为退休做计划，积累更多的资产，这可以解释由 Ameriks 等（2003）、Lusardi（2004）、Lusardi 和 Mitchell（2006）发现的金融素养与退休储蓄之间的正相关关系，研究表明，金融素养高的人有远见，有远见的人能作出正确的金融决策。

金融知识水平较高的投资者的判断比金融知识水平较低的投资者的判断更

容易受到财务信息披露差异的影响。第一，分析投资经验和理解金融知识可以帮助个体更可能有能力并且愿意学习合理的财务报告信息，形成与投资相关的判断。Tan 等（2014）基于参与者人口学特征（如会计和金融课程参与者的数量，以及他们报道的频率，阅读年度报告）构建一个多维复杂测量，研究发现，商学院研究生更有可能依靠启发式的语言来处理公司披露，并影响金融决策和投资行为，Elliott 等（2017）通过计算能力的测量发现了类似的结果。第二，金融素养有利于减少信息成本（Rosen 和 Wu，2004），在收集和处理信息方面，金融经验丰富的个人可能面临较低的障碍，因此能够更好地积累和管理储蓄。第三，金融素养有利于消费者采取最佳储蓄和消费模式，关于储蓄和投资决策的学术方法假设，在高收入时期，个人消费将少于收入，以便在收入下降时（如退休后）支持消费，期望消费者安排自己的最佳储蓄和消费模式，以保持其一生的平稳消费。第四，金融素养有利于减少金融错误。不少的研究记录了金融错误的普遍性，Agarwal 等（2009）提供贷款市场出现金融错误的证据，许多家庭在信用卡债务、房屋权益贷款和抵押贷款上支付过高的费用或过高的利率。Calvet 等（2007）研究表明，在瑞典，一个经常被认为有消息灵通的投资者的国家，许多家庭持有投资组合不够多样化，或者根本不参与金融市场。一些学者还强调，金融错误造成的福利成本不容忽视（Cocco 等，2005；Campbell，2006；Calvet 等，2007）。

国内关于农户金融素养影响机制的研究比较少见。王宇、周丽（2009）研究发现，农户最主要选择的理财方式是储蓄存款，几乎不会选择投资其他金融产品来实现资产的保值升值，即农户金融素养较低制约了自身的理财选择。何学松、孔荣（2019）基于陕西省的农户调查实证分析得出，农户金融素养水平提升增强了农民正规信贷获取规模、理财的科学性及多样化，即金融素养对我国农民的金融行为具有显著的正向影响，由于家庭需要通过利用证券投资工具，如股票、债券、基金等实现资源跨期优化配置，达到家庭长期消费效用最大化。本书将分析金融素养对农村贫困的影响机制。

（七）金融素养与贫困减缓

研究金融素养与贫困的文献不是很多，研究金融素养与农村贫困问题的更少。国外学者对此研究不多，Mavrinac 和 Ping（2004）研究发现，金融素养对消除贫困发挥着至关重要的作用，金融素养使个人能够通过建立资产、管理债务和避免剥削来获得管理其所拥有的资金的基本知识、技能和价值。Jacob、Hudson 和 Bush（2000）认为，教育是一个非常需要的工具，虽然不是明确的工具，但可以提高经济弱势群体的金融知识，从而减轻贫困，由此指出金融扫盲教育（FLE）是摆脱贫困的一条途径。

近年来，也有部分国内学者在对中国贫困问题研究时尝试将金融能力与之相结合，谭燕芝、彭千芮（2019）利用2013年中国家庭金融调查（CHFS）数据实证分析了金融能力对贫困的影响以及金融能力、金融决策与贫困之间的作用机理。研究发现：（1）无论是绝对贫困还是相对贫困，金融能力能够显著抑制贫困的发生，且城镇地区相较农村地区更明显。（2）金融能力对贫困的影响既存在“抑制效应”，也存在“偏离效应”，两者之间呈现正“U”形关系。（3）经中介效应模型计算可知，在“抑制效应”下，金融能力可以通过改善金融决策来缓解居民贫困状况。段军平（2018）探讨了金融素养与金融扶贫效率的关系，从金融可得性、金融扶贫效率、风险意识与信用责任等微观层面分析脱贫农户的金融素养对整体金融扶贫效果的影响，研究结果表明，脱贫农户的金融素养可以影响其参与金融扶贫、评价各项扶贫政策，进而影响农村整体的金融扶贫效率。谢平等（2018）通过设计金融素养测度问卷，并在贵港市随机抽取1000名受访者来分析居民金融素养特征及与金融行为的关系，在问卷初步分析的基础上，运用统计模型实证分析居民金融素养与金融行为、金融福祉、普惠金融发展的关系，表明居民金融素养的提升关乎其一生的金融福祉，普惠金融指数与金融素养具有正相关关系。

国内学者从金融教育视角分析了金融素养与贫困的关系。李晓嘉（2015）基于2010年和2012年中国家庭动态跟踪调查（CFPS）对全国25个省市、自治区的7524个农户的微观调查数据的实证研究结果表明：金融教育对农户的贫困状况存在显著的正向影响，劳动力受教育水平的提高可以有效降低农户陷入贫困的概率。金融教育与金融素养存在正相关关系，由此可知，金融教育可以通过提升金融素养从而降低农户贫困率。单德朋（2019）使用中国家庭追踪调查（CFPS）数据研究金融素养对中国城市贫困的影响，发现金融素养对城市贫困减缓具有显著正向影响，该种影响有其金融知识属性和金融决策内涵，不同于一般认知能力，但中国城镇居民金融素养水平较低，通过金融教育改善金融素养是实现城市减贫的重要政策选择。本书将分析金融素养对农村贫困家庭收入的影响。

（八）文献评述

综合现有文献关于金融素养的内涵，金融素养评测指标体系构建、测度、影响因素以及金融素养与居民金融决策、家庭金融行为、贫困减缓的关系研究等，金融素养这一因素被识别出与家庭金融行为存在密切联系，但相关研究主要局限在发达国家，在中国主要集中在城市居民的金融素养研究，农户的金融素养影响农村贫困减缓的研究比较少，因此，基于发达国家样本或者城市样本研究金融素养对居民金融行为、金融福祉以及财富积累等的影响研究所得出的结论是否适合，还是有待商榷的。可能是受制于微观数据等方面的限制，从金融素养视角解释农户金融行为和金融决策的研究也很少，在这有限的研究成果中，系统分析金融素养与农村贫困问题的研究还没有，有少量文献也只是围绕农村贫困来开展研究，而不是系统地研究金融素养对农村贫困的影响，此外，国内多数学者的研究也主要是从农村金融发展、金融教育以及普惠金融等视角去研究农村减贫，只能间接推断金融素养与减贫效应的关系，直接研究金融素养与农村贫困的学者较少。因此，本书利用农村贫困地区家庭微观调查数据，比较系统地研究农村贫困地区农户金融素养的影响因素、金融决策和金融行为的关系、金融素养与农村贫困的关系以及影响机制，并为此提出相应的政策建议。

三、主要内容、研究思路与方法

（一）本书的主要内容

本书拟基于金融素养理论来研究贫困地区农户金融素养的现状并构建农户金融素养指数，然后对调研收集的样本数据进行分析，找出影响贫困地区农户金融素养的主要因素，进而分析农户金融素养对农村贫困的影响机制，最后得出结论和提出相关可行的建议。全书划分为五大部分，整体框架如图 1-1 所示。

第一部分为绪论，为本书第一章。首先，介绍研究背景和意义。其次，基于国内外学者的相关研究，对文献进行整理和归纳，进行文献综述。再次，介绍本书研究思路和主要研究方法。最后，介绍本书可能的创新点与不足。

第二部分为农户金融素养与返贫阻断的理论研究，为本书第二章。分析金融素养理论，包括金融素养的起源与发展、全球金融素养的概览、金融素养的测度、金融素养的财富效应和金融素养提升的方法，最后分析农户金融素养与贫困的理论框架，包括金融素养的影响机制、金融素养与贫困的关系。

第三部分是对脱贫农户金融素养现状分析和金融素养评测，为本书第三章和第四章。第三章使用调研数据进行统计性描述分析，研究了贫困地区农户金融素养水平与相关因素。第四章通过因子分析构造了金融素养水平指标，按照人口统计学分类考察了农户的金融素养水平的分布，对河南、安徽两省贫困地区农户金融素养进行评测，并对 13 个县的农户金融素养与收入进行拟合分析。

第四部分是针对农户金融素养对农村返贫阻断的宏观影响和微观机制进行实证研究，包含第五章和第六章。第五章基于宏观层面分析，从人均收入和人均资产以及贫困脆弱性三个方面衡量农村人口贫困程度，在农村贫困函数里引入金融素养变量，采用 Probit 模型研究农户金融素养对农村返贫阻断的影响。第六章基于微观层面分析，利用豫皖两省的调查数据，运用中介效应和调节效应检验农户主观和客观金融素养对其金融决策的影响路径。

第五部分是金融素养的提升分析与结论及政策建议，包含第七章和第八章。第七章研究贫困地区农户金融素养的提升，旨在通过多元回归和分位数实证回归检验来探究应该如何提升农户金融素养。第八章为研究结论及政策建议，总结本书得出的结论，然后给出相应的可行对策。

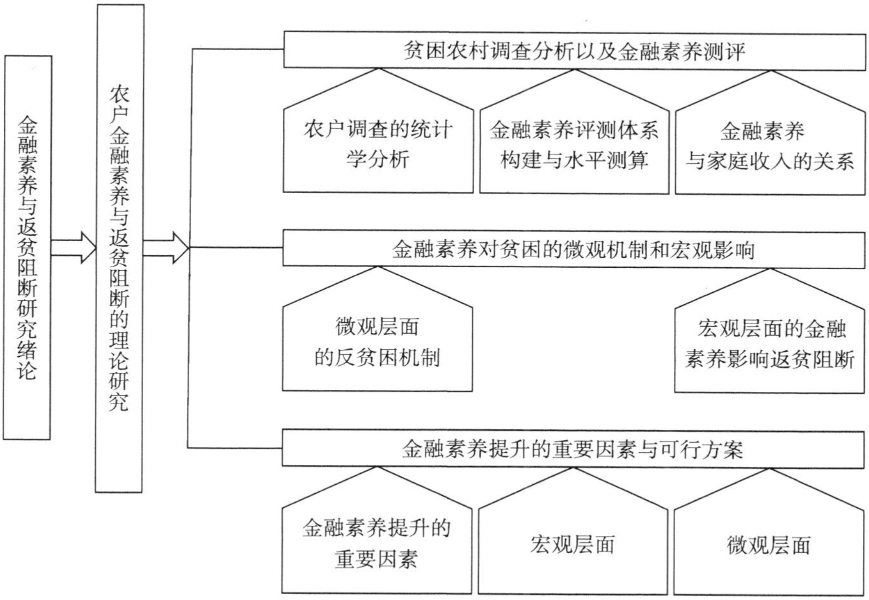

图 1-1 金融素养与农村贫困研究的整体框架

（二）基本思路

国外研究金融素养涉及的范围非常广泛，本书围绕贫困农村地区居民金融素养展开研究，探索脱贫农户金融素养水平与特点，影响农民的家庭收入，对返贫阻断作用以及影响机制研究。本书的研究思路如图 1-2 所示。

本书的主要研究思路为：本书以探究贫困地区农民金融素养提升和返贫阻断机制为研究目的，基于对我国农民金融素养、金融决策、农民减贫增收等方面的现状考察，遵循“金融素养—金融决策—农村金融市场整合发育—农民减贫增收”的理论逻辑，构建农村普惠金融供给视角下金融素养影响农民减贫增收的逻辑框架，深入探究金融素养影响农民减贫增收的机理；以河南、安徽两省 13 县 2234 户农户的调查数据，首先使用因子分析法构建金融素养评测指标体系并进行金融素养评测，然后采用期望贫困脆弱性（VEP）来对贫困地区农户的贫困脆弱性进行评测，使用 Probit 模型对金融素养和农村贫困做回归分析，引入工具变量处理内生性问题，再分析贫困地区农户的客观金融素养和主观金融素养如何影响金融决策，使用中介效应模型及工具变量法来分析金融素养、金融决策和贫困的关系，进而探究农村金融市场整合驱动下的农民金融决策优化机制，以期为政府加强农民金融素养教育、推进农村普惠金融改革发展、完善农民减贫增收的金融支持政策等提供实践参考。

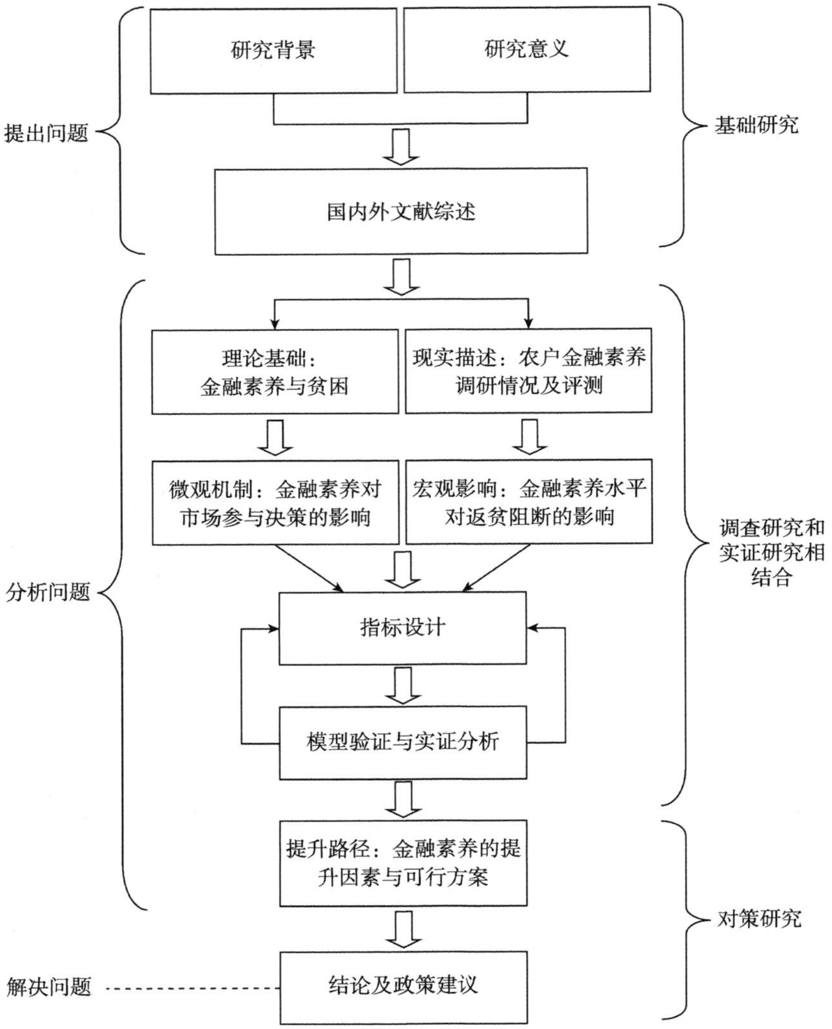

图 1-2　本书的研究路线

（三）研究方法

1. 文献研究法

借助互联网数据库和学校图书馆的数据库资源查阅相关中英文文献以及新闻报道，厘清和明晰金融素养和贫困等重要概念的定义和内涵，在学习借鉴前人的研究方法和文献的基础上研究影响金融素养的因素、金融素养对贫困的影响机制以及相关理论，便于后期定性定量研究、社会调研的实施和论文的撰写。

2. 田野调查法

田野调查法是有目的、有计划、系统地收集有关研究对象社会现实状况或历史状况材料的方法。在选题前后，笔者主持完成了两项关于贫困地区农户金融素养调研的横向课题，在 2019 年 7 月和 8 月对河南和安徽等地贫困农村地区的农户进行过田野调查，获得了第一手真实可靠的农村经济金融数据，是本书的主要数据来源。

3. 实证分析法

（1）构建农户金融素养指数模型，首先采用行为评估法和李克特五级量表法对农户金融素养各项指标进行评估打分，其次用主成分分析法和因子分析法评测农户的金融素养，最后对本书选取的农户金融素养金融知识、金融技能、金融行为、金融意识四个维度做相关性分析，以检验这些变量是否适用因子分析模型。

（2）从门限的视角分析动态金融科技普及度下金融素养对金融决策的影响路径。基于 TAR 模型，并结合金融科技，构建了以金融科技普及度为门限的模型，确定门限阈值后，探究不同金融科技普及度下金融素养对于金融决策的影响程度。采用中介效应模型和调节效应模型观察主观金融素养和客观金融素养在影响金融决策中的作用。

（3）通过建立联立方程组，并经过异方差怀特检验和 Wald 内生性检验发现，联立方程组后异方差性和内生性都显著增强，为了减弱其影响，又采用三阶段最小二乘法（3SLS）对各模型进行参数估计，减弱内生性。

四、本书的创新点与不足之处

国内关于金融素养的研究虽然取得了一定的成就，但从金融素养的视角研究农村贫困才刚刚起步，相关的文献还比较少。本书将丰富从金融素养视角研究农村贫困的学术研究，是对目前国内农村贫困问题研究的有益补充。

（一）本书的创新点

第一，研究思路的创新。通过考察金融素养对农村贫困的影响机理，发现提升金融素养对农村贫困起到抑制作用，金融素养可以通过金融决策和金融市场参与实现扶贫减贫目标，从而为农村减贫研究提供了新思路。

第二，开展农村实地调研，获取第一手资料，2019 年 7 月、8 月在河南省和安徽省 13 个脱贫摘帽县、26 个乡镇、91 个行政村发放调研问卷并回收 2234 份调查问卷，统计分析发现金融素养与贫困存在相关性，为金融素养反贫困政策的实施提供了现实依据。

第三，构建并完善了农户金融素养评测指标体系。本书扩展了金融素养的内涵，超越了以往测度时的狭义范畴，将个人对金融的认知、态度、金融知识的掌握和运用、可观测的金融行为等方面综合起来作为金融素养的内在要求，从受访者的角度出发，通过四个一级指标：金融知识、金融技能、金融行为、金融意识来设计问卷，以此涵盖上述以金融概念为划分依据的四个维度构建农户金融素养评测指标体系，并且使用河南、安徽两省 13 个脱贫摘帽县的实地调查数据，准确测算了受访者的综合金融素养、主观金融素养以及客观金融素养水平，分析得到影响农户金融素养的主要因素。因此，修正后的金融素养指数模型更加具体和准确，有利于丰富金融素养理论。

第四，从门限的视角分析动态金融科技普及度下金融素养对金融决策的影响路径。本书基于 TAR 模型，结合金融科技，构建了以金融科技普及度为门限的模型，确定门限阈值后，探究不同金融科技普及度下金融素养对于金融决策的影响程度，实证结果表明，金融科技普及度越高，主客观金融素养对金融决策的估计系数越大且越显著，此时也符合金融素养对金融决策的影响路径，证明了金融科技普及度作为门限变量的合理性，同时也为后来学者研究金融素养时需要关注金融科技提供了借鉴意义。

（二）不足之处

首先，在研究金融素养对返贫阻断的影响中，虽然通过联立方程组和利用可观测变量等方式使内生性问题有了一定的缓解，但对数据的要求很高，但是由于调查数据局限，难以更深层次地剔除内生性的检验，这也是亟待突破的关键点，一旦拥有了更优质的数据，相信对于内生性问题的解决将会有更进一步的提升。

其次，由于是调研数据，问卷设计存在的问题过多，受到数据可得性的限制，本书重点研究了金融素养通过市场参与度和金融决策两个中介变量对返贫阻断的影响，未来还可以进一步扩展到金融素养如何通过风险感知、养老规划、家庭消费选择、金融资产配置、风险规避等对返贫阻断的影响研究。

第二章　理论基础：金融素养及贫困

第一节　金融素养的起源与发展

一、金融素养概念初创阶段

随着现代社会的高速发展，金融工具在人们的生活中扮演着越来越重要的角色。想要获得相关金融知识且能够准确运用，使其在各种经济决策中发挥作用，金融素养极为重要。文献显示，最早系统性研究金融素养的是 B. Douglas Bernheim（1995），他在研究税收公共政策和经济增长的联系时发现，随着金融产品的日益发展，美国家庭对家庭金融的关注并未提高。1996 年，他通过对美国家庭的一个金融教育项目进行调查发现，该金融教育项目可以影响雇主的金融行为。对金融知识的政策关注始于 1997 年个人金融知识 Jump$tart 联盟的首次研究，即高中生金融知识调查，在这项研究中，Jump$tart 联盟将金融知识定义为“利用知识和技能有效管理自己的金融资源以实现终生金融安全的能力”。Jump$tart 联盟对高中生的调查从 2000 年开始每两年重复一次，并在 2008 年扩大到包括大学生（Mandell，2009）。自从 2003 年底美国金融素养与教育委员会（FLEC）正式成立后，“金融素养”一词便更多地出现在国外的文献中。

二、金融素养研究兴起阶段

在现存的大多数研究中，金融素养与金融知识常常被交换使用，金融素养的概念较模糊。Lusardi 和 Mitchell（2006）在 2004 年健康和退休研究（HRS）中增加了一组金融知识问题，其中 HRS 是一项针对 50 岁及以上美国家庭的调查。

虽然金融素养有多种定义和维度，但经合组织（OECD）的定义和维度因具代表性而备受关注，它将金融素养定义为责任、知识、技能的结合体，作出正确的金融决策并最终实现个人金融福祉所必需的态度和行为（经合组织，2015）。

国内外学者对金融素养的概念定义主要集中在三个方面：知识层面的金融素养、技能层面的金融素养以及综合层面的金融素养。

一是知识层面，即金融素养是消费者对金融概念术语、金融工具以及金融决策的理解程度，见表2-1。

表2-1 知识层面的金融素养

金融素养是指人们对金融知识，金融术语的了解（Lusardi，2008）
金融素养是指人们在现代社会生存而必须具备的基础知识（Kim，2001）
金融素养为“对美国社会运作中每天都需要接触的重要金融术语和金融概念的理解”（Bowen，2008）
一个具备金融素养的人必须熟悉基本的经济原理和有关经济的知识，也应该了解一些关键的经济术语（美国国家经济教育委员会，1999）
金融素养是指消费者为在现代社会生存而必备的金融知识（Remund，2010）
金融素养是消费者自身所拥有的包括信用卡使用在内的金融知识（Robb，2011）

二是技能层面，即金融素养是消费者处理金融环境信息，运用金融工具的能力，见表2-2。

表2-2 技能层面的金融素养

金融素养是个人为谋求自身金融福祉，对其金融行为等状况进行阅读、分析、管理和交流的能力。它包括讨论金融相关问题、规划财富资源、权衡金融决策正确性、积极应对金融事件（Vitt，2000）
金融素养是财富管理技能，可用来作出正确的经济决策（Noctor、Stoney和Strading，1992）
金融素养是个人对所掌握的金融技能加以运用的能力（Moore，2011）
金融技能是基于个人金融知识基础上获取有关金融政策、工具和服务的能力（Bowen和Cathy，2002）
金融素养是个人获取经济信息，并作出财务规划、财富积累、债务偿还和养老规划的能力（Lusardi和Mitchell，2014）

三是综合层面，综合了以上两类观点，认为金融素养是消费者接受相关金融理论并能够应用到自我金融决策中的能力，见表2-3。

表2-3 综合层面的金融素养

一个人具备金融素养要能理解金融概念且要会运用金融概念（Servon和Kaestner，2008）
金融素养是指消费者拥有为其一生的金融福祉而有效管理金融资源的知识和技能，可保障其物质水平（Jump$tart Coalition，2007）
金融素养就是消费者所拥有的为其一生金融福祉而有效管理其金融资源的知识和能力（美国金融素养和教育委员会，2007）

续表

金融素养和金融知识都属于人力资本，金融素养不仅包括对金融知识的理解程度，还包含使用金融知识作出金融决策的能力和信心（Huston，2010）
金融素养是人们为了实现个人财务安全而有效管理其金融资源的知识和技能（Jump$tart Coalition，2007）
金融素养是人们为其一生的金融福祉而有效管理其金融资源的知识和技能（PACFL，2008）

当今社会金融信息复杂，金融工具繁多，金融素养要求我们不仅要掌握金融理论知识，如货币、通货膨胀、利率、存储，信贷、投资等，更要将这些运用到人们日常的金融活动中来，从而提高一生的金融福祉。这种能够产生经济价值的知识和能力，属于个人生产性资本，是相对于物质资本而言的一种人力资本（卢建，2015）。总的来说，金融素养是由金融知识、金融能力组成的，个人对于金融知识的掌握程度还影响着个人的金融能力。

三、金融素养的分类

（一）金融素养按照评价的内容分类

金融素养按照评价的内容可以分为主观金融素养（Subjective Financial Literacy，SFL）和客观金融素养（Objective Financial Literacy，OFL）。Hung等（2009）认为，金融素养可以用客观方法和主观方法衡量，前者就是客观金融素养的衡量方法，让测试者回答一些客观的选择题，考察测试者是否掌握了如风险分散、复利计算、通货膨胀等简单的金融知识，后者是主观金融素养的衡量方法，要求测试者从主观上评价自己的金融素养。自此被分为主观金融素养和客观金融素养，主观金融素养是消费者对自身金融素养水平的自我的主观评价，包括主观方面的金融知识和金融技能，主观性比较强，代表性研究如Lusardi和Mitchell（2014）、Jappelli和Padula（2015）等。客观金融素养用客观金融知识指标测度消费者的金融素养水平，典型代表是Lusardi和Mitchel（2008，2014）、Klapper等（2015），反映的是客观的金融知识掌握程度，客观金融素养越高，越有利于投资者或消费者作出合理的金融决策。国内研究将金融素养按照主观金融素养和客观金融素养（张欢欢，2018；廖理、初众、张伟强，2019）来做研究的文献不多，更多的是使用综合金融素养指数做研究。本书用到的金融素养分类就采用了主观金融素养和客观金融素养的分类方法，同时也做了综合金融素养指数研究。

（二）金融素养按照主体分类

金融素养按主体分为城镇居民金融素养、农户金融素养、中学生金融素养和大学生金融素养。近年来，除城镇居民外，关于金融素养的研究集中于三个重要群体：农户、中学生和大学生，其中，农户金融素养是指农村住户为了生产经营与生活开支，通过调整金融态度与意识而有效管理其金融知识与能力，以达到提高自己金融福祉的效用（颜睿，2018）。大学生金融素养是指大学生通过接受金融教育所拥有的金融知识和技能，并且能够在未来运用金融知识和金融技能作出正确的金融决策和理性的金融行为，进而减少金融错误并提高其一生的金融福祉（卢玮楠，2018）。除此之外，在一些文献中可以找到类似的概念开展研究的有老年人金融素养（黄茉莉，2018；李俏萍，2019）、青少年金融素养（唐怡铮、陈杨旸，2015；马婧 2015）和儿童金融素养（王璐，2018），还有个人金融素养（何昇轩，2020）和群体金融素养（吴欣悦，于恩锋，2020）等。本书研究的是中国农户金融素养问题。

（三）金融素养按照层次分类

金融素养按照层次高低分为基础金融素养和高级金融素养两种（Rooij，Lusardi 和 Alessie，2001）。因为金融产品众多，金融活动具有层次性，信息密集度不同，基础金融素养是指对金融方面基本概念的理解并且能够掌握一些基本的计算，包括复利、通货膨胀、货币的时间价值、货币幻觉等，而高级金融素养是指在金融市场进行投资所必备的知识和技能，主要包括股票和债券的实质、债券价格和利率的关系、风险和收益等问题（钱锐，2017），缺乏这种高级金融素养，投资者就无法充分理解金融市场和金融产品，无法有效地收集和处理更为复杂的金融信息，也就无法作出正确合理的金融决策。Schicks（2014）也按照金融能力高低将金融素养分成计算能力、一般金融素养和债务素养三种类型，结果验证了债务素养对家庭过度负债有显著的负向影响，而计算能力对过度负债没有影响，一般金融素养对家庭过度负债产生正向影响。本书研究的是农户的基础金融素养对返贫阻断的影响。

四、金融素养的特征

（一）金融素养具有内在性

无法直接从外在表现评估一个经济主体的金融素养，它反映该经济主体在态度、意识、知识、能力等方面的金融属性，具有内在性，无法直接从外在表现客观观察，往往采用调查问卷的方式来采集数据，进而进行测度（Atkinson，2011）。

（二）金融素养具有行为自强化性

金融素养的水平影响着经济主体的金融行为；反过来，金融行为又影响着经济主体的金融素养水平，这是一个双向反馈过程。当人们在作出金融决策的过程中，通过收集和提炼金融信息的这种行为已经学习到了金融知识，将这些应用到最后的金融决策中去，即提高了自我的金融素养（杨帆，2015）。

（三）金融素养具有广泛性和动态性

从内容方面观察，金融素养包括经济知识、金融知识、金融技能，并且这些内容还是分领域、分层次的；不仅城镇居民应该具备金融素养，农户、大、中学生也应该具备金融素养，这种素养对他们有全生命周期的影响。与此同时，每个人的金融素养是在不断发展变化的，随着信息的强化、金融活动经验的积累，金融素养是可以不断提高的。

（四）金融素养具有主体和区域的异质性

关于主体异质性，张欢欢和熊学萍（2017）认为，农户的个人受教育程度、父母最高教育程度、非农程度和风险偏好程度越高，金融素养越高；关于区域异质性，他们认为河南省和贵州省的男性居民的金融素养较高；参加金融教育的山东省和河南省农户的金融素养较高；山东省农户的金融素养在整个生命周期内呈递增态势，河南省和贵州省农户呈递减态势①。颜睿（2018）将浙江农户金融素养得分按浙北、浙南、浙中、浙东划分，发现浙北、浙中、浙东、浙南的农户金融素养得分依次递减。

第二节　全球金融素养概览

一、金融素养的重要性

金融素养重要吗？正如OECD的国际学生评估项目（PISA，2012）调查的结论，金融素养已经成为当今世界每个人参与现代经济的必备素质。国外学者以Lusardi和Mitchell两位学者为典型代表研究了金融素养的重要性，他们认为，人们需要一定程度的前瞻性才能在一生中合理储蓄以应对消费，那些知道计划退休的人会积累到更多的退休储蓄，这种前瞻性与金融素养密切相关，因此金融素养对退休规划产生积极的正向影响。Lusardi（1999）指出，1992年美国人力资源部（HRS）提出的一个问题，询问人们对退休的想法有多大（很多、一些、一点或几乎没有），以此对退休财富进行回归分析，结果发现那些考

① 张欢欢，熊学萍．普惠金融视角下农户的金融素养特征与影响因素研究——基于三省的调查［J］．农业现代化研究，2017，38（6）．

虑过退休的人的财富是那些没有想过退休的人的两倍。在 2004 年的 HRS（Lusardi 和 Beeler，2007）中也有类似的发现。美国退休信心调查（Yakoboski 和 Dickemper，1997）中也借鉴了这个问题，发现那些计划退休的人积累的财富是没有计划的人的三倍（Lusardi 和 Mitchell，2011）。即使在受过良好教育的人中，计划退休也与更高的财富联系在一起（Ameriks 等，2003）。还有一点值得注意的是，正如美国生活小组（the US American Life Panel）（Lusardi 和 Mitchell，2009）所示，计划对年轻人和中年人很重要。此外，因果关系是从退休计划到财富，并不涉及周围的其他因素（Lusardi 和 Mitchell，2007a；2009）。

接下来的问题是，为什么人们没有制订计划？一个关键原因是他们欠缺金融素养。显然，计划需要进行计算，其中许多计算都是通过金融知识来实现的。例如，不太精通复利的人可能会参与高成本的信用卡借贷，或者在选择金融服务时更可能支付高额费用。Lusardi 和 Tufano（2009）发现，低收入人群更可能背负高成本的债务，并在债务方面遇到困难；更懂财务知识的人群则倾向于将股票纳入投资组合，因为他们更清楚风险分散的原理（Christelis 等，2010；van Rooij 等，2011）。此外，金融素养还可以在其他渠道发挥作用。例如，文化程度较高的人可能首选费用较低的基金，换言之，即对基金的消费支出更为精明，金融素养与低成本基金投资之间存在着很强的相关性（Hastings 和 Tejeda Ashton，2008；Hastings 等，2010；Hastings 和 Mitchell，2011）。

二、金融素养的国际比较

世界各国越来越关注国民的金融素养，各国政府成立了金融素养相关的机构或者组织，2003 年底美国金融素养与教育委员会（FLEC）正式成立，并且开展了全国性的金融素养调查，我国 2012 年成立的金融消费权益保护局从 2013 年开始对消费者金融素养做全国性的调查。还有一些研究机构也在做全国性的金融素养调查，例如，美国的健康和退休研究（HRS，2004）、标准普尔全球金融素养调查（2014）、OECD 的国际学生评估项目（PISA，2012）、中国的西南财经大学家庭金融调查以及中国金融教育发展基金会“金惠工程”项目基线调研等，此外还有一些独立学者如美国的 Lusardi 和 Mitchell（2011）开展了全球金融素养的调查和评测。下面对上述研究进行梳理，对全球金融素养的情况做特征分析。

（一）全球金融文盲普遍存在

标准普尔全球金融素养调查（2014）发现，全球范围内三分之二的成年居民缺少必要的金融知识，而且发现美国居民中精通金融知识的比率仅仅为

57%，这一点与 Lusardi 和 Mitchell（2011）的全球金融素养的评测结果相同，也发现许多人并不了解基本的经济和金融，这类人被 Lusardi 和 Mitchell 称为金融文盲，金融知识的不足可能导致他们犯下严重的，甚至不可挽回的错误。即使在金融市场发达的德国、荷兰、瑞典、意大利、日本、新西兰等国家，或者在金融市场发展迅速的俄罗斯，金融文盲现象均普遍存在。由此看来，在美国观察到的低金融素养水平的情况在世界其他国家也普遍存在，而不是特定的国家或经济发展阶段。美国 SEC Staff（2012）报告指出，美国投资者缺乏基本的金融知识，投资者不了解最基本的金融概念，如复利和通货膨胀，研究还发现，许多投资者不了解其他关键的金融概念，如风险分散或股票与债券之间的差异，也没有充分意识到投资成本及其对投资回报的影响。

（二）各国之间的金融素养水平存在着结构性差异

OECD 的国际学生评估项目（PISA）测算发现，当人们在数学和科学测试中取得高分时，他们在测试计算能力的问题上往往也能取得高分，比如，瑞典和荷兰的受访者在数学测试中表现出色，他们的算术成绩也很优秀。如果自己的国家最近经历过通货膨胀，那么人们对通货膨胀的认识会更深一步。例如，意大利人更有可能正确回答通胀问题；相反，在日本这样一个经历过通货紧缩的国家，正确回答通胀问题的人要少得多。

值得注意的是，即使在金融市场非常发达的国家，仍然有许多受访者表示并不了解风险分散，例如，美国有多达三分之一的受访者表示不知道如何回答风险分散问题。如果一个国家经历过养老金私有化（如瑞典），人们对风险分散的认识会更丰富；相比之下，俄罗斯人和东德人对风险分散的了解则显得较少，他们对股市敞口的了解也更少。

（三）各国金融素养因人口特征存在异质性

Lusardi 和 Mitchell（2011）研究发现，金融素养水平与年龄遵循倒“U”形模式，即在年轻人和老年人中最低，在人生的中期达到顶峰，因此年龄模式值得注意。与此相反，中国的金融消费权益保护局（2019）调研结果是中国消费者金融素养水平与年龄呈正相关关系，在 40～49 岁阶段金融素养水平提升最快，之后随着年龄上涨提升速度放缓，但依然保持正向关系。

同时研究还发现，金融素养存在持续的性别差异。在大多数情况下，女性的金融素养不如男性。标准普尔全球金融素养调查（2014）发现，精通金融知识的全球男性占比为 35%，而女性的比例只有 30%，男性平均比女性高 5%，这与 Lusardi 和 Mitchell（2011）的全球金融素养调查结果是一致的，而且他们发现，与男性相比，女性不仅不太可能正确回答金融知识问题，而且更可能承认自己不知道答案，这是男性和女性在金融素养方面的系统性和持续性差异。在俄罗斯和东德的居民中，在金融知识方面没有性别差异，女性和男性同样是金融文盲，但是当比较东德和西德时，生活在西德的人经济知识较为渊博，并且女性的理财能力比男性差得多，因此，女性似乎比男性更难适应经济和金融市场的发展（Lusardi 和 Mitchell，2011）。

标准普尔全球金融素养调查（2014）发现，教育水平低并且收入水平低的美国居民的金融素养低于其他发达国家的居民。Lusardi 和 Mitchell（2011）则认为，高等教育程度与金融知识密切性不高，即使获得最高水平的教育，金融素养也往往不高，教育水平并不能确切地代表金融素养，也就是说，如果把教育和金融素养纳入多元回归模型时，两者在统计上都显著表明金融素养的影响要高于教育。职业影响金融素养，有工作的人金融素养更高，而在一些国家，自营职业者的金融素养也高于无业人员，这种差异可能部分源于工作场所提供的金融教育项目（如美国），也可能是向同事学习或从工作中获得的技能所产生的影响（Lusardi 和 Mitchell，2011）。

（四）金融素养存在地域差异

Lusardi 和 Mitchell（2011）的全球调查还比较主观金融素养和客观金融素养，发现了一个很有意思的现象，所谓客观金融素养是指人们实际知道的，而主观金融素养是他们自我评估的金融素养，当把两者进行比较时发现，年轻人客观金融素养偏低，并且年轻人会承认这一点，也就是主观素养也不高，而年长者总是认为自己知识渊博，其实他们的客观金融素养是低于平均值的。令人惊讶的是，全球调查发现在自我评分方面存在着巨大的国际差异，例如，在美国，大多数受访者给自己的金融知识评分（主观金融素养）很高，而在日本，人们给自己的评分却很低（Lusardi 和 Mitchell，2011）。标准普尔全球金融素养调查（2011）发现，美国居民的主观金融素养水平大致呈正态分布，多数处于中间水平，极高和极低的比例均较低。此外，中国人民银行消费者金融素养调研（2019）也发现，受访者给自己的评分很低，只有 39.13%的受访者认为自己的金融知识水平“非常好”或“比较好”，认为自身金融知识水平“一般”“不太好”或“一点也不好”的消费者占比分别为 40.69%、14.08%和 6.10%，与 2017 年相比主观金融素养有所提升。

（五）金融素养有助于制订退休计划

在德国、美国、日本和瑞典等国家，如果正确回答一个额外的金融问题，就有增加3~4个百分点的概率会制订退休计划。在荷兰，金融素养的影响最大，如果回答一个额外的金融问题，规划退休生活的概率将高出10个百分点。因此，在全球范围内，发现了同样的情况：金融素养越高，人们的计划就越完备，退休后的经济保障就越稳定（Lusardi 和 Mitchell，2011），这一点与标准普尔全球金融素养调查（2014）的调查结果一致。

（六）高收入国家金融素养高于低收入国家

Justine. S 等（2013）进行全球金融素养测算时发现，受访的各国熟练程度差异很大，在德国，53%的受访者正确回答了3个金融知识问题，而智利只有8%的受访者回答了。总的来说，金融知识水平在发达国家最高，在低收入国家最低，如表2-4所示。中国人民银行消费者金融素养调研（2019）调查分析显示，中国的消费者金融素养偏低，全国消费者金融素养指数平均分为64.77，中位数为67.96，标准差为17.01，消费者金融素养指数近似服从正态分布①。

表 2-4 全球金融素养概况②

国家	荷兰（2010）	美国（2004）	美国（2010）	美国（2009）	日本（2010）	德国（2009）	智利（2009）	智利（2012）	墨西哥（2010）	印度尼西亚（2007）	印度（2006）
复利计算											
正确	85%	67%	71%	78%	71%	82%	47%	45%	45%	78%	59%
不知道	9%	9%	4%	10%	13%	11%	32%	14%	2%	15%	30%
通货膨胀											
正确	77%	75%	81%	65%	59%	78%	18%	36%	71%	61%	
不知道	14%	10%	3%	19%	29%	17%	21%	38%	2%	16%	38%
风险分散											
正确	52%	52%	64%	53%	40%	62%	41%	52%	47%	28%	31%
不知道	33%	34%	18%	40%	56%	32%	33%	23%	1%	4%	6%

① 中国人民银行每两年全面开展一次消费者金融素养问卷调查。2017年为第一次全面开展消费者金融素养问卷调查，2013年和2015年针对消费者金融素养情况进行了两次全国范围内的抽样性试点调查。

② Hastings，Justine and Lydia Tejeda-Ashton（2008）Financial literacy，information，and demand elasticity：survey and experimental evidence from Mexico. Discover the world's research.

续表

国家	荷兰（2010）	美国（2004）	美国（2010）	美国（2009）	日本（2010）	德国（2009）	智利（2009）	智利（2012）	墨西哥（2010）	印度尼西亚（2007）	印度（2006）
所有问题											
正确率	45%	34%	43%	39%	27%	53%	8%	10%	15%	N/A	N/A

三、金融素养提升的国际经验

了解了金融素养的重要性和目前全球金融素养的现状，对于金融素养提升的重要性不言而喻了，因此，金融扫盲教育（FLE）这个主题上升到了国家战略层面，因为国外许多学者（Cohen 等，2004；Goodwin－Groen 和 Kelly－Louw，2006）普遍认为，金融素养的提高主要依赖相关教育的加强，合理进行整体水平的评估，同时，金融机构也应该创新发展，便利金融活动的开展以促进金融消费主体积累更多的实践经验。

传统的金融扫盲教育方法（FLE）采用“一刀切”的模式，只关注个人的缺陷，忽略了影响个人金融决策的重要因素，这种方法无法形成社会层面变革所需的批判性理解，并可能让未能获得财富的个人为自己几乎无法控制的命运而自责。Levon Ellen Blue 和 Peter Grootenboer（2019）认为，拥有金融知识和能够运用金融知识对每个人来说都是不一样的。良好的资金管理是一项深思熟虑的日常挑战（Cohen 等，2004；Goodwin－Groen 和 Kelly－Louw，2006），这可以通过社会工作等对金融扫盲教育的贡献来解决，以满足减贫的要求。

教育是一个提高经济弱势群体的金融知识，从而减轻贫困的非常重要的工具（Jacob、Hudson 和 Bush，2000）。因此，金融扫盲教育为摆脱贫困提供了一条途径。这种教育方案的成功得到了认可，特别是许多有经验的研究得到了确认（Garman、Kim、Kratzer、Brunson、Joo 等，1999；Heney，2000；Jacob 等，2000；Clancy、Grinstein Weiss、Schreiner 等，2001；Braunstein 和 Welch，2002；Mavrinac 和 Ping，2004；Piprek，2004；Bell 和 Lerman，2005；Friedman，2005a；Nash、Jenkinson、Vayro 和 Sandlant，2005；Lusardi 和 Mitchell，2006）。

从实践来看，自 2008 年国际金融危机（GFC）以来，各国对居民的金融素养水平越来越感兴趣（经合组织，2012）。在美国，过去的十年里美国联邦政府已经投资了数百万美元，并委托美国证券投资委员会发起旨在帮助美国儿童理解金融的倡议。在澳大利亚，2011 年建立了一个“国家消费者和金融知识框架”（ASIC，2011a），该框架明确了澳大利亚学校中消费者和金融教育的重要性，还有一个围绕“1999年国家教育目标”（MCEECDYA，2011）制定了“国家金融素养战略”（ASIC，2011b，2014，2018），重点关注澳大利亚人如何通过提高金融素养控制金融生活。为了支持金融素养的教学，澳大利亚证券投资委员会资助开发FLE资源，供教师根据澳大利亚课程表使用，这些课程已映射到金融素养框架中（ASIC，2012）。

FLE的实践教学法关注的是金融决策的教学，考虑什么影响个人的决策，以及它如何影响其他人。基于Davies（2015）和Lucey等（2015）提出的新背景下金融素养的另类概念，并认为对FLE的实践方法包括充分关注：（1）理解金融决策是如何影响他人和自我的；（2）承认一些人生决策在经济上没有回报，但往往是有价值和必要的；（3）理解提高金融计算技能和能力不等于增加收入；（4）考虑金融教育如何影响个人的储蓄和维持长期储蓄的能力；（5）认识到性别、文化、价值观、心理状态、社会经济阶层和道德规范塑造身份的方式，以及这些因素在面临金融决策时对个人的影响（Blue和Grootenboer，2017；Blue，2016a）。

从实践方法的FLE涉及一个更客观的方法来教和学习金融知识，实践中的FLE方法包括将金融教育的角色重新交给教育者和家长，而不是“依靠金融机构来确定金融教育的性质”（Davies，2015）。通过FLE方法提升金融素养，强调学生培养“社会政治意识、代理意识和积极的社会和文化身份”的重要性（Gutstein，2003）。

第三节　金融素养的测度

一、金融素养测度的准则

根据前述金融素养的特征，要准确地测度金融素养，必须设定测度的准则，以避免金融素养的测度太泛、太窄或太难，达不到有效测度的目的。目前，最具代表性测量准则由Lusardi和Mitchell（2011）提出：第一条是“简单性”，这些问题衡量的是跨时期背景下决策的最基础的金融知识。第二条是“相关性”，这些问题与人们在生命周期中当今的金融决策有关。此外，它们抓住的是一般性的观点，而不是具体的背景。第三条是“简洁性”，调查问题的数量必须精简，以确保广泛使用。第四条是“区分能力”，调查问题必须能区分被调查者的金融素养水平，以便在被调查者之间进行比较①。

二、金融素养测度工具的设计

金融素养具有内在性，无法直接从外在表现客观观察，往往采用调查问卷的方式来采集数据，进而进行测度。Atkinson（2011）认为，金融素养调查问卷应该满足三个基本要求：一是高质量且客观；二是问题要在全国性调查中被采用过；三是问题要与金融素养的测度紧密相关。一旦基准测试程序完成，可以重复在不同国家进行调查使用。测量部分包括人口统计和金融知识技能两部分。人口统计学问题包括性别、年龄、前一周的就业活动、最高受教育程度、对一家公司股票和共同基金的投资历史、住房所有权以及退休计划等。完成问卷时，参与者被告知要确保他们有足够的时间完成调查，按照提供的顺序回答问题，如果可能的话不要使用计算器以外的任何外部资源，并且在完成问卷时不要与任何人交谈。然后，通过回答包括基本概念、利息复利、通货膨胀、风险分散和现值的 5 个问题对金融知识技能进行评估（Lusardi 和 Mitchell，2011a；van Rooij 等，2011）。

三、金融素养的测度方法

衡量金融知识的努力至少可以追溯到 20 世纪 90 年代初，当时美国消费者联合会（Brobeck，1990、1991、1993、1998）开始在不同人群中开展一系列消费者知识调查，其中包括几个关于个人金融主题的问题：消费者信贷、银行账户、保险以及住房、食品和汽车等主要消费支出领域。1997 年对高中生的调查从 2000 年开始每两年重复一次，并在 2008 年扩大到包括大学生（Mandell，2009）。Hilgert 等（2003）分析了 2001 年 11—12 月密歇根大学月度消费者调查中包含的一组金融智商问题。

Lusardi 和 Mitchell（2006）在 2004 年健康和退休研究（HRS）中增加了一组金融知识问题，HRS 是一项针对 50 岁及以上美国家庭的调查，在过去十年中，它一直是旨在衡量美国和其他国家金融知识的基础问题调查活动。最初的 2004 年人力资源、金融知识模块中的三个核心问题为了评估对三个核心金融概念的理解：复利、实际收益率和风险分散（见表 2-5）。因为这些问题很简单，并且已经被广泛复制和改编，所以它们被称为“三巨头”。

后来，这些问题被纳入美国 2009 年国家金融能力研究（NFCS），这是一项

① Lusardit A, Mitchell, O S. Financial Literacy and Planning: Implication for Retirement Planning [R]. NBER working paper, 2011.

关于成年人金融能力的大型全国性调查。NFCS 在此基础上又问了两个金融知识问题（见表 2-6）；这些问题和“三大问题”加在一起被称为“五大问题”。这两个额外的问题是测试关于抵押贷款利息和债券价格的知识。表 2-5 和表 2-6 列出了五大问题及其潜在答案（正确答案是黑体和斜体）。

表 2-5 2004 年健康和退休研究的金融知识问题

概念	问题	选项
利率和复利	“假设你有 100 美元的储蓄账户，利率是每年 2%。5 年后，如果你让这笔钱继续增长，你认为你的账户里会有多少钱”	***More than $ 102*** Exactly $ 102 Less than $ 102 Don't know Refused
通货膨胀	“假设你的存款利率是每年 1% 而通胀是每年 2%。一年后，你能用这个账户里的钱买”	More than today Exactly the same as today ***Less than today*** Don't know Refused
分散风险	“你认为下面的说法是对的还是错的？购买单一公司的股票通常比购买股票共同基金提供更安全的回报”	True ***False*** Don't know Refused

尽管 Lusardi 和 Mitchell 在 2004 年人力资源调查中提出的三大问题很快成为评估金融知识水平的国际标准，但很少有证据表明这组调查问题是衡量金融知识水平的最佳方法，甚至是更好的方法。如何最好地评估期望的行为能力的问题仍然是悬而未决的，无论是从确定调查问题是否最适合该任务还是哪个问题最有效来看，更长的金融素养调查问题确实存在，即使 NFCS，它也会询问上述五大金融素养问题以及一系列其他关于个人金融行为的问题。两年一次的 Jump$tart Coalition 创业联盟关于评估美国高中生和大学生的金融素养调查就包括 50 多个问题。至于使用额外的调查问题（以及更多的问题）是否能更好地解释个体行为尚有待进一步研究。

表 2-6　2009 年国家金融能力研究（NFCS）额外的金融知识问题

概念	问题	选项
抵押贷款	“你认为下面的陈述是对的还是错的：15 年期的按揭贷款通常比 30 年期按揭贷款需要更高的月供，但整个贷款期间的总利息会更少”	***True*** False Don't know Refused
债券定价	“如果利率上升，债券价格通常会发生什么”	They will rise ***They will fall*** They will stay the same There is no relationship Don't know Refused

国内大多数研究指出，全面的金融素养衡量方法应该包含四个方面：①金融基本概念。主要是货币的时间价值、购买力、个人理财观念。②借贷概念。包括投资者通过信用卡、消费信贷或抵押贷款将未来的资源提前到现在使用。③投资概念。如投资者通过使用储蓄账户、股票、债券或基金将现在的资源储备到未来使用。④风险预防概念，常通过保险产品或风险管理技术来实现（徐明瑜，2016）。

第四节　金融素养与贫困的关系

一、金融素养与贫困的影响机制

金融素养是个人能够进行有效金融市场活动的前提条件，较高的金融素养水平能够帮助投资者及时获取市场信息提前作出规划，保障投资者能够更加广泛地享受金融市场提供的服务。金融素养的影响机制从市场参与度、金融决策、养老规划行为、风险感知水平、消费选择、金融资产配置优化和防范金融风险与金融危机七个方面进行分析，并且提出了假说。

（一）市场参与度

高水平的金融知识可以降低收集和处理信息的成本，并减少投资股市的障碍（Haliassos 和 Bertaut，1995；Vissing-Jorgensen，2004），因为高级金融素养意味着投资者掌握更专业的金融知识，拥有更熟练的金融技能，对金融信息的处理能力也更强，也就更愿意主动去参与金融市场交易，投资效率就更高，在金融市场的参与度更高，家庭的金融福祉状况也就更好，经济需求也会得到满足，这又反向促进了投资者参与金融市场的活跃度。金融素养高与财富积累之间存在正相关关系的一个原因可能是，知识渊博的个人利用股票投资的股本溢价（van Rooij 等，2011a）。金融素养偏低的投资者因为对金融市场不熟悉，害怕风险而逃避参与金融市场，排斥金融市场，这种有限参与使投资者失去了可能带来的收益与投资，因此，金融素养有助于提高投资者的市场参与度，带来更大的金融福祉。由此，高水平的金融知识降低了规划成本，降低获取信息、进行计算和制订计划的经济和心理障碍，并成功地坚持他们的计划。因此提出假说 1：良好的金融素养可以提高投资者的金融市场参与度。

（二）金融决策

金融素养影响投资偏好。侯昱薇（2018）研究发现，具有简单金融素养水平的投资者更喜欢存款，但其中具有更高金融素养水平的投资者正在向投资股票转变，个人金融素养略高于存款投资的人群倾向于外汇，而具有最高水平简单金融素养水平的投资者则更喜欢证券投资。

金融素养影响家庭负债结构。吴卫星（2018）认为，在金融素养越高的家庭中，拥有负债家庭的比例及偏好通过银行等正规渠道负债家庭的比例也越多，金融素养越高的家庭，越倾向于通过信贷市场平滑其一生的消费，这说明金融素养与负债参与和偏好通过正规金融机构借贷之间是正相关关系，与过度负债之间是负相关关系[①]。Lusardi 和 Tufano（2015）对金融素养与过度负债的关系进行了研究，调查结果显示，受访者的金融知识水平较低，只有三分之一的受访者成功地运用金融概念来理解日常金融决策，比如信用卡是如何运作的，因此，这些人可能会以高昂的成本进行谈判，并收取更高的贷款费用，作者认为金融能力是值得关注的原因，因为缺乏这些技能可能会危及家庭的财务健康，并增加负债的可能性，由于决策过程中缺乏金融知识，个人容易受到市场上各种金融产品的影响，无法区分好的投资和风险很大的投资，他们很可能会面临债务和违约等财务困难（Lyons，2004）。Disney 和 Gathergood（2013）赞同这一观点，指出金融知识水平低的人往往低估信贷成本，更容易累积债务，即缺乏金融知识的家庭通常承担更高水平的债务，甚至可能过度负债。因此，低水平的金融知识可能会削弱人们储蓄和积累财富的能力，因为这些人年轻时更容易积累债务。此外，金融素养影响风险态度。客观金融素养对风险态度有显著正向影响，说明有能力评估风险和控制风险，而不是一味地逃避风

① 吴卫星．金融素养与家庭负债——基于中国居民家庭微观调查数据的分析［J］．金融市场，2018（5）：66-75.

险，从而获得风险溢价，但金融满意度有显著负向影响，主观金融素养则具有一定的正向影响（朱涛，2016）。因此提出假设2：良好的金融素养可以帮助投资者作出合理的金融决策。

（三）养老规划行为

金融素养正向影响居民们的退休规划。Klapper和Panos（2011）的实证研究表明，较高的金融素养提高了他们对退休后养老的认知，推动他们明智选择更多元的养老方式，保障自己退休后的生活，金融素养水平越高，对各种金融知识的了解越多，使投资者有更高的养老规划意识，提前做好养老规划，通过运用自己的技能制订良好的投资理财方案，进行理性的投资，为自身储蓄更多的金融福祉，更大程度上提高了退休生活的质量。金融素养被发现与退休计划行为呈正相关关系（Ameriks等，2003；Lusardi和Mitchell，2007、2009、2011a），实证结果表明，对其金融知识更有信心的受访者有更高的计划倾向并且更有能力开展退休计划。

良好的退休规划可以积累更多财富。Lusardi（1999）研究发现，那些考虑过退休的人的财富是那些没有想过退休的人的两倍。在2004年的HRS（Lusardi和Beeler，2007）中也有类似的发现，美国退休信心调查发现，那些计划退休的人积累的财富是没有计划的人的三倍（Lusardi和Mitchell，2011），即使在受过良好教育的人中，计划退休也与更高的财富联系在一起（Ameriks等，2003）。

低水平金融素养会影响制订合理的退休计划、股市投资和增加不良借贷，从而影响财富的创造，导致贫困的发生。Lusardi（2015）研究发现，美国和其他国家的大多数人不能进行简单的计算，也不了解基本的金融概念，如复利、名义价值和实际价值之间的差异以及风险分散，对于更复杂的概念，比如债券和股票的区别，共同基金的运作方式，以及基本的资产定价了解得就更少了，在一般人口中普遍存在金融文盲现象，在妇女、青年和老人以及教育程度低的人等特定人口群体中尤其严重，这些发现很重要，因为金融素养影响行为，对基本金融概念的无知可能与缺乏退休计划、不参与股票市场和不良借贷行为有关，政府或其他机构必须进行干预，所有这些行为都会影响个人福祉，并产生溢出效应。由此提出假说3：良好的金融素养可以促进居民做好养老规划。

（四）风险感知水平

作为金融市场的投资者，认清投资目标在经济周期里处于什么阶段是非常重要的能力之一，如果投资目标处于繁荣期，其价格肯定在上涨，价值过于高估，投资者的投资行为处于高风险之中。相反，如果投资目标的价格较低，价值被低估，那么投资风险就降低。较高金融素养水平的投资者通常会选择那些被市场低估价值，价格便宜的投资标的，这些投资标的都被大部分人所忽略或处于经济周期的低迷时期不被大众所看好，但在繁荣时期其价格会大幅上涨回归其价值。金融素养水平高的投资者风险感知水平较高，能够运用自己对金融产品的了解，准确分析其风险特征和其内在价值，更有效地在市场中寻找投资机会。由此提出假说4：良好的金融素养可以提高投资者风险感知水平。

（五）消费选择

金融素养高的家庭更愿意也更有能力消费耐用品或奢侈品。财富效应引致了消费偏好，可以选择银行贷款、担保公司贷款、信用卡分息付款等方式购买耐用品（朱涛，2015）。金融素养也是诸如物质主义和强迫购买等行为的先决条件（Alemis和Yap，2013；Gardarsdottir和Dittmar，2012；Tatzel，2002）。Potrich A. C. G（2018）研究发现，金融素养对强迫购买行为的影响是直接的，表明金融素养对个体具有积极的影响，改善了他们的强迫购买行为。由此分析可得假说5：良好的金融素养可以积极影响家庭消费选择。

（六）金融资产配置优化

资产配置是按照投资需求将资金按比例分配在不同类型的资产之间，资产配置的过程就是投资规划的过程。金融素养水平高的投资者更热衷于多样化的投资，他们运用自己所掌握的金融市场有关知识及技能对投资计划的时限、可承受的风险、投资目标等因素进行分析，将投资合理分配在不同的金融资产上，寻找一个最优的资产组合，在一定水平的风险下获得最大利益。这类投资者常常倾向于具有高风险高收益金融产品，如会增加股票类的资产比例。而金融素养较低的投资者过度规避此类高风险的投资参与，失去了可能得到的高收益，从长期来看会导致自身利益的损失。资产配置的效果需要一定的时间才能体现，金融素养高的投资者往往比缺乏金融素养的投资者更具有长期投资的理念，因而金融素养的提高对金融资产优化配置更有利。因此得出假说6：良好的金融素养可以优化金融资产配置。

（七）防范金融风险与金融危机

在分析美国次贷危机的原因时，美国总统金融素养咨询委员会（PACFL）认为，“虽然导致金融危机的原因有很多，但投资者缺乏金融素养是重要的根源之一。”Klapper、Lusardi和Panos（2012）的研究发现，加速美国次贷危机爆发的重要原因是美国投资者金融素养过低，这其中的金融素养低，是投资者的金融教育投入不足导致的。欧盟委员会在 2007 年提出“更好、更便宜、更恰当的产品和服务行为可推动金融行业提高行业效率”，金融素养缺乏的投资者往往无法作出对自己最优的决策，不但不能给自己带来最大的金融福祉，还对经济发展产生负面影响。而金融素养高的投资者熟练运用自己的知识和技能，在金融市场上会谨慎评估，寻找对自己有效的信息，选择用最少的付出获取最大利益的产品，这种行为促进了金融市场的良性竞争，深化产品改革、创新和发展，进一步刺激经济增长，从而创造一个健康良好的金融市场环境，提高金融行业的效率，推动了金融市场的稳定运行，可以降低金融危机爆发的风险。由此得出假说 7：良好的金融素养对防范金融风险与避免金融危机存在正向影响。

本书将从市场参与度和金融决策两个维度分析农户的金融素养对返贫阻断的影响程度，并且验证两者的研究假说。

二、金融素养对家庭贫困的抑制

近年来，世界各地开展的许多研究证实了贫穷、金融知识、一般成人识字、低技能水平、就业状况、收入和社会经济状况之间存在相关性（Jacob 等，2000；Bell 和 Lerman，2005；Sandlant 等，2005）。

（一）家庭贫困成因

1. 收入贫困论

英国学者朗特里（1901）将贫困定义为：“家庭总收入不足以支付仅仅维持家庭成员生理正常功能所需的最低量生活必需品开支。”根据最低数量生活必需品的数量及其价格，从而得出了划分贫困家庭的收入标准，即贫困线。第一，必须选择贫困线，这显然是一项基本要素，人们早就认识到，在划线方面存在着分歧。对贫困加剧的结论持怀疑态度的人可能认为，选择不同的标准可能导致结论的逆转。第二，还有贫困措施的选择，只是提到贫困人口的比例，通常称为人头数。第三，那些关心贫穷的人确实混淆了贫穷和不平等。英国和美国所引用的数字是否只是衡量收入不平等的另一个标准？在这里，怀疑论者触及了一条原始的神经，关于贫困衡量的文献对阐明这两个概念之间的关系没有多大作用。Sen（1999）对“贫困”的概念作出了新的定义：“有很好的理由把贫困看作是对基本的可行能力的剥夺，而不仅仅是收入低下。”他提出了关于个人贫困差距权重随贫困人口数量的变化而变化的措施，从穷人那里转移的不平等可能会减少贫穷，因为贫穷人数下降，从而改变了权重。

2. 资产贫困说

纳克斯（1953）提出了贫困恶性循环理论，认为资本匮乏是阻碍发展中国家发展的关键因素。人均收入水平低，导致投资的储蓄和消费都不足，这就限制了资本形成，使发展中国家长期陷于贫困之中。国际劳工组织（劳工组织，2007）估计，全世界失业人数或部分“工作穷人”的人数超过了被视为正式失业者的人数，造成失业和未充分就业之间这种区别的原因之一是，全球化导致贫穷抗争的焦点从仅仅拥有一份工作转向有足够的收入生活，这些“有工作的穷人”大多生活在发展中国家，但也有越来越多发达国家的全职工作者，他们的收入不会使他们超过这些国家的贫困线（Davis，2002）。在这方面的研究（Friedman，2005b）证实，生活在资产贫困中的家庭多于生活在收入贫困中的家庭。

3. 地理要素说

Ravallion 等（2002）设计了一个消费增长微观模型，来探究因地理资本不同而产生的不同邻里救济与要素流动对贫困产生的影响，同时基于改革开放后的中国农户数据，他认为地理要素对地区贫困水平产生重要影响。学者 Olivia（2008）则利用卫星遥感技术，将环境变量纳入考察范围，提出增加环境变量有助于精准确定贫困地区和非贫困地区，从而便于决策者开展更精准的扶贫活动的观点。

4. 社会资源说

以马克斯·韦伯为代表的西方社会学家给贫困下的定义是：“贫困是社会资源或有价值物（如财富、收入、权力、声望、教育机会等）在社会成员中的不均等分配导致的。”Davids 等（2013）也从贫困认知的三种理论解释来对南非近 3500 名受访者进行调查，二元分析结果显示，南非人的贫困处境与社会人口、家庭经历息息相关，也与其人民如何看待致贫原因有着密切关系。Kallio（2014）则采用多元 logistic 回归模型对欧洲贫困成因进行分析，发现欧洲人的贫困主要是社会福利体系、短期经济增长和社会支出结构等因素发展不平衡所导致的。

5. 气候影响说

近几年，也有部分国外学者从气候的角度探究气候对贫困的影响，如 Hansen 等（2019）通过对过去十年气候数据和贫困数据的评估，表示气候变暖对农民的经济发展打击重大，尤其对于干旱地区的农民，其农村金融服务、产业链都会受到阻碍，从而阻碍了脱贫进程。

（二）金融素养反贫困理论

金融素养与贫困减缓之间的关系（见图 2-1）受到的关注少得多，这主要是因为人们对金融知识水平关注不够。然而近十年来，关于金融素养及其对家庭行为的影响的测量方法的研究正在蓬勃发展（Lusardi 和 Mitchell，2007、2009、2011a；Banks，2010；Banks 等，2010；van Rooij 等，2011a；等等）。金融素养促使个人作出正确的金融决策，越来越成为公众财富积累的有力保障（Lusardi 和 Mitchell，2007a、2007b；Klapper、Lusardi 和 Panos，2012），在控制了其他财富决定因素，如收入、年龄、教育、家庭组成、风险承受能力、耐心和对储蓄的态度之后，金融素养与财富持有之间存在着积极的联系。

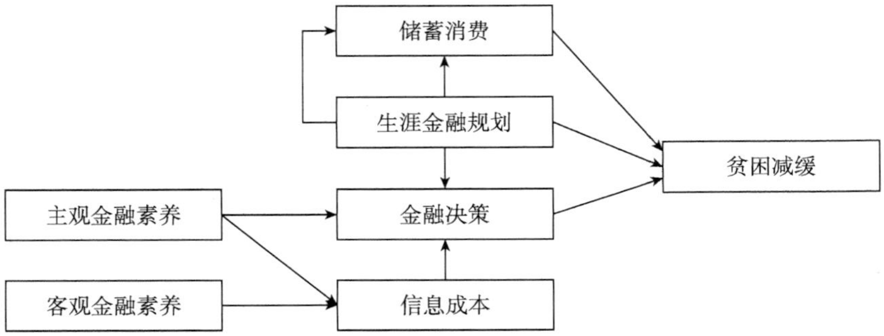

图 2-1　金融素养与贫困减缓结构关系

通过两个渠道金融素养可以促进贫困减缓。第一，高水平的金融知识降低了收集和处理信息的成本，并减少了投资股市的障碍（Haliassos 和 Bertaut，1995；Vissing Jorgensen，2004），客观金融素养高的个人被发现更有可能投资于金融市场（van Rooij 等，2011a），文化程度与财富积累之间存在正相关关系的一个原因，可能是知识渊博的个人能够利用股票投资的股本溢价。

第二，主观金融素养被发现与退休计划等金融规划行为呈正相关关系（Ameriks 等，2003；Lusardi 和 Mitchell，2007、2009、2011a），对其金融知识更有信心的受访者有更高的计划倾向且更有能力进行计划。由此，我们直观地知道，高水平的金融知识降低了规划成本即降低获取信息、进行计算和制订计划的经济和心理障碍，这就是期望绩效。研究表明，一旦家庭成员在退休后计算了他们的储蓄需求，他们往往会制订退休计划，并成功地坚持他们的计划（Lusardi 和 Mitchell，2011a）。在没有遗赠和不确定性的情况下，最简单的生命周期消费模型假设，家庭成员在工作期间积累储蓄，直到退休，然后再减少财富。这种类型的储蓄行为使家庭能够在整个生命周期内平稳其边际消费效用。总而言之，金融素养对消除贫穷发挥着至关重要的作用，使个人能够通过建立资产、管理债务和避免剥削来获得管理其所拥有的资金的基本知识、技能和价值（Mavrinac 和 Ping，2004）。

1. 信息成本说

在收集和处理信息方面，金融经验越丰富的个人可能面临较低的障碍，因此能够更好地积累和管理其储蓄与投资。家庭消费和财富遵循的模式不同于生命周期模型预测的模式是有许多原因的，标准模型可以很容易地通过调整来考虑到这些原因（Browning 和 Lusardi，1996），研究强调了预防性储蓄动机的作用（Hubbard 等，1995）、寿命和遗赠（Hurd，1989）、不同群体的不同经济机会（Kapteyn 等，2005）、自我控制问题（Laibson，1997）、意外事件（Venti 和 Wise，1998）和健康（Rosen 和 Wu，2004）等，充分考虑到了信息成本的因素来研究金融素养，发现金融素养与信息成本呈负相关关系。

2. 最佳储蓄消费说

金融素养提高有利于消费者采取最佳储蓄和消费模式。关于储蓄和投资决策的学术方法假设，在高收入时期，个人消费将少于收入，以便在收入下降时（如退休后）支持消费。这个框架建立在诺贝尔奖得主佛朗哥·莫迪利安尼（Franco Modigliani，1958）和米尔顿·弗里德曼（Milton Friedman，1957）的研究基础上，期望消费者安排自己的最佳储蓄和消费模式，以保持其一生的平稳消费。储蓄和消费决策的常规微观经济学方法认为，完全合理和消息灵通的人在高收入时期的消费将少于其收入，因此在收入下降时（如退休后）用储蓄来支持他的消费，消费者被认为要安排他的最佳储蓄和减少储蓄模式，以在其一生中使边际效用平滑。

3. 生涯金融规划说

金融素养有利于制订良好的生涯金融规划，做好退休计划。Gustman 等（2010）以美国老年人为样本，并没有发现基本认知技能（计算能力）与退休计划特征和社会保障知识之间的任何关系，虽然养老金财富和知识之间存在着积极的关系，但 Gustman 等（2010）认为，因果关系更有可能从养老金财富到养老金知识，而不是其他方式，积极的算术—财富关系不应被视为证据，表明提高认知能力和计算能力将增加家庭的财富。

4. 金融决策说

金融素养有利于消费者做正确的金融决策。在过去的几年里，学者们加大了制定金融知识的具体措施的力度，并调查了金融素养与金融决策之间的关系。Hilgert 等（2003）创造性开发了一系列问题来衡量金融知识，并探讨了金融知识与货币管理之间的关系。Lusardi 和 Mitchell（2011a）首创了一个衡量金融素养的模块，该模块是 2004 年健康和退休研究的一部分。他们发现金融素养与退休规划之间有强有力的积极联系。Christelis 等（2010）、van Rooij 等（2011a）

和 Yoong（2011）表明，投资股票的决定与金融素养和认知能力的具体衡量之间存在着积极的关系。其他研究的重点是衡量算术与金融素养相关度，并报告了其与金融结果的正相关关系（Banks 等，2010；Smith 等，2010）。

此外，还有金融错误说，金融素养有利于减少金融错误。不少研究记录了金融错误的普遍性，Agarwal 等（2009）提供贷款市场出现金融错误的证据，许多家庭在信用卡债务、房屋权益贷款和抵押贷款上支付过高的费用或过高的利率。Calvet 等（2007）研究表明，在瑞典，一个经常被认为有消息灵通的投资者的国家，许多家庭持有投资组合不够多样化，或者根本不参与金融市场。一些学者还强调，金融错误造成的福利成本不容忽视（Cocco 等，2005；Campbell，2006；Calvet 等，2007）。鉴于家庭金融素养有限的证据，这种普遍的金融错误可能并不令人惊讶。这一证据在不同的环境和不同的国家都是有力的，其中许多国家通过建立金融教育方案作出了回应。虽然金融素养举措存在广泛差异，但是为更好地理解金融教育方案的有效设计和实施提供了机会。

许多研究都强调了金融知识角色的作用，但在缺乏具体读写措施的情况下，诉诸于粗糙的代理变量（Vissing-Jorgensen，2004；Calvet 等，2007），这些代理变量的缺点是没有办法将金融素养的影响与代理变量的影响区分开来。例如，通过将教育作为金融素养的衡量标准，人们无法将金融知识的独立影响与教育水平本身的影响分开；在许多回归分析中，教育本身也可以作为终身收入的一个代理。因此，很明显，摆脱贫困比仅仅找工作更重要。因此，除了获得正常工作的定期报酬外，还需要一整套能力和技能，以作出健全的财务决策，建立储蓄和资产，并建立良好的信贷关系（Rand，2004）。

本章小结

从上述理论分析来看，金融素养与贫困之间存在内在必然性，从贫困理论来看，贫困的原因有收入贫困、社会资源贫困、权利贫困等，甚至还有地理要素和气候影响等原因存在，对于发展中国家来讲会出现贫困恶性循环，从本质上来讲是制度造成的，因此贫困具有宏观特性，不论从个体来讲还是整体来说，贫困是人力资本缺少导致的。从金融素养研究理论分析来看，影响贫困的原因有信息成本说、最佳储蓄消费说、退休计划说、金融决策说、金融错误说等理论，同时也可以从金融素养的定义看出金融素养对贫困的抑制作用，因为金融素养就是个人为谋求自身金融福祉、对所掌握的金融技能加以运用的能力、个人获取经济信息，并作出金融规划、财富积累、债务偿还和养老规划的能力，再通过金融规划、退休计划以投资决策带来倍增的财富效应，从而对贫困产生抑制作用，而且是存在双向正反馈机制。据研究，近年来中国大部分减贫来自农村地区，第一产业（农业）的增长比第二产业（工业）或第三产业（服务业）发展更有助于减少贫困和不平等，因此，本书将重点分析农户金融素养，最终论证金融素养与返贫阻断之间的关系。

第三章　现实描述：对贫困地区农户金融素养的调研

本章从微观视角，选用中国金融教育发展基金会在2019年7—8月进行的“金融教育助力乡村振兴——川皖豫地区‘金惠工程’项目基线调研”项目的2234份调查问卷数据，对样本农户的经济状况、金融需求、金融服务、金融教育、新经济参与金融决策现状进行统计分析，较为全面地把握农民金融素养、金融决策、金融教育及其关键内、外在制约要素的特点，分析金融部门对农村经济运行载体的农户的金融经济环境、金融服务供给和金融服务需求状况。

第一节　调查设计与样本分布

本书主要选择大别山区的安徽省和河南省两个省的7个市的13个脱贫摘帽县作为调查对象来研究金融素养与贫困问题，具有较强的典型意义。河南省有38个国家级贫困县①，从中随机选取了开封市兰考县，周口市的太康县和沈丘县，南阳市的桐柏县和南召县，信阳市的新县和商城县7个县进行调研。安徽省有19个贫困县②，从中随机选取了安庆市的宿松县和岳西县，阜阳市的临泉县、颍上县和阜南县，六安市的霍邱县6个县开展农户金融素养调研。

一、调查设计

数据来源于中国金融教育发展基金会项目课题组于2019年8月在河南省和安徽省13个脱贫摘帽县开展的入户问卷调查③。在借鉴中国人民银行消费者金

---

① 河南省的38个国家级贫困县分别是兰考县、栾川县、嵩县、洛宁县、汝阳县、鲁山县、卢氏县、南召县、镇平县、内乡县、淅川县、民权县、宁陵县、柘城县、光山县、新县、商城县、固始县、淮滨县、潢川县、淮阳县、沈丘县、太康县、商水县、郸城县、新蔡县、宜阳县、滑县、封丘县、范县、台前县、社旗县、桐柏县、睢县、虞城县、上蔡县、确山县、平舆县。

② 安徽省的19个国家级贫困县分别是潜山县、太湖县、宿松县、岳西县、颍东区、临泉县、阜南县、颍上县、砀山县、萧县、灵璧县、泗县、裕安区、寿县、霍邱县、舒城县、金寨县、利辛县、石台县。

③ 在此感谢中国金融教育发展基金会的薛涛秘书长、袁睿主任和Visa普惠金融负责人王东提供的支持，还有调研组的成员、所在县的人民银行及农村信用社、农村商业银行的朋友们的辛勤付出。

融素养调查问卷（2017、2019）和“三大巨头”（Lusardi 和 Mitchell，2006）等国内外相关研究成果基础上，精心设计各个调查题项，经过多次小组讨论与修改完善，形成了调查问卷。为保证调查问卷的科学性，项目小组在武汉市江夏区龙泉镇随机抽取了100户农户进行了预调查，根据预调查情况对调查问卷进行了补充、修订与完善。本次调查采取“一对一”式的入户访谈法，调查对象主要为家庭户主，由调研员根据问卷进行提问、根据受访者回答情况现场填写问卷，每份问卷时间约为1.5小时，由有专业知识的调研人员开展充分的调研，保证了获得数据的真实性和有效性。

调查对象选择方面，我们在每个脱贫摘帽县选择两个非城区的乡镇，每个乡镇发放问卷100份左右，每个行政村调查对象都涵盖了村干部、乡贤、农业合作社负责人、贫困户等群体，确保信息来源的全面性。信息录入方面，调研前期，我们对所有调研员提供问卷调研培训、数据录入培训。每日结束调研工作，安排复查人进行检查，对所填写问卷进行核对，检查逻辑错误，然后放入档案袋封袋管理。返回学校后，调研员集中在机房使用 Epidata 软件录入数据，录入系统根据每个问题需要设置自动跳转和回答答案限制，每半天汇总数据使用 Stata 软件对数据进行检查，及时反馈无效问卷编号和存在的问题，及时校对，极大地提高了问卷数据质量和录入效率。调研当天结束就安排复查人进行检查，对所填写问卷进行核对，检查逻辑错误，然后放入档案袋封袋，保证了数据资料的真实性、完整性与科学性。具体数据管理流程见图3-1。

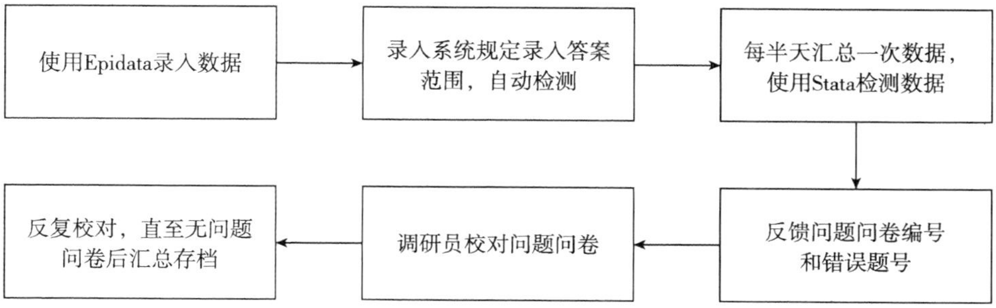

图3-1　数据管理流程

二、样本分布

本次调查采用了重点调查与随机抽样相结合的调查方法，在中国金融教育发展基金会指定的地级市随机选取2个脱贫摘帽县，每个县随机选取2个非城区乡镇，每个乡镇再随机选取3~4个村，每个村抽取20~30户农户进行了实地调研和访谈，分别在安徽省的宿松县、岳西县、霍邱县、颍上县、阜南县、临泉县和河南省的兰考县、太康县、沈丘县、南召县、桐柏县、商城县、新县共计 13 个国家级脱贫摘帽县、26 个乡镇、91 个行政村发放调研问卷，共计发放农户调研问卷 2400 份做一对一的调查，回收问卷 2400 份，在数据处理过程中，剔除由于农户表达不清、数据无效问卷 166 份，最终获得有效问卷 2234 份，样本有效率 93.08%。具体的调研区域及样本分布见表 3-1。

表 3-1　调研地与样本分布

市（区）	县（区）	乡镇	行政村	样本量	样本比例（%）
开封市	兰考县	仪封镇	仪封村、代庄村、东岗头村	159	7.12
		小宋镇	北村、张笔彩西村、东邵二村		
周口市	太康县	杨庙乡	祁楼村、曹庄村、陈留张村、格针园村	159	7.12
		板桥镇	板桥村		
	沈丘县	白集镇	田营村	227	10.16
		周营镇	王寨村、赵寨村、郭寨村、孟寨村、马营村		
南阳市	桐柏县	城郊乡	吴湾村、金庄村、北杨庄村	178	7.97
		淮源镇	淮源村、陈庄村、老湾村		
	南召县	白土岗镇	白东村、白西村、桐梓村、白龙村	139	6.22
		崔庄乡	马良村、草庙村、崔庄村		
安庆市	岳西县	毛尖山乡	平精村、林河村、红旗村、板舍村	177	7.92
		响肠镇	无愁村、金山村、响肠村、千佛塔村		
	宿松县	陈汉乡	大明村、朱湾村、广福村、河口村	187	8.37
		许岭镇	白云村、宏福村、雨岭村、石庙村		
六安市	霍邱县	河口镇	牛角河村、十三湾村、河口村、柏树林村	178	7.97
		白莲乡	珍珠村、牛集村、朱塔村、窖流村		
信阳市	新县	吴陈河镇	邵山村、娘湾村、大吴湾村、余店村	144	6.45
		千斤乡	漳墩村、王洼村、龚洼村、阳土墩村		
	商城县	金刚台镇	卢店村、王坳村、杜畈村	179	8.01
		吴河乡	吴河村、郭庙村、沈畈村、掌店村		
阜阳市	颍上县	夏桥镇	光辉村、郭桥村、双岗村、罗洋村	207	9.27
		十八里铺镇	十八里铺村、古店村、大海村、老庄村		
	阜南县	苗集镇	桃元村、张古村、苗集村、大蔡村	108	4.83
		会龙镇	闫老村、闫庙村、于庄村、会龙村		
	临泉县	高塘镇	高塘村、范集村	192	8.59
		杨桥镇	老街村、二冯庄村、刘大村、七里桥村		

问卷内容涵盖基本情况、金融服务情况、金融决策情况、金融素养情况、金融教育情况和乡村振兴基础情况六大板块，围绕农户金融技能、金融行为、金融意识和金融知识四个评测维度展开，并着重了解农村乡村振兴发展状况和农户参与度，问卷问题顺序逻辑性强、前后呼应、结构严谨、内容通俗易懂、紧扣调研主题。具体调研思路见图 3-2。

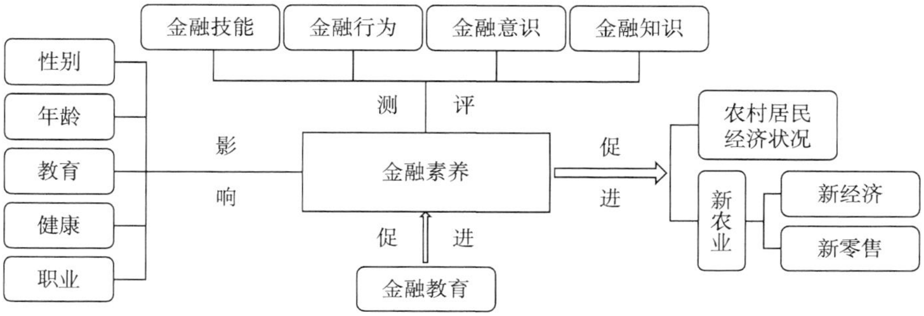

图 3-2　调研思路

基本情况板块中主要了解调研对象的基本信息、家庭收入、支出以及资产和负债状况。调研员了解调研对象文化程度、经济能力和家庭环境等基本信息，为后面所问问题提供参考；金融服务情况板块主要了解调研对象在储蓄、信贷、理财、保险等方面的使用途径和使用情况，特别结合实际增添民间借贷、手机银行和微信、支付宝支付等新兴金融工具和金融业务渠道，并且就智能手机、ATM、POS 机和扫码支付等科学技术使用程度和附近银行网点可提供业务与业务办理难度问题进行单独调查，以便了解当地金融服务可获得性；金融决策板块主要了解农户购买金融产品决策前是否浏览相关合约、考虑自身风险及决策时所考虑其他因素；金融素养情况主要通过其对金融教育投入、金融知识了解程度、个人见解、风险偏好等方面进行评估；金融教育板块从供给和需求两个方面了解农户接受金融教育情况和需求；乡村振兴基础板块则是从新产业、新零售和新金融三个方面了解当地乡村振兴实施基础条件。

三、数据信度分析

为了确保问卷调查数据可靠性，需要对调查数据进行信度分析。本书使用 SPSS21α 信度系数对问卷原始数据进行可靠性分析，并对问卷数据标准化后再一次进行可靠性分析，最后得到 Cronbach's Alpha 为 0.804，标准化后的 Cronbach's Alpha 为 0.805，均大于 0.8（见表 3-2），说明问卷数据具有良好的一致性，可靠性较高。

表 3-2　可靠性统计量

Cronbach's Alpha	标准化后的 Cronbach's Alpha	项数
0. 804	0. 805	38

四、家庭基本情况分析

（一）受访者基本情况

在 2234 个有效样本中，调研对象年龄主要分布在 40～60 岁，占比约 51%，60 岁及以上年龄人数占约 31%，40 岁以下年龄人数共占约 18%（见表 3-3），由于农村地区大量青壮年人口外出务工，农村留守人口以中老年为主。在文化程度方面，约 33%的样本是初中文化程度，约 28%的样本是小学文化程度，不识字的样本比重约 16%，高中、大专及以上学历占比仅约 23%。其中，在不识字和小学人群中，40 岁以上占比分别是 97. 81%和 94. 82%，说明由于历史原因限制，中老年人的文化程度较低。在身体健康方面，1132 人身体状况良好，超过 50%，整体算乐观，但 642 人身体状况一般，460 人身体状况不佳。在职业分布方面，务农人数占比约 60%，仅 13 人从事农村电商行业，加入农村企业的仅有 31 人，自主创业、经营个体或私营企业占比约 9%，约 11%的调研样本为国家工作人员，值得注意的是调研阶段处于年中时期，因此外出务工返乡者仅有约 6%。

（二）总资产与教育程度

农户资产分布呈现“n”形分布，家庭资产主要集中在 20000～500000 元，占比 81. 15%，也有 10. 74%的样本家庭资产超过 500000 元，但资产在 5000 元以内的有 40 户（见表 3-4），主要是农村低保人口，因为年龄大、身体残疾和无子女等原因无经济来源，主要资产为其居住的房屋。调查过程中我们发现，样本家庭资产主要组成部分中，房产占比最高。其中，房产占比高达 73%，土地市值占比 13%，流动性资产占比较少。从负债角度看，有 1289 个样本目前处于无负债状态，占比约 58%，大多数调研样本负债额度在 10 万元以内，有 230 个样本负债额度为 2 万～5 万元，分布较为集中，还有 28 个样本负债额度在 50 万元以上。在负债主要组成部分中，其中以生存性借款为主。房屋借款、农业及工商业借款、婚丧、看病就医等民生领域借款比率相对较高，发展性借款和享受性借款占比较少，说明该地区经济大部分居民目前仍处于生存消费为主的阶段。

表 3-3 样本的个体特征与家庭特征

统计指标		样本比例（%）	统计指标		样本比例（%）
性别	男	64.61	资产	5000 元以内	1.92
	女	35.59		5000~20000 元	6.62
年龄	18 岁以下	0.22		20000~50000 元	15.8
	18~22 岁	1.12		50000~100000 元	22.53
	22~30 岁	4.66		100000~200000 元	25.69
	30~40 岁	11.73		200000~500000 元	17.05
	40~50 岁	22.96		500000 元以上	10.39
	50~60 岁	27.71	负债	5000 元以内	6.04
	60 岁以上	31.6		5000~20000 元	8.24
文化程度	不识字	16.38		20000~50000 元	10.3
	小学	27.66		50000~100000 元	6.98
	初中	33.49		100000~200000 元	6.45
	高中、职高或中专	14.64		200000~500000 元	3.18
	大专及以上	7.83		500000 元以上	1.21
健康状况	很差	4.61		无	57.6
	差	15.98	收入	5000 元以内	8.33
	一般	28.74		5000~20000 元	25.24
	好	33.93		20000~50000 元	34.33
	很好	16.74		50000~100000 元	18.98
婚姻状况	已婚	86.17		100000~200000 元	8.91
	离异	1.07		200000~500000 元	3.4
	丧偶	8.1		500000 元以上	0.81
	未婚	4.66	支出	5000 元以内	7.52
职业	务农	59.94		5000~10000 元	13.92
	农村电商	0.76		10000~30000 元	42.79
	农村企业	1.39		30000~50000 元	21.54
	经营个体或私营企业	8.55		50000 元以上	14.23
	国家工作人员	11.73			
	在外务工	6.09			
	其他	11.54			

表 3-4　总资产与教育程度分析

	不识字	小学	初中	高中、职高或中专	大专及以上	占比
5000 元以内	9	11	16	4	0	1. 79%
5000～20000 元	43	48	41	9	0	6. 31%
20000～50000 元	83	116	107	36	11	15. 80%
50000～100000 元	97	149	174	61	21	22. 47%
100000～200000 元	91	180	190	66	47	25. 69%
200000～500000 元	37	85	143	81	38	17. 19%
500000 元以上	7	29	75	70	59	10. 74%
占比	16. 43%	27. 66%	33. 39%	14. 64%	7. 88%	100. 00%

此外，农户年总收入主要集中在较低水平，以工资性收入为主。绝大部分家庭收入集中在 10 万元以内，其中家庭年收入为 2 万～5 万元的最为集中，近三年均约占 33%（见图 3-3），家庭年收入 50 万元以上的 2016 年与 2017 年均有 16 户，2018 年增加至 17 户，但是还有很多农户因生病、残疾、赡养老人等导致全年颗粒无收，收入差距悬殊。调研样本中约 62%的样本职业为农民，然而我们通过调研发现，2234 个有效样本中只有约 39%的样本收入主要组成部分是农业收入①，约 47%的样本主要收入组成部分是工资性收入，主要是外出务工或者就近就业的工资性收入，工商业收入占比约 10%（见图 3-4）。以土地为生（包括以田地农用和田地出租为生活收入来源）的农户家庭中，近一半的土地年收入在 1000 元以下。可见农业劳动力投入多，回报却相对较少，我们在调研中也直观感受到他们都不富裕。

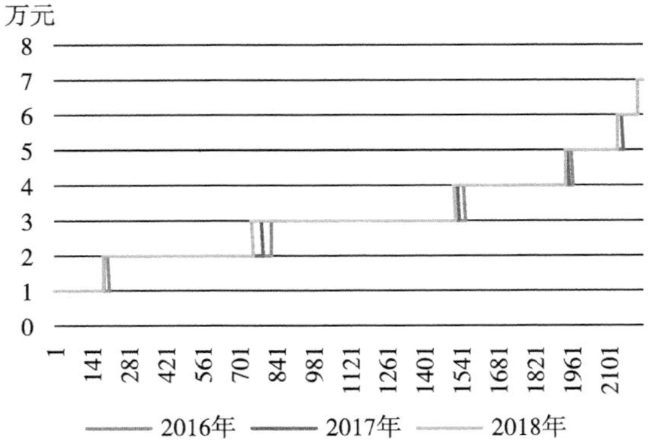

图 3-3　调研样本近三年年收入分布

① 当地农民的经济来源主要分为茶叶、蚕丝，以及药材这三类，其中最主要的收入是依靠采茶，然后卖给当地茶场。大别山的土质不适合农业，并且山上禁止发展畜牧业，主要考虑到水源安全，因此大别山本身的资源地域的情况是阻碍发展的一个原因。

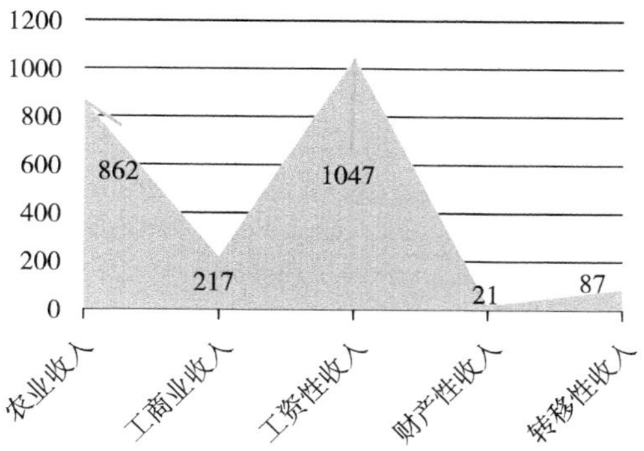

图 3-4　调研样本家庭总收入构成分布

调研中发现随着城市化进程加快，当下农民脱离农业现象比较严重，76%的样本农户农业收入在总收入中的比重不足一半，可见务农已经不是我国大部分农户收入的主要来源。

日常支出以生存性消费支出为主。有 25.29%的样本近一年来收不抵支，占总样本的四分之一，情况不容乐观。从支出角度分析，调研样本家庭年均支出集中在 1 万~3 万元，占 43%，接近半数。家庭支出中主要是日常消费支出，占比 50%，其次就是教育支出 21%、农业生产成本支出 13%、医疗保健支出 12%，与负债用途呈现生存性特点保持一致。

（三）参与农村新经济情况

通过调研我们发现，样本地区居民智能手机使用率较高，WiFi 安装户数占一半以上。在 2234 个有效样本中，有 117 个样本没有手机（见图 3-5），剩余 2117 个持有手机的样本中，智能手机使用率约为 66%，数据显示，农户使用智能手机主要是看新闻、社交聊天、娱乐和网络购物；样本家庭拥有电脑的仅有约 35%（见图 3-6），持有率偏低，安装 WiFi 的户数达 1153 户，约占 52%（见图 3-7），为发展农户第三方支付提供了重要的基础保障。

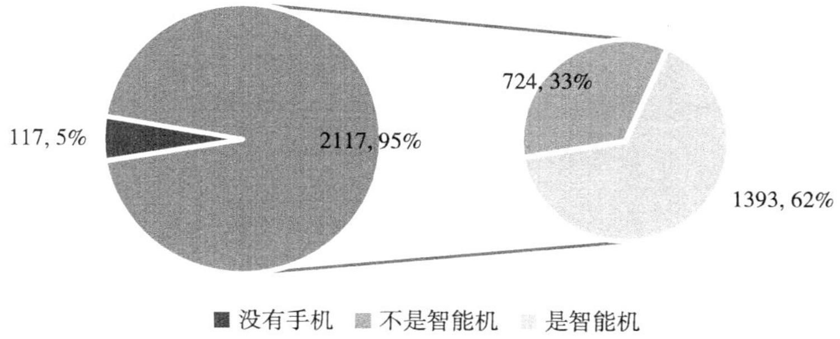

图 3-5　调研样本手机使用情况分布

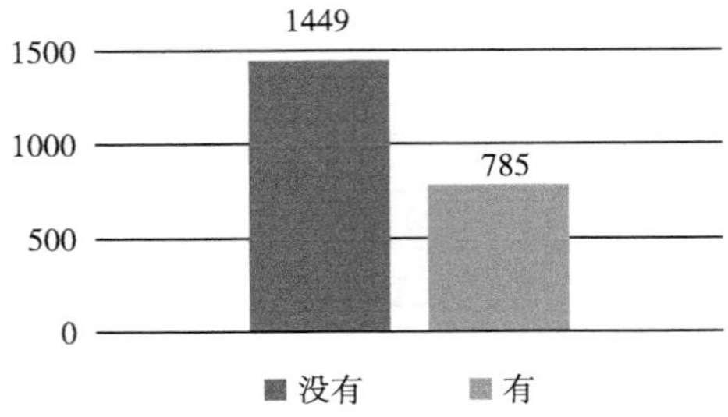

图 3-6　调研样本家庭电脑持有情况

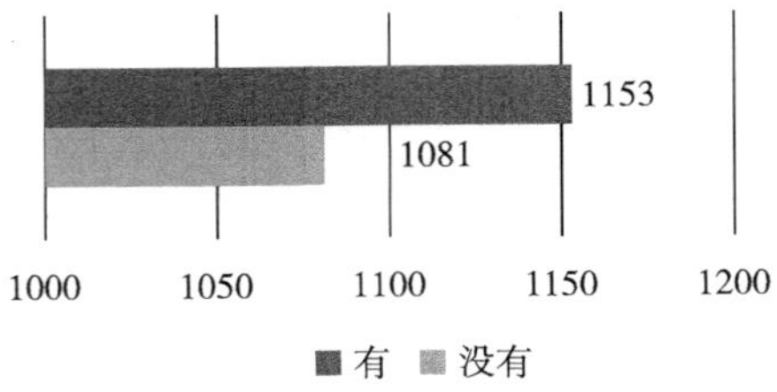

图 3-7　调研样本家庭 WiFi 使用情况

新经济是乡村振兴的重要抓手，盘活土地资源，大力发展农业合作社，实现规模化、专业化生产；利用农村资源优势，经营农家乐，促进就业，吸引人流，助推农村消费；发展农村电商，链接乡村与城市，缩短城乡距离。①

第二节　农村贫困地区金融行为分析

一、金融行为

（一）银行卡使用情况

样本地区农户银行卡拥有率较高。有 1802 人拥有银行卡，存折数量相对较少，1178 人拥有存折，信用卡使用比率更低，仅 255 人使用信用卡（见表 3-5）。网上银行和移动支付使用率较低。有 369 人使用网上银行，占比 17.73%，有 82.27%的样本没有开通网上银行，说明网上银行开通比率较低。453 人主要通过网上银行进行转账、242 人通过网上银行进行账户查询、270 人开通网上银行缴费。移动支付在农村地区的普及程度未到一半，使用移动支付的样本仅占 44%，总体而言调查样本网上银行使用程度低、对网上银行功能理解和使用片面、单一，呈现范围窄、深度浅的特点，很多网上银行功能未得到高效的利用，移动支付使用度不高。办理基础金融业务渠道分布来看，调研样本办理基础金融业务渠道主要通过银行柜台和自助柜员 ATM。其中，1436 份样本主要使用银行柜台办理基础金融业务，538 份样本主要使用自动柜员 ATM 办理业务，其他金融业务渠道使用较少。

① 根据调研地的自然条件，最适合山区的产业是绿色生态产业，比如绿色林果、绿色养殖、休闲旅游等，走绿色有机农业和生态旅游，应该加强农村劳动力转移就业培训，培育现代农民，拓宽就业渠道和完善就业服务，促进农村富余劳动力进城务工和稳定转移。

表 3-5 银行基本服务使用情况

服务产品	储蓄卡	存折	信用卡	网上银行	移动支付
人数	1802	1178	255	369	983
占比	80.66%	52.73%	11.41%	16.52%	44.00%

（二）理财、保险服务使用情况

很少人购买理财产品。仅有 246 人购买过理财产品，占比 10%，还有 90%没有购买过理财产品，由此看出，调研地购买理财产品的人很少。根据调研了解到农户理财渠道单一，大多数在银行或者微信支付宝上购买理财产品，通过其他渠道购买理财产品的极少。探究其原因，农户资产以房屋、土地等不动产为主，流动性较差、价值低，导致抵押和质押较难；收入微薄，可支配资金少，负债意愿不强，做到收支平衡，但日常消费以生存性消费和发展性消费为主，投资理财需求程度较弱。

普遍购买了社会医疗保险和养老保险，但商业保险购买不多，购买股票、基金的极少。在购买的保险中主要以农村养老保险、农村合作医疗保险为主，其中，有 2001 个样本购买过农村医疗保险，1851 个样本购买过农村养老保险。这两种保险是政府民生工程的重要组成部分，覆盖面广、价格便宜、使用范围广、报销流程完善、且有国家信誉保证，因此民众购买意愿较高。但在 2234 个样本中，财产保险仅有 26 人、疾病险 115 个，农业保险 152 个，意外险 159 个，机动车辆保险相对较多 289 个（见表 3-6）。说明民众购买社会商业类型保险意愿不强。当地金融机构类型单一，以银行为主，但无其他证券、基金公司辅助银行推行金融理财和保险知识，因此理财与保险业务难以开展，市场开拓速度慢。

表 3-6 保险购买情况

保险类别	农村合作医疗保险	农村养老保险	机动车辆保险	农业保险	财产保险	疾病险	意外险	其他
人数	2001	1851	289	152	26	115	159	24
占比	89.57%	82.86%	12.94%	6.80%	1.16%	5.15%	7.12%	1.07%

（三）村民日常支付情况

日常消费使用的支付方式以现金支付为主。在 2234 个有效样本中，2100 个样本使用现金，864 个样本使用第三方支付，使用现金的人较多，第三方支付其次，其他支付方式使用较少，刷银行卡支付的 279 人，使用手机银行支付的

122人，使用支票支付的1人（见表3-7）。但第三方支付的使用率正在逐渐提升。我们发现，农村的移动支付发展相当迅猛。随着第三方支付在农村地区不断渗透，已有38.68%的农户使用第三方支付，25%把移动支付作为最主要的支付方式使用，广泛运用于生活缴费、日常消费等方面。

在信息化时代下，移动支付快捷、简便等优势逐渐凸显，使越来越多的农户受惠。但经过调研发现使用移动支付者多为青壮年（年龄为18~50岁），占77.71%，而农村老年人居多，对智能机以及现代化支付手段不了解，以及习惯于使用现金，农户依然选择现金作为最主要的支付方式。

表3-7　农户消费的支付方式

支付方式	现金	第三方支付	刷银行卡	手机银行	支票
人数	2100	864	279	122	1
占比	94.00%	38.68%	12.49%	5.46%	0.04%

二、金融意识

（一）金融基础设施条件

农村地区商业银行乡镇网点的金融服务盖率高，但“最后一公里”仍未打通。调查发现，调研样本主要在农商行、农业银行、邮政储蓄银行和村镇银行办理金融业务。其中，农村信用社覆盖率最高，达到了92%，其次是邮政储蓄银行的覆盖率，已达到71%，再次为农业银行，其覆盖率为32%，而村镇银行覆盖率最低，仅为6%（见表3-8）。在豫皖地区的乡镇以及各个行政村中，银行卡家庭普及率为100%，其中，15.84%的家庭持有银行卡在3张以上。由此可见，豫皖农村地区以银行卡为代表的基础金融服务普及率高。

表3-8　银行乡镇网点金融服务覆盖率

银行	农商行	农业银行	邮政储蓄	村镇银行
占比	92%	32%	71%	6%

数据显示，有1474个样本反映所在村庄内设有金融惠农服务点，占比66%，超三成受访村未设立惠农服务点；距离受访者居住地点最近的银行网点开车所用时长在10分钟及以下这一区间占比45%，在10~30分钟区间占比41%，在30~60分钟区间占比9%，在60~90分钟区间占比4%，在90分钟及以上区间占比1%（见表3-9）。55%的农户需要花10分钟以上的驾车时间去往

最近的网点享受金融服务，虽然金融机构已经延伸至乡镇地区，但是金融服务可获得性上的“最后一公里”仍未打通，以行政村为单位的农村金融惠农服务点数量仍有待增加。

表 3-9 居民能够接受网点车程距离

时间	10 分钟	30 分钟	一个小时	一个半小时	两个小时及以上
占比	45%	41%	9%	4%	1%

此外，对于完善金融服务方面建议最多的是简化手续。有 821 个调研样本希望增设营业网点，1074 个样本建议简化手续，653 个调研样本建议降低手续费用，120 个样本认为应该增加抵押品的种类，408 个调研样本建议提高服务意识，336 个调研样本建议缩短审批时间，142 个样本建议提供更多的线上服务，目前农村的金融服务意识逐渐提高，银行网点均分布在人口密集、经济发达的城镇地区，但该地区农村人口聚居分散，金融业务较少与设立网点或电子机具运营成本高相矛盾。除了城镇居民基本都能办理金融业务外，也有部分银行在乡村便利店设立代理点，可进行缴费、充值、转账业务，有小部分调研对象是就近办理金融业务，但金融业务代理点少、覆盖率低。银行还需在网点数量、手续、费用、审批时间、服务意识等方面进一步优化。

（二）贷款意识

贷款作为居民金融需求之一，由于信息不对称，其成为居民金融需求中最难以满足的服务。在 2234 份有效样本中，有 13%（333 人）的样本有过银行贷款行为，其贷款金额主要分布在 2 万~10 万元，金额分布比较均匀。2234 个样本中，2 万元以下样本数量占比 2%、2 万~5 万元样本数量占比 4%、5 万~10 万元样本数量占比 4%、10 万元以上样本数量占比 3%，以小额贷款需求为主。

与此同时，正规贷款的渠道主要集中在农村商业银行（信用社）。通过农村商业银行（信用社）贷款数量较多，调研样本人数达 203 人，占比 72%，农业银行贷款人数在调研样本中达 44 人，占比 15.6%，邮储银行借款人数为 21 人，占比 7.5%。村镇银行借款人数在调研样本中达 5 人，占比 1.8%，农村商业银行在贷款业务方面贡献突出。特别值得注意的是，样本中没有出现通过小额信贷公司借款的记录，非法贷款风险不显著（见表 3-10）。

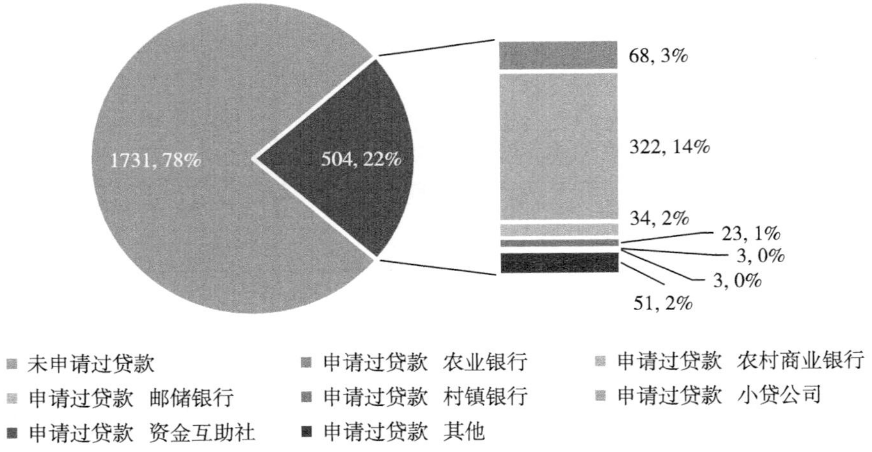

图 3-8 样本农户申请贷款情况

表 3-10 正规渠道贷款情况

银行	农业银行	农商行	邮储银行	村镇银行	小贷公司	资金互助社	其他
户数	44	203	21	5	0	1	8
占比	15.6%	72.0%	7.5%	1.8%	0	0.3%	2.8%

（三）投资理财意识

样本地区农户理财方式较为单一，主要是银行存款，投资意愿不强，在2234个调研样本中，有686人愿意通过银行定期存款进行理财，1287人更愿意将资金存放在银行活期存款，有78人相信银行的其他理财产品，调研样本中一大部分人更加相信银行，认为资金存放在银行进行理财会更加安全。仅有28人愿意通过证券、基金等金融机构进行理财，33人将资金有偿借给他人，122人通过移动支付手段进行理财，例如余额宝、微信零钱通等方便快捷的理财方式（见表3-11）。在理财投资方面，有1514人更愿意做1000元以内的投资，316人愿意在1000~5000元进行投资，144人愿意拿出5000~10000元进行投资，105人愿意拿出10000~30000元进行投资，71人愿意拿出30000~50000元进行投资，仅有84人愿意拿出50000元以上进行投资（见表3-12）。从实际调研看，研究对象对于投资的兴趣不是很大，不愿意投入过多的资金，选择保守理财。

表 3-11 居民理财偏好情况

理财类型	银行定期	银行活期	银行理财	证券、基金	互联网理财	出借他人
人数	686	1287	78	28	122	33
占比	30.70%	57.61%	3.49%	1.25%	5.46%	1.48%

在对当地居民进行了社会养老保险满意度的调查之后发现，有56%的样本满意社会养老保险，19%的样本对社会养老保险十分满意，20%的样本认为一般，5%的样本对社会养老保险不满意。其中，有1498人认为社会养老保险不存在缺点，属惠民政策，340人认为社会养老保险的缺陷在于每年缴费太多，457人认为社会养老保险的缺陷在于保额较小，81人认为养老保险产品单一。

表 3-12 理财计划额度分布情况

额度	1000元以内	1000~5000元	5000~10000元	10000~30000元	30000~50000元	50000元以上
人数	1514	316	144	105	71	84
占比	67.77%	14.15%	6.45%	4.70%	3.18%	3.76%

（四）银行贷款需求满足度

在调研样本家庭经济情况方面，在2234个有效样本中，农户年总收入、家庭总资产差距较大，资产达50万元的有232户，占10%，资产额为10万~20万元的占比最大，为26%，绝大部分调研样本家庭平均资产低于10万元，资产在5000元以内的有42户。相对城市地区来说农户收入微薄，并且农户资产主要是房屋、土地等不动产，贷款抵押难，在调查样本中有122人贷款申请审核没通过，因抵质押物不足和无人担保被拒的人数就高达81人。

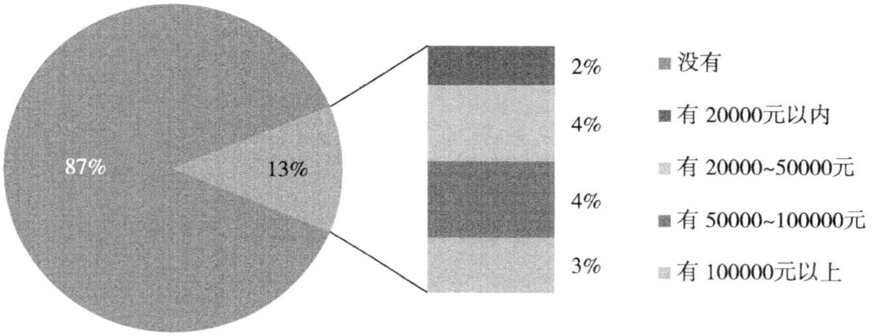

图 3-9 调研样本贷款需求

从负债角度看，有 1289 个样本目前处于无负债状态，占比为 58%，大多数调研样本负债额度在 10 万元以内，有 230 个样本负债额度为 2 万~5 万元，分布较为集中，还有 28 个样本负债额度在 50 万元以上。从负债主要组成部分不难发现，房屋借款、农业及工商业借款、婚丧、看病就医等民生领域借款比率相对较高，发展性借款和享受性借款占比较少，说明该地区经济大部分居民目前仍处于生存消费为主的阶段，距达到发展性消费阶段还有很长一段距离；家庭支出中主要是日常消费支出，占比 50%，其次就是教育支出 21%、农业生产成本支出 13%、医疗保健支出 12%，与负债用途呈现生存性特点保持一致。

表 3-13　贷款渠道分布情况

贷款渠道	农商行	农业银行	邮储银行	村镇银行	小贷公司
人数	322	68	34	23	6
占比	65.58%	13.85%	6.92%	4.68%	1.22%

（五）民间融资

调查研究表明，35%的农户有过民间贷款经历（见图 3-10），农户的借贷方式仍以民间借贷为主，主要通过亲友拆借获得民间融资，其中，民间融资中 89.42%无利息、中间费用，且以亲友间信用保证为基础，在传统农户融资方式中占据主导地位，占比高达 98.74%。而在实地调研中发现，农户也曾考虑过银行贷款，但是由于其手续复杂、审批时间长、贷款流程不了解等原因更愿意选择向亲友借款。

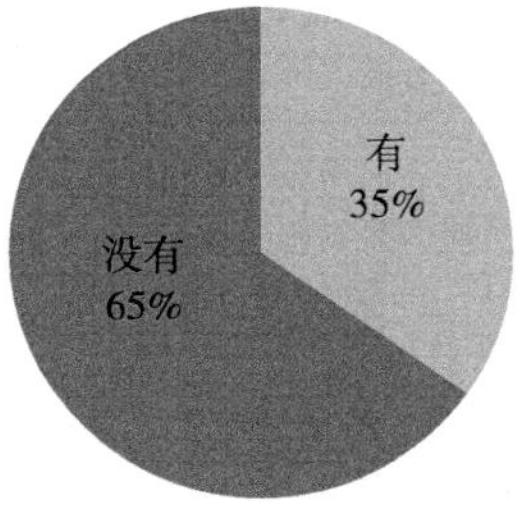

图 3-10　调研样本民间融资情况

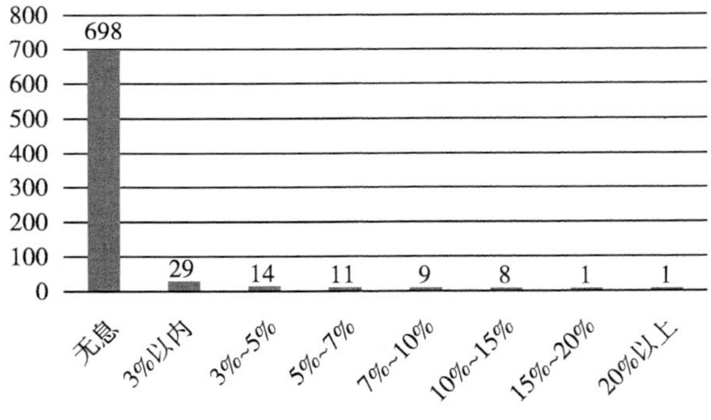

图 3-11　调研样本民间融资利率情况

第三节　农村贫困地区居民金融决策与金融教育

一、金融知识与金融决策

（一）独立判断来选择金融产品或服务

在 2234 个有效调研样本中，约 50%的样本根据自己的金融知识和所获得的信息独立选择金融产品或服务，约 17%的样本主要依靠银行员工的推荐选择金融产品或服务，约 27%的样本选择金融产品或服务是来自朋友或亲戚的推荐，约 4%的样本主要依赖非银行销售员工的推介，仅约 2%的样本选择金融产品或服务是来自工作单位的推荐（见图 3-12）。其中，购买金融产品的决定权有 1585（70.95%）取决于中老年人，295（13.21%）决定权在老年人，354（15.84%）决定权在年轻人（见图 3-13）。调研样本地投资理财较为保守，大部分人对自己所有的金融知识较为自信。

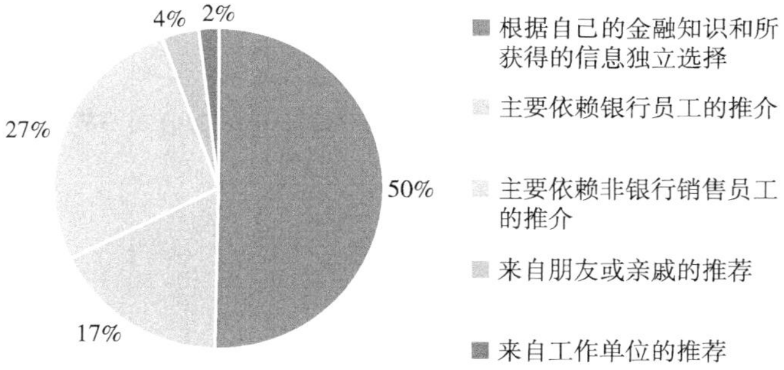

图 3-12　调研样本选择金融产品或服务方式

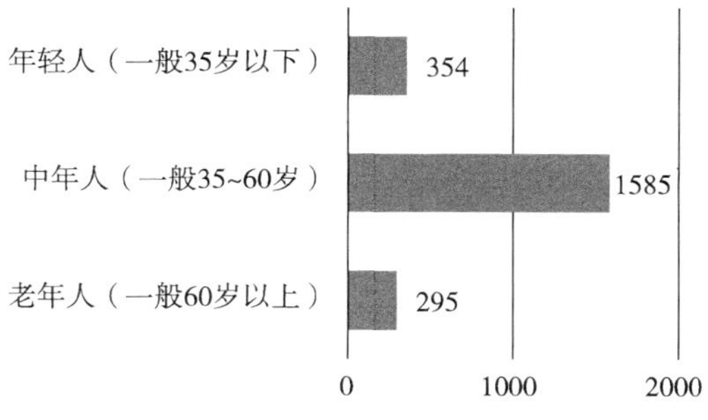

图 3-13　调研样本购买金融产品决定权

（二）辨别合法与非合法的投资渠道和产品服务

在2234个调研样本中，有45%的样本认为自己在选择金融产品或服务中能够正确地辨别合法与非合法的投资渠道和产品服务，28%的调研样本认为自己不能正确地辨别合法和非合法的投资渠道，27%的人不确定自己能否正确地辨别合法与非合法的投资渠道，如图3-14所示。数据表明在调研样本中部分人对自己辨别合法与非合法的能力有信心，还是有一部分人缺乏辨别合法与非合法的能力。其中，774人认为自己可以对购买产品风险和收益有清晰的认识，648人认为自己不能对产品的风险和收益有清晰的认识，812人不知道能否对于购买的产品有清晰的认识。金融机构在产品的风险收益方面的宣传较少，导致调研样本普遍对投资知识的了解匮乏，如图3-15所示。

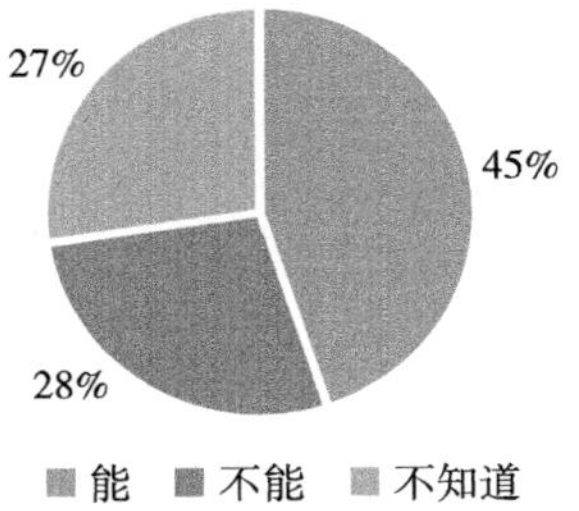

图3-14　样本辨别合法和非合法的投资渠道和产品

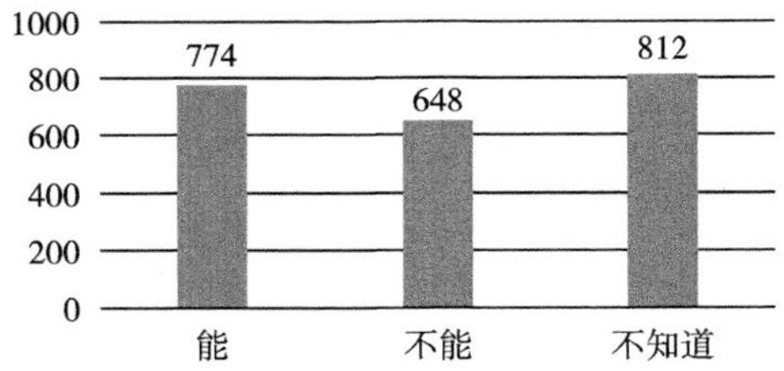

图3-15　对购买产品的风险和收益有清晰的认识

（三）阅读金融合同条款

在2234份调研样本中，有977人（约43.7%）在购买金融产品服务时会简要阅读合同条款，490人（约21.9%）会进行仔细阅读，有767（约34.3%）的人根本不会进行阅读，在阅读之后有343人（约15.4%）完全不理解，有762人（约34.1%）不太理解，930人（约41.6%）大致理解，199人（约8.9%）完全理解，可以看出样本在购买金融产品过程中，大部分人会进行简要阅读，有近一半的人不会阅读，样本阅读参与积极性较低，并且理解能力也较低。如图3-16所示。

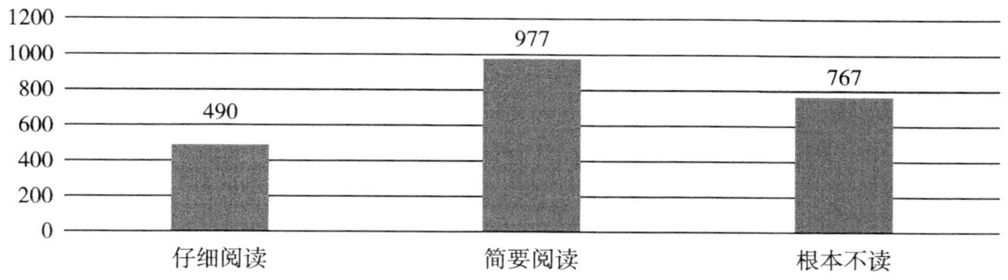

图 3-16 调研样本购买金融产品或服务时是否阅读合同条款

(四) 考虑金融风险承受能力

有 47%的样本在选择金融产品或服务前会认真考虑自己的风险承受能力，39%的样本会部分考虑或偶尔考虑，还有 14%的样本不会考虑自己的风险承受能力，显示该地区居民偏好于低风险理财产品和投资项目，金融风险承受力较低。如图 3-17 所示。

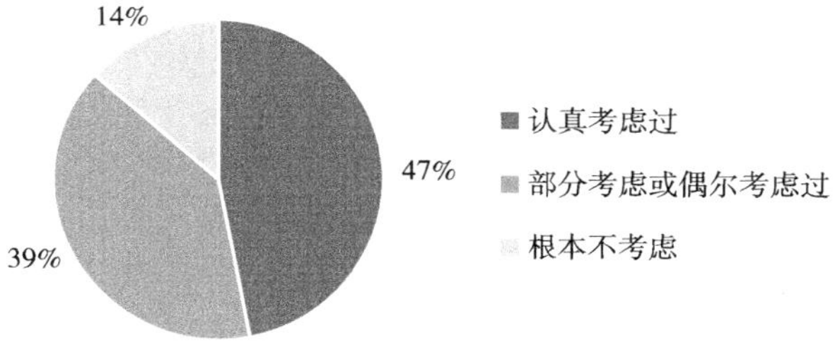

图 3-17 调研样本是否认真考虑自己的风险承受能力

(五) 影响购买金融产品或服务的主要因素

通过询问调研对象对影响自己购买金融产品或服务的决策因素进行主观评价分析，在 2234 份有效样本中，有 1360 人（约 60. 9%）认为产品特点符合需求是影响购买金融产品或服务的决策因素，有 1599 人（约 71. 6%）认为资费合理是决策因素，939 人认为风险与安全是决策因素，647 人取决于金融机构的服务态度，213 人取决于同一家金融机构提供多种产品或服务（见图 3-18、表 3-14），金融机构要加快农村金融服务产品创新，为农民提供多渠道的产品，根据农民的需求提供相应的产品。同时，降低资费额加大扶持力度、完善监管体系，为农户提供更多的合法、合规的金融产品或服务的购买渠道。

根据调查我们发现，在购买金融服务或产品时，主要由中年人进行决策，在 2234 个有效样本中，由中年人决定的样本个数为 1585 个，占比约 71%。究其原因，中年人拥有相对的经济基础和社会经验，并且大多数中年人是家庭的顶梁柱，在购买金融产品和服务的过程中往往起着决定性作用。对于决策主力为中年人的性别和教育程度进行调查我们发现，决策主力为男性的较多，占比 64%，女性占比 36%。同时，决策主力军的教育水平普遍较低，不识字和只上过小学的占比高达 75%。除此之外，我们发现，中年居民的金融素养较差，仅 0.47（满分 1）。为此，提升家庭决策主力军的金融素养以提升家庭金融决策的合理性是有必要的。

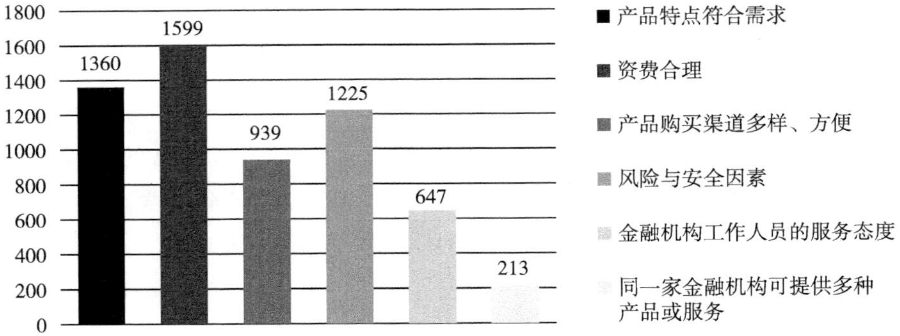

图 3-18　影响调研样本购买金融产品或服务的决策因素

表 3-14　金融决策影响因素

决策影响因素	人数	占比
产品特点符合需求	1360	60.88%
资费合理	1599	71.58%
购买渠道多样、合理	939	42.03%
风险与财产安全	1225	54.83%
金融机构服务态度	647	28.96%
统一网点产品多样性	213	9.53%

金融扶持农村经济发展，但农户金融素养普遍偏低，在购买金融产品或服务的过程中，对产品或服务的认识和了解较少，并且在金融决策过程中具有随意性，因此农民容易陷入金融误区，使自身利益受损甚至损害他人利益。

除此之外，在购买金融产品的过程中，由于知识水平和认知度的限制，大多数农户会选择听取亲戚朋友的建议，或者自己随便选择，缺少自己的理性判断，选择决策具有随意性。因此，农民的风险意识和辨别能力较弱，在金融决策中容易陷入误区，并易受利益诱导，参与非法集资、传销和金融诈骗等非法活动中，损害农民利益。

二、金融教育

（一）金融知识获取渠道

通过调研样本了解金融知识方式分布，调研样本主要通过电视、网络、宣传册了解金融知识，其中1591人通过电视了解，722人通过宣传册了解（见表3-15），通过社区广场、手机电脑等方式了解也有涉及，借用书籍报刊、讲座培训了解少。人们觉得他们所看到的信息或新闻对其金融影响较大，人们最感兴趣的媒介内容是时事政治，社会万象和娱乐休闲。当遇到问题时，人们几乎不会主动利用或求助媒介。

表3-15　农户金融知识了解方式

了解方式	宣传册	电视	书籍、报刊	手机、电脑	社区或广场咨询	讲座培训	向农信社或银行咨询	身边人经验
人数	722	1591	297	476	500	260	366	413
占比	32.32%	71.22%	13.29%	21.31%	22.38%	11.64%	16.38%	18.49%

（二）金融教育供给不足

虽然有政府部门、商业银行、金融办等开展知识下乡活动（见图3-19），但是，63%的村委会不会主动开展金融教育活动（见图3-20），且活动频次少，大多为一年一次或基本没有（见图3-21）；类型不够丰富，侧重于金融知识防诈骗，对其他金融知识领域关注少，重视度低，因此调研样本金融素养偏低，除日常经常运用的金融知识外，金融技能培训、理财知识普及等都宣传较少（见图3-22）。

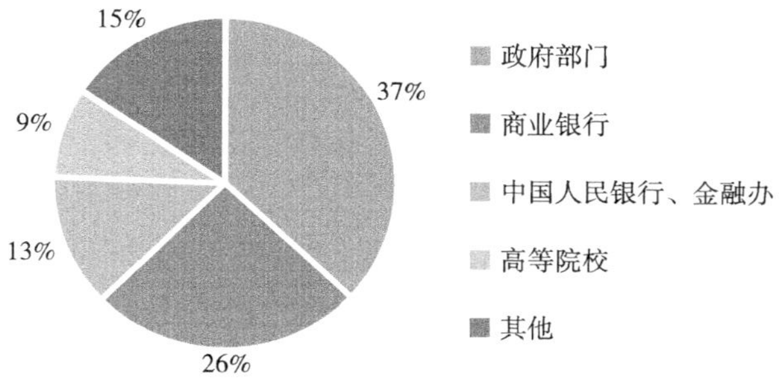

图3-19　调研样本村开展金融知识下乡活动情况

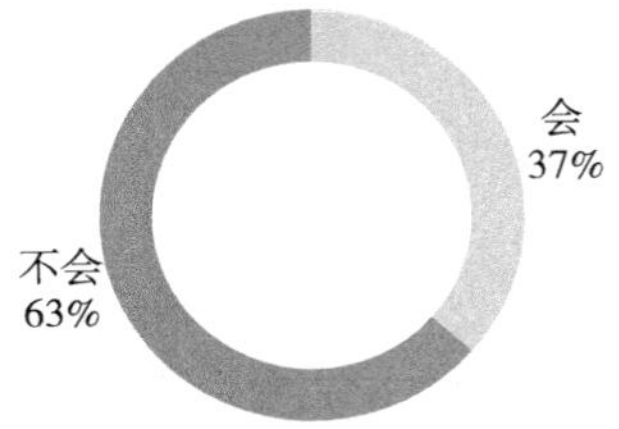

图 3-20　调研样本村委会主动开展金融教育活动情况

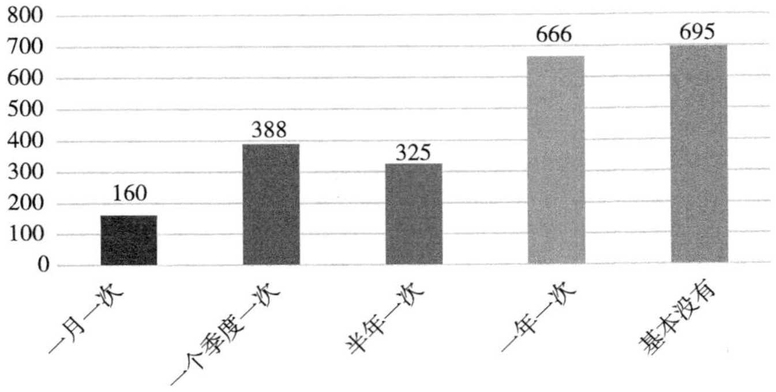

图 3-21　调研样本村举办金融知识下乡活动的频率

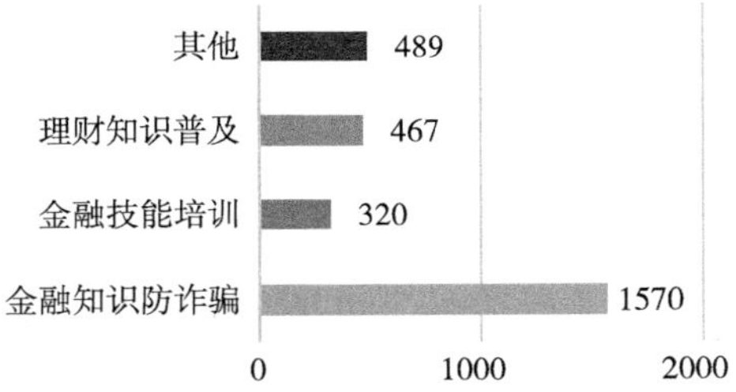

图 3-22　样本村举办过金融教育活动类型

（三）金融教育需求较大

当询问受访者对金融教育的态度时，在 2234 个有效样本中，大多数受访者认为有必要或非常有必要接受金融教育，共占 69%，其中认为有必要的占比最高，达 47%，还有 356 个（约 15.9%）样本认为金融教育可有可无，总体而言，金融教育意识良好。

但是，受访者在金融教育投入上不足，绝大多数样本投入时间少于 2 个小时或没有投入时间，其中没有在金融教育上投入时间的样本达 1502 个，占有效样本的约 67%，仅有 17 个样本在金融教育上的时间超过每周 6 个小时；由统计数据可知，绝大多数样本在金融教育上没有或很少投入资金，且没有投入资金的样本占有效样本的约 76%，仅有 24 个样本在金融教育上投入的资金较多，投入很多资金的占比为 0，由此可见，样本地区的农户在金融教育上投入的时间与资金均较少。

此外，绝大多数样本集中在掌握基础金融知识和增强金融防诈骗意识，分别有 1832 户和 778 户，还有部分样本是为了运用金融产品、提高理财能力和规划能力、使用金融产品或服务时权益保护方面的知识，这三项所占比例大致相同。也有很多受访者希望了解保险业务，28%的样本选择想要了解农村医疗、养老保险、农业保险以及商业保险等保险业务，占比最大，选择想要了解银行存贷款和理财业务方面知识和有关农村金融发展优惠政策的样本也较多，共计 33%，仅有 202 个样本选择想要了解股票投资方面的知识，表明该业务在样本地区的接受度与需求度不高。对于金融培训内容，绝大多数样本希望有农村政策性保险、农村医疗保险和商业保险以及“支农、惠农”农村金融政策的金融教育培训课程，分别为 1332 户和 1275 户，选择金融理论知识、农村金融业务和金融市场、农村金融风险与监管以及金融法律法规知识这四项金融教育培训课程的样本数较平均（见图 3-23）。

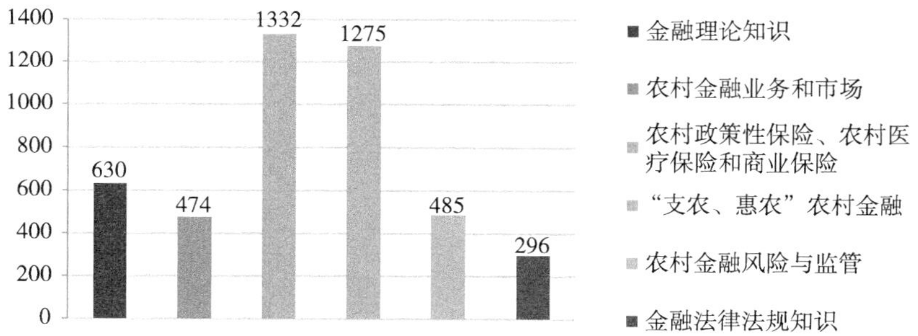

图 3-23　调研样本金融教育培训课程需求统计

从年龄角度看，青壮年（18～40 岁）对掌握金融技能的需求最高，占比 40.12%，对金融防诈骗知识的需求占比 37.71%。中年人（40～60 岁）对掌握金融防诈骗知识的需求最高，占比 46.18%，相较而言，老年人（60 岁以上）对金融防诈骗知识的需求高于中年人，占比 54.03%。由此看出，不同年龄段对金融知识的需求是不同的，而且，随着年龄的增长，对金融防诈骗知识的需求更高。其次，调查样本对于技能知识的需求（本题为多选）也较高，在 2234 份有效样本中，有 35.53%的样本想获取有关养老保险、医疗保险、农业和其他商业保险有关的金融技能，16.85%的样本想获取网上银行操作、互联网金融 APP 的技能、15.82%的样本想获取有关存贷款、汇款的技能，对其他技能的需求相对较小。由此可见，农户更加关注自身利益，会更多考虑与自己生活密切相关的基础性金融服务。

通过调研样本了解金融知识方式分布看，调研样本主要通过电视、网络、宣传册了解金融知识，其中1591人通过电视了解，722人通过宣传册了解，通过社区广场、手机电脑等方式了解也有涉及，借用书籍报刊、讲座培训了解少，并且调研样本每天平均使用各种媒介的时间偏少，其中电视媒介每天平均使用时间在30分钟以内占比32.8%，手机媒介每天平均使用时间在30分钟以内占比54.5%，电脑、期刊报纸、图书等其他媒介每天平均使用时间在30分钟以内占比超过85%，可以看出农户接受金融教育的渠道少，金融教育供给严重不足。虽然样本所涉及的村庄有政府部门、商业银行、金融办以及各大高校开展过金融知识下乡活动，但活动次数少。从村委会角度来看，63%的村委会不会主动开展金融教育活动，且活动频率低，大多为一年一次或基本没有。从以上可以看出，金融知识下乡活动，呈现“游击战”模式，缺乏持久性、全面性和多维性。

三、金融技能水平

经过实地调研，我们发现农村人口主要以中老年人为主。问卷数据显示，调研对象年龄主要集中在40~60岁，占比51%，60岁及以上年龄人数占31%，40岁以下年龄人数共占18%。虽然为了保证问卷质量，没有对18岁以下人群进行调查，但是实际农村留守人口中，青少年占比较高。

进一步分析老年人口教育程度分布状况，可以看出，不识字占比高达25%，小学占比33%，仅有13%的调查对象文化程度是高中及以上，说明农村地区居民的文化程度普遍较低。

此外，该地区农户金融技能主要以较差水平为主。通过本次评测，我们发现调查样本金融素养整体偏低，其中较差水平人数占比达到54%，中等水平人数占比22%，良好水平人数占比15%，优秀水平人数仅占9%。

本次调研对样本地区农户的金融技能现状展开了针对性的调查，分别从农户的金融资源利用能力、利率计算能力和移动终端使用能力等方面进行了解，并通过调查样本地区农户金融业务办理方式、日常消费方式、利率计算能力、网上银行、手机银行和第三方支付来具体分析该地区农户基础金融技能掌握状况。

农户认为家里的小额费用（3000元）最适合的储存方式是活期储蓄或放在家中，他们也几乎不制订储蓄和支出计划。存钱时候，大多数村民不会比较不同银行或不同期间的存款利率，对于股票、债券、存款、保险等金融知识的概念模糊不清，当选择投资项目时，倾向于保守风格，30~50 岁群体中，更多人选择平均风险、平均回报的项目，50 岁以上的选择最多的是不愿意承受任何风险，年龄越大的人们越倾向于无风险投资。

表 3-16　不同年龄段农户金融技能情况

	金融技能平均分	优秀水平人数	良好水平人数	中等水平人数	较差水平人数
青少年人口（18 岁以下）	2.7	0	2	1	1
青壮年人口（18~30 岁）	4.8	35	48	27	18
中年人口（30~50 岁）	4.6	110	246	302	116
老年人口（50 岁以上）	3.2	56	39	162	1068
总体人口	3.5	201	335	492	1206

豫皖样本中总体农户的金融技能平均分是 3.5（见表 3-16），最高分是满分 10，最低分是 0.8，说明样本农户整体金融技能处于较低水平，并且农村中老年人数在拥有较差金融技能水平人口中占比高达 80%，且老年人和青少年的金融技能平均分分别为 3.2、2.7，又进一步凸显了农户金融技能弱的特征。

本章小结

本章基于河南、安徽大别山农村贫困地区的实地调研数据，获得了家庭资产负债规模与结构、家庭收入、金融行为、金融意识、金融知识、金融决策、金融教育以及金融素养答题等第一手资料。

农户资产和收入较低。主要资产为其居住的房屋；农户年总收入主要集中在较低水平，以工资性收入为主，绝大部分家庭收入集中在 10 万元以内，其中家庭年收入为 2 万~5 万元的最为集中，近三年均约占 33%，但是还有很多农户因生病、残疾、赡养老人等导致全年颗粒无收，收入差距悬殊。

金融服务的软环境和硬环境都较差。虽然样本地区农户银行卡拥有率较高，但理财方式较为单一，主要是银行存款，投资意愿不强；日常消费使用的支付方式还是以现金支付为主；农村地区商业银行乡镇网点的金融服务盖率高，但"最后一公里"仍未打通，有 66%受访者反映所在村庄内设有金融惠农服务点，超三成受访村未设立惠农服务点；贷款需求和意愿不强，正规贷款获得少，只有13%的样本有过银行贷款行为，主要渠道集中在农村商业银行（信用社），没有出现通过小额信贷公司借款的记录，23%的农户有过民间贷款经历，农户的借贷方式仍以民间借贷为主，主要通过亲友拆借获得民间融资；民间融资中89.42%无利息，且以亲友间信用担保为基础，在传统农户的融资方式中占据主导地位，占比高达98.74%。

参与新经济新产业意愿不强。样本地区居民智能手机使用率较高，WiFi安装户数占一半以上；农户参与农业新经济意愿不强，比如土地流转意愿不强；加入合作社的农户比没有加入合作社的农户金融素养高5.66%；愿意开设农家乐的农户比不愿意开设农家乐的农户高5.66%；进行土地流转的农户比没有进行土地流转的农户金融素养高4.45%；人们在金融产品的购买决策方面掌握的知识、考虑的因素都比较欠缺。愿意在金融教育上花费时间、投入资金的只占少数，如果有大量免费的线下宣传活动，对他们的金融知识会带来一定的提升。

正规金融需求严重不足。贫困地区发展受到金融发展制约非常明显，农民几乎不了解金融的作用，没有正规金融信贷的需求，对于信用的理解是最朴素的人与人的信任，特别是熟人之间的信用，更多的是民间借贷，仍然没有突破陌生人之间的信用关系。根源是农民的金融素养较低，究竟金融素养水平如何，下一章要着重进行农户金融素养的评测。

第四章　水平测度：对农户金融素养水平的评测

本章依据农户微观调查数据，基于理论研究合理构建农户金融素养的测度指标体系与测度指数，采用因子分析法验证金融素养衡量指标体系的科学性和合理性，测度农民金融素养综合及主客观金融素养水平，为下一步分析奠定基础。

第一节　金融素养评测体系构建

本书首先构建以金融意识、金融知识、金融行为和金融技能四个维度作为一级指标，各一级指标下设二级指标的金融素养评测体系，对调查样本农户的金融素养进行评测（见表 4-1）。为了更直观地了解样本地区农户金融素养情况，便于后面回归分析，根据调查对象回答情况赋予不同分值，进行量化处理。因为农户掌握的金融知识较片面，为了避免这一因素导致最终评测分数差距过大，每个问题赋予分值控制在 0~3。因为每个题目类别、分值不同，作用不同，使用变异系数法，并对金融意识、金融知识、金融行为和金融技能分数进行加权处理。

表 4-1　金融素养评测体系

一级指标	二级指标	考察内容
金融意识	风险意识	风险偏好、风险规避意识
	信用意识	对信用的认识、信用行为意识
	理财意识	是否制订收支计划、理财意愿
	保险意识	对保险的认识
金融知识	银行知识	银行业务知识、非法利率认识、信用卡数量
	保险知识	保险概念
	理财知识	理财常识
	金融知识	对当地金融结构的了解、金融知识、风险期望认知

续表

一级指标	二级指标	考察内容
金融行为	融资行为	借贷状况、信用卡使用
	保险行为	购买不同保险情况
	理财行为	融资渠道、利率对比
	决策行为	产品比较、产品辨别、合约阅读、风险衡量
	其他行为	网上银行、手机银行、第三方支付使用状况
金融技能	资源利用能力	业务办理渠道、日常消费方式
	利率计算能力	利率计算能力
	移动终端使用能力	网上银行、手机银行、第三方支付使用状况

一、金融意识评测

金融意识评测板块主要是为了了解农户对各种金融工具的使用和认知意愿。金融意识评测板块主要是通过对调查对象风险偏好、对信用的认知、理财意愿和保险认知等方面来进行评测（见表4-2）。

表4-2　农户金融素养评测指标体系——金融意识

一级指标	二级指标	考察对象	题目	选项及得分
金融意识	风险意识	风险偏好	如果现在有两张彩票供您选择，若您选第一张，您有100%的机会获得4000元，若您选第二张，您有50%的机会获得10000元，50%的机会什么也没有，您愿意选哪张	第一张=2分；第二张=1分
			如果您有一笔钱，您最愿意选择哪种投资项目	高风险、高回报的项目=1；略高风险、略高回报的项目=1；平均风险、平均回报的项目=2；略低风险、略低回报的项目=2；不愿意承担任何风险=3
	信用意识	信用概念	信用是一辈子的记录，不应过度扩张信用，应谨慎维护	不同意=1；同意=2；不知道=0
		信用行为	您会不会按时支付各种账单	从不=0；很少=1；有时或经常=2；总是=3

续表

<table>
<tr><th>一级指标</th><th>二级指标</th><th>考察对象</th><th>题目</th><th>选项及得分</th></tr>
<tr><td rowspan="5">金融意识</td><td rowspan="3">理财意识</td><td>收支计划</td><td>您有没有制订储蓄和支出计划</td><td>有=2；没有=1；不确定=0</td></tr>
<tr><td rowspan="2">理财意愿</td><td>钱是用来花的，没有必要进行理财，你认同吗</td><td>认同=1；不认同=2；不知道=0</td></tr>
<tr><td>您购买过理财产品吗</td><td>是=1；否=0</td></tr>
<tr><td rowspan="2">保险意识</td><td rowspan="2">保险知识</td><td>买保险能降低风险，购买额度越高越好</td><td>对=2；不对=1；不确定=0</td></tr>
<tr><td>您会为您的大额资产购买保险吗</td><td>不确定=0；从不或偶尔会=1；经常会=2；总是会=3</td></tr>
</table>

二、金融知识评测

金融知识评测板块主要是用于了解农户对于日常生产生活所应当熟悉的基础金融知识掌握状况。本部分主要选取银行基础业务知识、保险基础常识、理财产品认知、对当地金融机构了解程度等方面的问题进行评测（见表4-3）。

表4-3　农户金融素养评测指标体系——金融知识

<table>
<tr><th>一级指标</th><th>二级指标</th><th>考察对象</th><th>题目</th><th>选项及得分</th></tr>
<tr><td rowspan="7">金融知识</td><td rowspan="3">银行知识</td><td rowspan="2">银行业务使用知识</td><td>您是否知道银行针对农户的纯信用贷款</td><td>是=2；否=0</td></tr>
<tr><td>您掌握以下金融知识吗（可多选）</td><td>选择个数：1~3个=1；4~7个=2；7个以上=3；0个=0</td></tr>
<tr><td>信用卡</td><td>您有信用卡（透支卡）数</td><td>没有=0；1~2个=1；3个以上=2</td></tr>
<tr><td rowspan="4">保险知识</td><td>保险概念</td><td>您是否知道保险</td><td>知道=2；从未听说过=0</td></tr>
<tr><td rowspan="3">保险常识</td><td>买保险能降低风险，购买额度越高越好</td><td>对=2；不对=1；不确定=0</td></tr>
<tr><td>刚买的保险可以退吗</td><td>从投保人收到保单之日起10日内可以退保=2；不可以=1；不确定=0</td></tr>
<tr><td>将同一财产向多家保险公司投保，当财产发生损失时可以获得更多的赔偿，您是否同意</td><td>同意=1；不同意=2；不确定=0</td></tr>
</table>

续表

一级指标	二级指标	考察对象	题目	选项及得分
金融知识	理财知识	理财产品了解	如果一个人购买了某公司的股票，那么下列陈述正确的是	拥有了该公司的一部分=2；将钱借给了该公司=1；是该公司的债权人=1；不确定=0
			在比较长的年限里（如20年），下列哪种资产的回报率更高	股票=3；债券=2；定期存款=1；不确定=0
	金融常识	金融机构了解	您所在的镇（乡），有哪些金融机构（可多选）	1~2个=1；3~5个=2；0个=0
		投资知识	在比较长的年限里（如20年），下列哪种资产的回报率更高	股票=3；债券=2；定期存款=1；不确定=0

三、金融行为评测

金融行为评测主要是为了了解农户日常金融产品、服务使用状况和程度。从融资行为、保险行为、理财行为和决策行为四个方面分别对借贷需求、方式、信用卡使用状况、保险购买种类、理财渠道、理财过程和金融决策影响因素进行调查（见表4-4）。

表4-4 农户金融素养评测指标体系——金融行为

一级指标	二级指标	考察对象	题目	选项及得分
金融行为	融资行为	借款贷款	您目前有借款的需求吗	有=2；没有=1
			近年来，您是否通过民间融资获得资金	有=2；否=1
			您是否申请过贷款	有=2；否=1
		信用卡	您拥有信用卡吗	有=2；没有=0
	保险行为	购买险种	您的家庭是否购买了合作医疗保险	是=2；否=0
		购买险种	您的家庭是否购买了农业保险	是=2；否=0
		购买险种	您的家庭是否购买了其他保险	是=2；否=0

续表

一级指标	二级指标	考察对象	题目	选项及得分
金融行为	理财行为	金融业务	您主要通过以下哪些正规金融渠道申请过贷款	1~4种=1；5~7种=2；都没有=0
		利率	存钱是否会比较不同银行或不同期间的存款利率	会=2；不会=1；不确定=0
	金融决策	产品比较	当您在选择某项金融产品或服务时，是否会进行比较	进行详细比较=3；会进行比较，但信息利用能力不足=2；不知道如何比较=1；没有比较=0
		产品辨别	在您选择购买金融产品或服务时，您能否正确辨别合法与非法的投资渠道和产品服务	能=2；不能=1；不知道=0
		合约阅读	在您购买某项金融产品或服务时，您是否阅读合同条款	仔细阅读=2；简要阅读=1；根本不读=0
		风险衡量	选择某项金融产品或者服务前，您是否认真考虑了自己的风险承受能力	认真考虑过=2；偶尔考虑过=1；不考虑=0

四、金融技能评测

金融技能板块是用于了解农户的金融资源利用能力、利率计算能力和移动终端使用能力，分别通过调查样本地区农户金融业务办理方式、日常消费方式、利率计算能力、网上银行、手机银行和第三方支付来分析该地区农户基础金融技能掌握状况（见表4-5）。

表4-5 农户金融素养评测指标体系——金融技能

一级指标	二级指标	考察对象	题目	选项及得分
金融技能	资源利用能力	业务办理	您最倾向于通过以下哪种渠道办理基础金融业务	银行柜台、村助农服务点、代办员=1；自助柜员机=2；网上、手机银行=3；其他=0
		日常消费	您日常消费会使用哪些支付方式	1~3种=1；4~6种=2

续表

一级指标	二级指标	考察对象	题目	选项及得分
金融技能	利率计算能力	利率计算	若以年利率4%，以复利形式向银行存100元定期，两年后年后可收到本息和是多少	108.16=2；108=1；其他答案=0
	移动终端使用能力	金融行为	您是否使用网上银行	是=2；否=0
		金融服务	您是否使用手机银行	是=2；否=0
		金融服务	您是否使用过第三方支付收款或付款	是=2；否=0

第二节　农户金融素养评测模型

一、样本分布特征

本次调研涉及河南和安徽2省7市13脱贫摘帽县，共收集问卷2400份，其中有效样本2234份。

表4-6　调研样本的结构分布情况　　单位：%

性别	男	女
占比	64.61	35.59

年龄	18岁以下	18~22岁	22~30岁	30~40岁	40~50岁	50~60岁	60岁以上
占比	0.22	1.12	4.66	11.73	22.96	27.71	31.60

文化程度	不识字	小学	初中	高中、职高或中专	大专及以上
占比	16.38	27.66	33.49	14.64	7.83

健康状况	很差	差	一般	好	很好
占比	4.61	15.98	28.74	33.93	16.74

婚姻状况	已婚	离异	丧偶	未婚
占比	86.17	1.07	8.10	4.66

续表

职业	务农	农村电商	农业企业	经营个体或私营企业	国家工作人员	在外务工	其他
占比	59.94	0.76	1.39	8.55	11.73	6.09	11.54

资产	5000 元以内	5000~20000 元	20000~50000 元	50000~100000 元	100000~200000 元	200000~500000 元	500000 元以上
占比	1.92	6.62	15.80	22.53	25.69	17.05	10.39

负债	5000 元以内	5000~20000 元	20000~50000 元	50000~100000 元	100000~200000 元	200000~500000 元	500000 元以上	无
占比	6.04	8.24	10.30	6.98	6.45	3.18	1.21	57.60

收入	5000 元以内	5000~20000 元	20000~50000 元	50000~100000 元	100000~200000 元	200000~500000 元	500000 元以上
占比	8.33	25.24	34.33	18.98	8.91	3.40	0.81

支出	5000 元以内	5000~10000 元	10000~30000 元	30000~50000 元	50000 元以上
占比	7.52	13.92	42.79	21.54	14.23

从 2234 个调查对象个人基本情况方面看，本次调查男性调查者占比 64.61%，女性占比 35.39%；由于农村地区大量青壮年人口外出务工，农村留守人口以中老年为主，82.27%的调查者年龄在 40 岁以上，其中 60 岁及以上年龄人数占 31.60%，40 岁以下（不含 40 岁）年龄人数共占 17.73%。在文化程度方面，33.49%的样本是初中文化程度，27.66%的样本是小学文化程度，不识字的样本比重达 16.38%，高中、大专及以上学历占比仅为 22.47%。通过进一步分析发现，在不识字和小学人群中，40 岁以上占比分别是 97.81%和 94.82%，说明由于历史原因限制，中老年人的文化程度较低。在身体健康方面，1132 人身体状况良好，超过 50%，整体算乐观，但 642 人身体状况一般，460 人身体状况不佳。在婚姻状况方面，农户婚姻稳定性相对较强，有 86.17%的样本已婚状态，离异状态样本仅占 1.07%，未婚状态样本占 4.66%，由于农村留守人口老龄化原因，丧偶状态样本占比 8.10%。在职业分布方面，务农人数占比 59.94%，仅 17 人从事农村电商行业，加入农村企业的仅有 31 人，自主创业、经营个体或私营企业占比 8.55%，11.73%的调研样本为国家工作人员，值得注意的是调研阶段处于年中时期，因此外出务工返乡者

仅有 6.09%（见表 4-6）。

从家庭经济状况看，农户资产分布呈“n”形分布，家庭资产主要集中在20000～500000 元，占比 81.07%，也有 10.39%的样本家庭资产超过 500000 万元，但资产在 5000 元以内的有 42 户，主要是农村低保人口，因为年龄大、身体残疾和无子女等原因无经济来源，主要资产为其居住的房屋。调查过程中我们发现，样本家庭资产主要组成部分中，房产占比最高。其中，房产占比高达73%，土地市值占比 13%，流动性资产占比较少（房产价值评估具有很强的主观性和随意性）。从负债角度看，有 1287 个样本目前处于无负债状态，占比为57.61%，大多数调研样本负债额度在 10 万元以内，有 230 个样本负债额度为20000～50000 元，分布较为集中，还有 27 个样本负债额度在 50 万元以上。负债主要组成部分中，其中以生存性借款为主。房屋借款、农业及工商业借款、婚丧、看病就医等民生领域借款比率相对较高，发展性借款和享受性借款占比较少，说明该地区经济大部分居民目前仍处于生存消费为主的阶段。在家庭收入方面，农户年收入普遍偏低，86.88%的样本家庭年收入在 100000 元以内，其中 5000 元以内占比 8.33%，20000～50000 元占比最多，达到 34.33，100000 元以上家庭仅占 13.12%。收入来源以外出打工为主。家庭年支出方面，主要集中在 10000～30000 元，占比 42.79%，其次有 21.54%家庭年支出在30000～50000 元，50000 元以上占比也达到 14.23%，但是仍有 7.52%的贫困家庭年支出在 5000 元以内。

二、金融素养评测模型

金融素养是居民对主观金融认知和客观金融技能与行为的内在认知的综合性概念。因此，金融素养很难直接测量，以金融意识、金融知识、金融行为和金融技能四个维度作为一级指标，各一级指标下设二级指标，对调查样本农户的金融素养进行评测。

评测表共包含 4 个一级指标、16 个二级指标，38 个调查问题，根据李克特量表（Likert Scale）赋值评测。根据不同问题采取三种赋值方法。如是否题：您是否知道银行针对农户的纯信用贷款？是=5，否=0；如 3 项题：在您购买某项金融产品或服务时，您是否阅读合同条款？根本不读=0，简要阅读=3，仔细阅读=5；如 5 项题：信用是一辈子的记录，不应过度扩张信用，应谨慎维护。非常不同意=1，不同意=2，不确定=3，同意=4，非常同意=5。因此，我们可以构建 2234 个评测单位，每个评测单位包含 38 个指标的样本矩阵，即 $x_{43,8}$表示的是 43 号调查样本第 8 个问题的得分。

$$X = \begin{bmatrix} x_{11} & x_{12} & \cdots & \cdots & x_{1,\ 38} \\ x_{21} & x_{22} & \cdots & \cdots & x_{2,\ 38} \\ \vdots & & \ddots & & \vdots \\ \vdots & & & \ddots & \vdots \\ x_{2234,\ 1} & x_{2234,\ 2} & \cdots & \cdots & x_{2234,\ 38} \end{bmatrix} \tag{4-1}$$

本次调查数据指标众多，如果直接采用赋值法可能会降低评测结果的可信度，因此本书选择使用主成分分析和因子分析相结合的方法进行指标选取。主成分分析法可以将相关性很强的变量通过线性组合合并成一个综合变量，达到降维的效果。因子分析法是提取出反映原变量的一些共性因子，同时尽可能少地损失样本信息，并根据方差贡献率确定各个公共因子的权重，能够克服主观确定权重的缺陷，使综合评价结果客观合理。

（一）因子分析适用性检验

在原有变量之间存在较强的相关关系的情况下，我们可以使用主成分分析法，删去多余的重复变量（关系紧密的变量），从众多变量中选取具有代表性的少数几个因子。因此，我们需要对变量的相关性进行检验，了解变量间是否存在较强的相关性。本书采用 KMO 检验和 Bartlett 球形检验，结果见表 4-7。

表 4-7　KMO 和 Bartlett 的检验

取样足够的 Kaiser-Meyer-Olkin 度量		0.789
Bartlett 的球形度检验	近似卡方	28033.737
	df	703
	Sig.	0.000

KMO 值越接近于 1，意味着变量间的相关性越强，原有变量越适合作因子分析；反之，KMO 值越接近于 0，意味着变量间的相关性越弱，原有变量越不适合做因子分析。本次检验结果 KMO 值为 0.789，接近 0.8，说明原有变量间的相关性较强，可以做主成分分析。巴特利特检验结果显示，统计量的观测值较大，显著性低于给定的显著性水平 $\alpha = 0.05$，因此拒绝原假设，因此我们可以认为相关系数矩阵不是单位阵，可以进一步做因子分析。

（二）数据标准化处理

因为评测指标赋值方法不同，为消除各变量单位不同的影响，需对原始的指标数据进行标准化处理，得到标准化矩阵 Z。本书使用“z 分数法”，标准化后的变量均值为 0，方差为 1，公式如下所示：

$$z_{mn} = \frac{x_{mn} - \bar{x}_n}{\sqrt{\mathrm{Var}(x_n)}} \quad 1 \leqslant m \leqslant 2234, \ 1 \leqslant n \leqslant 38 \tag{4-2}$$

由此我们得到标准化后的由 38 个指标构成的农户金融素养指数向量 Z，且服从标准正态分布，即 $Z \sim N$（0，1）。

$$Z = (Z_1, \ Z_2, \ Z_3, \ \cdots, \ Z_{38})^T \tag{4-3}$$

（三）计算特征根和方差贡献率

现将 2234 个样本的金融素养评测指标向量 Z 表示为公共因子和特殊因子的线性组合，即 $Z=AF+\varepsilon$，用矩阵表示为：

$$\begin{bmatrix} Z_1 \\ Z_2 \\ \vdots \\ Z_{38} \end{bmatrix} = \begin{bmatrix} a_{11} & a_{12} & \cdots & a_{1p} \\ a_{21} & a_{22} & \cdots & a_{2p} \\ \vdots & & \ddots & \vdots \\ a_{38,\,1} & a_{38,\,2} & \cdots & a_{38,\,p} \end{bmatrix} \begin{bmatrix} F_1 \\ F_2 \\ \vdots \\ F_{38} \end{bmatrix} + \begin{bmatrix} \varepsilon_1 \\ \varepsilon_2 \\ \vdots \\ \varepsilon_{38} \end{bmatrix} \quad p < 39 \tag{4-4}$$

其中，因子载荷 a_{ij} 是在矩阵里第 i 个评估指标在第 j 个公共因子上的系数，表示第 i 个评估指标对第 j 个公共因子的重要性；F_1，F_2，…，F_p 为公共因子，是对农户金融素养起主要作用的共同因素；ε_1，ε_2，…，ε_{38} 是随机扰动项，是农户金融素养不能被公共因子所解释的部分，其均值为 0。

第三节　金融素养测算

一、公共因子的提取

在本书中，我们使用主成分分析法来对公共因子进行提取，提取结果如表 4-8 所示。

表 4-8　解释的总方差

成分	初始特征值			提取平方和载入			旋转平方和载入		
	合计	方差百分比	累积百分比	合计	方差百分比	累积百分比	合计	方差百分比	累积百分比
1	6.019	15.840	15.840	6.019	15.840	15.840	3.253	8.562	8.562
2	2.514	6.616	22.455	2.514	6.616	22.455	3.207	8.441	17.002
3	2.257	5.940	28.395	2.257	5.940	28.395	2.385	6.275	23.278
4	1.856	4.886	33.281	1.856	4.886	33.281	2.014	5.300	28.577
5	1.596	4.199	37.480	1.596	4.199	37.480	1.990	5.237	33.814
6	1.342	3.531	41.011	1.342	3.531	41.011	1.760	4.632	38.447

续表

成分	初始特征值			提取平方和载入			旋转平方和载入		
	合计	方差百分比	累积百分比	合计	方差百分比	累积百分比	合计	方差百分比	累积百分比
7	1. 180	3. 106	44. 117	1. 180	3. 106	44. 117	1. 455	3. 828	42. 275
8	1. 172	3. 085	47. 202	1. 172	3. 085	47. 202	1. 404	3. 695	45. 970
9	1. 089	2. 866	50. 067	1. 089	2. 866	50. 067	1. 339	3. 523	49. 493
10	1. 026	2. 700	52. 768	1. 026	2. 700	52. 768	1. 175	3. 093	52. 586
11	1. 005	2. 645	55. 412	1. 005	2. 645	55. 412	1. 074	2. 826	55. 412
12	0. 965	2. 540	57. 952						
13	0. 958	2. 520	60. 472						
14	0. 942	2. 478	62. 950						
15	0. 900	2. 368	65. 318						
16	0. 875	2. 302	67. 620						
17	0. 862	2. 269	69. 889						
18	0. 832	2. 191	72. 080						
19	0. 811	2. 135	74. 214						
20	0. 795	2. 093	76. 307						
21	0. 745	1. 961	78. 268						
22	0. 727	1. 912	80. 180						
23	0. 706	1. 858	82. 037						
24	0. 683	1. 798	83. 836						
25	0. 673	1. 770	85. 606						
26	0. 658	1. 731	87. 337						
27	0. 639	1. 681	89. 018						
28	0. 612	1. 612	90. 630						
29	0. 600	1. 579	92. 209						
30	0. 581	1. 528	93. 737						
31	0. 550	1. 448	95. 185						
32	0. 488	1. 283	96. 468						
33	0. 451	1. 187	97. 656						
34	0. 293	0. 772	98. 428						
35	0. 217	0. 572	99. 000						
36	0. 208	0. 547	99. 547						
37	0. 160	0. 421	99. 968						
38	0. 012	0. 032	100. 000						
提取方法：主成分分析。									

本次共提取 11 个公共因子，累积方差贡献率达 55. 412%，也就是说这 11

个公共因子可以解释原来38个变量55.412%的信息。虽然数据偏低，但考虑本书所用数据量大，指标众多，所提取的11个指标基本能够代表所有变量信息，可以用来进行评测。

另外，从图4-1可以看出，前11个指标较为陡峭，特征值较高，对所有指标解释比例越大。后27个指标所在区间曲线较为平缓，且低于特征值1，说明其解释能力有限。综上所述，所提取11个公共因子适用于本次评测。

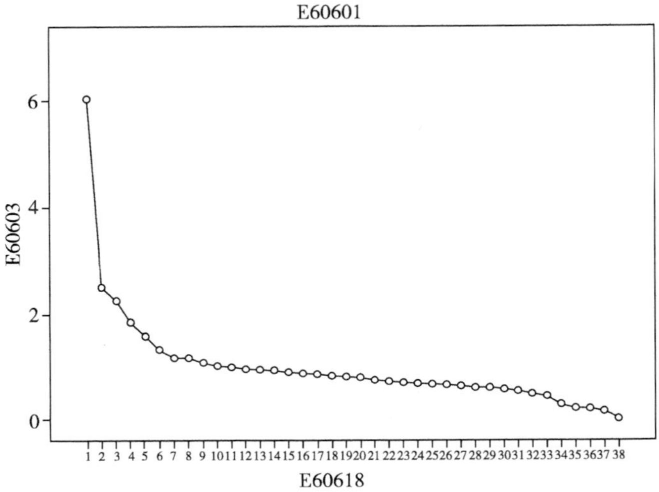

图4-1　因子分析碎石图

二、旋转并解释因子

本书通过正交旋转变换得到旋转后的因子载荷，了解所提取的11个公共因子主要承载哪些评测指标的信息以及承载比重。这里以0.3绝对值为标准，旋转后的结果如表4-9所示。

表4-9　旋转后的因子载荷

	成分										
	1	2	3	4	5	6	7	8	9	10	11
Zscore（金融行为8）	0.707										
Zscore（金融技能5）	0.678										
Zscore（金融技能6）	0.664										
Zscore（金融技能4）	0.631		-0.328								
Zscore（金融行为10）	0.561										

续表

	成分										
	1	2	3	4	5	6	7	8	9	10	11
Zscore（金融行为 11）	0. 534										
Zscore（金融行为 12）	0. 531										
Zscore（金融技能 1）	0. 525										
Zscore（金融行为 3）	0. 485										
Zscore（金融技能 3）	0. 479										
Zscore（金融知识 6）	0. 446										
Zscore（金融技能 2）	0. 441										
Zscore（金融行为 13）	0. 421										
Zscore（金融行为 9）	0. 414			-0. 307							
Zscore（金融知识 2）	0. 346						0. 306				
Zscore（金融知识 1）	0. 339										
Zscore（金融意识 7）	0. 306										
Zscore（金融知识 4）		0. 849									
Zscore（金融行为 5）		0. 782									
Zscore（金融行为 7）		0. 773									
Zscore（金融知识 5）			0. 583	0. 734							
Zscore（金融意识 8）			0. 585	0. 731							
Zscore（金融知识 9）			0. 321		0. 392						
Zscore（金融意识 6）	0. 372				0. 390						
Zscore（金融知识 7）	0. 318				0. 366						
Zscore（金融行为 2）						-0. 576					
Zscore（金融意识 4）						0. 466			-0. 419		
Zscore（金融行为 1）	0. 311					-0. 415		0. 308			
Zscore（金融意识 3）						-0. 305					
Zscore（金融意识 5）	0. 360						-0. 474				
Zscore（金融行为 4）	0. 501		-0. 406					-0. 513			
Zscore（金融知识 3）	0. 484		-0. 423	0. 330				-0. 508			
Zscore（金融知识 10）									0. 531	0. 312	
Zscore（金融知识 8）	0. 335								0. 391		
Zscore（金融意识 2）							0. 310		-0. 370		
Zscore（金融意识 9）										0. 583	
Zscore（金融意识 1）							0. 317			-0. 378	

续表

	成分										
	1	2	3	4	5	6	7	8	9	10	11
Zscore（金融行为 6）											0. 671
提取方法：主成分分析。											
a. 已提取了 11 个成分。											

为了更加直观地了解 11 个公共因子载荷因子情况，即每个公共因子所包含的指标及其系数，整理后得出表 4-10。

表 4-10　公共因子所含指标信息

成分	指标名称	所属一级指标	系数	成分	指标名称	所属一级指标	系数
F1	手机银行	金融技能	0. 798	F5	金融知识掌握情况	金融知识	0. 412
	网上银行	金融技能	0. 788		利率计算	金融技能	0. 383
	移动支付	金融技能	0. 658		理财知识	金融知识	0. 386
	业务办理	金融技能	0. 590	F6	信用卡使用知识	金融知识	0. 864
	日常消费	金融技能	0. 523		信用卡使用情况	金融行为	0. 851
	理财意识	金融意识	0. 372	F7	正规金融贷款行为	金融行为	0. 395
	贷款行为	金融行为	0. 318		民间融资行为	金融行为	0. 713
F2	移动支付	金融技能	0. 307		借款需求	金融行为	0. 659
	正规金融贷款行为	金融行为	0. 768		贷款行为	金融行为	0. 454
	风险衡量行为	金融行为	0. 685	F8	利率计算	金融技能	0. 304
	阅读合同条款行为	金融行为	0. 622		信用行为	金融意识	-0. 747
	非法金融产品辨别	金融行为	0. 619		理财知识	金融知识	0. 397
	对比金融产品行为	金融行为	0. 577		股份知识	金融知识	0. 376
	对比利率行为	金融行为	0. 530		信用认知	金融意识	0. 368
	是否了解信用贷款	金融知识	0. 441		财产保险意识	金融意识	-0. 394
F3	保险购买知识	金融知识	0. 921	F9	理财意识	金融意识	0. 312
	医疗保险购买行为	金融行为	0. 865		理财知识	金融知识	0. 370
	其他保险购买行为	金融行为	0. 818		风险偏好	金融意识	-0. 591
F4	保险作用	金融知识	0. 986		收支计划	金融意识	0. 503
	保险与风险	金融意识	0. 985		保险认知 2	金融意识	0. 317

续表

成分	指标名称	所属一级指标	系数	成分	指标名称	所属一级指标	系数
F5	理财认知	金融意识	0.655	F10	股份知识	金融知识	0.357
	重复购买保险知识	金融知识	0.617		金融机构熟悉情况	金融知识	0.712
	风险选择	金融意识	0.545		保险认知 2	金融意识	0.535
	保险退费知识	金融知识	0.424	F11	农业保险购买行为	金融行为	0.829

三、金融素养数值计算

本书金融素养评测分数计算参照余文建、武岳、华国斌（2017）所用的评测公式，分为两个步骤：第一步，根据旋转后的公共因子得分系数（见表 4-11）来计算各个公共因子得分；第二步，把方差贡献率作为权重与对应公共因子得分相乘，累加计算金融素养总分。

表 4-11　成分得分系数矩阵

	成分										
	1	2	3	4	5	6	7	8	9	10	11
Zscore（金融意识 1）	0.027	0.032	-0.009	-0.002	0.068	-0.069	0.020	-0.022	-0.486	0.004	0.195
Zscore（金融意识 2）	-0.024	-0.022	0.007	-0.013	0.355	-0.058	0.122	-0.156	-0.107	-0.152	-0.194
Zscore（金融意识 3）	0.001	-0.011	0.011	-0.027	0.032	-0.002	0.070	0.239	0.111	-0.125	-0.113
Zscore（金融意识 4）	0.020	0.024	0.002	0.008	0.116	-0.061	-0.028	-0.570	0.051	-0.023	-0.043
Zscore（金融意识 5）	0.062	0.014	0.028	-0.002	-0.056	-0.141	0.014	-0.048	0.381	-0.136	0.204
Zscore（金融意识 6）	-0.002	-0.090	-0.014	-0.020	0.404	-0.077	0.055	-0.067	-0.012	-0.100	0.093
Zscore（金融意识 7）	0.125	-0.127	-0.058	0.004	0.002	-0.014	-0.001	-0.160	0.251	0.013	0.099
Zscore（金融意识 8）	-0.001	-0.009	0.000	0.496	-0.023	0.003	-0.010	-0.019	-0.007	-0.005	-0.012
Zscore（金融意识 9）	-0.115	-0.034	-0.011	-0.023	0.102	0.008	0.039	-0.311	0.289	0.460	-0.041

续表

	成分										
	1	2	3	4	5	6	7	8	9	10	11
Zscore（金融知识 1）	-0. 067	0. 194	0. 005	0. 040	-0. 063	0. 086	-0. 027	-0. 046	-0. 068	0. 096	-0. 211
Zscore（金融知识 2）	0. 063	-0. 072	-0. 012	0. 016	0. 264	0. 048	0. 019	-0. 084	-0. 269	0. 017	0. 137
Zscore（金融知识 3）	-0. 055	-0. 025	-0. 002	0. 009	-0. 014	0. 539	-0. 027	0. 020	0. 002	-0. 020	0. 002
Zscore（金融知识 4）	0. 016	-0. 032	0. 393	-0. 001	0. 034	0. 012	-0. 034	0. 011	0. 009	-0. 003	-0. 018
Zscore（金融知识 5）	-0. 001	-0. 010	0. 001	0. 497	-0. 021	0. 006	-0. 011	-0. 018	-0. 013	-0. 002	-0. 010
Zscore（金融知识 6）	0. 016	0. 032	-0. 012	0. 019	0. 192	-0. 016	-0. 103	0. 112	-0. 106	0. 094	0. 095
Zscore（金融知识 7）	-0. 150	-0. 015	0. 034	-0. 024	0. 376	0. 110	-0. 088	-0. 045	0. 070	0. 031	-0. 056
Zscore（金融知识 8）	0. 065	0. 030	0. 028	0. 008	0. 017	-0. 086	-0. 037	0. 282	-0. 111	0. 310	-0. 119
Zscore（金融知识 9）	-0. 058	-0. 080	0. 052	0. 022	0. 176	-0. 029	0. 034	0. 229	0. 260	0. 037	0. 061
Zscore（金融知识 10）	-0. 001	-0. 024	0. 003	0. 010	-0. 085	-0. 034	0. 036	0. 040	-0. 102	0. 633	0. 031
Zscore（金融行为 1）	0. 013	-0. 095	-0. 030	0. 003	0. 001	-0. 070	0. 486	0. 013	0. 072	0. 125	0. 018
Zscore（金融行为 2）	-0. 098	-0. 031	-0. 021	-0. 027	0. 009	-0. 019	0. 548	0. 040	-0. 032	-0. 036	0. 064
Zscore（金融行为 3）	0. 049	0. 026	-0. 009	0. 009	0. 008	0. 023	0. 289	-0. 017	-0. 070	-0. 055	-0. 068
Zscore（金融行为 4）	-0. 062	0. 006	-0. 003	-0. 007	-0. 022	0. 533	-0. 030	0. 019	-0. 006	-0. 053	0. 002
Zscore（金融行为 5）	0. 020	-0. 023	0. 368	0. 018	0. 007	-0. 047	-0. 032	0. 026	-0. 009	0. 009	0. 002
Zscore（金融行为 6）	-0. 027	-0. 016	-0. 012	0. 000	0. 020	0. 013	0. 049	-0. 032	-0. 068	0. 004	0. 780
Zscore（金融行为 7）	0. 011	0. 008	0. 348	-0. 011	-0. 019	0. 022	-0. 018	0. 022	0. 055	0. 015	-0. 010

续表

	成分										
	1	2	3	4	5	6	7	8	9	10	11
Zscore（金融行为 8）	-0.091	0.263	0.049	-0.028	-0.033	0.021	0.215	-0.001	-0.004	-0.056	-0.007
Zscore（金融行为 9）	-0.064	0.188	-0.013	-0.062	-0.040	0.004	-0.109	0.032	0.150	-0.047	0.202
Zscore（金融行为 10）	-0.009	0.196	-0.012	-0.047	-0.045	-0.003	-0.102	0.057	0.031	0.110	0.025
Zscore（金融行为 11）	-0.072	0.223	-0.006	0.008	-0.041	0.032	-0.028	0.020	0.083	-0.044	0.027
Zscore（金融行为 12）	0.061	0.245	-0.038	0.010	-0.054	-0.095	-0.041	-0.006	-0.158	-0.093	-0.001
Zscore（金融行为 13）	-0.060	0.312	-0.016	0.006	-0.026	-0.022	-0.039	-0.086	-0.170	-0.094	-0.109
Zscore（金融技能 1）	0.231	-0.029	0.001	-0.003	-0.052	-0.085	0.015	-0.049	0.051	-0.013	-0.140
Zscore（金融技能 2）	0.208	-0.034	0.027	0.006	-0.011	0.053	-0.115	0.077	-0.115	-0.080	0.095
Zscore（金融技能 3）	-0.020	0.002	-0.037	-0.069	0.153	0.033	-0.041	0.194	0.040	0.196	0.069
Zscore（金融技能 4）	0.332	-0.070	0.020	0.007	-0.077	-0.078	-0.054	0.014	-0.002	-0.018	0.003
Zscore（金融技能 5）	0.327	-0.055	0.037	0.013	-0.081	-0.076	-0.025	0.029	0.002	-0.034	-0.040
Zscore（金融技能 6）	0.251	0.031	-0.012	-0.016	-0.044	-0.119	0.004	0.018	-0.069	-0.002	-0.033
提取方法：主成分分析。旋转法：具有 Kaiser 标准化的正交旋转法。											

计算公共因子得分公式如下所示：

$$F_{ij} = a_{1j}z_{i1} + a_{2j}z_{i2} + \cdots + a_{38j}z_{i38}\ ,\ 1 \leqslant i \leqslant 2234,\ 1 \leqslant j \leqslant 11$$

i 是被调查者序号，j 是对应公共因子序号，即 F_{ij} 代表的是第 i 个被调查者的第 j 个公共因子得分。a_{mj} 表示第 j 个公共因子在第 m 个指标上的得分系数，z_{im} 表示第 i 位被调查者经标准化后的第 m 项评估指标数据。

每个被调查者金融素养得分计算公式如下所示：

$$F_i = \frac{\sigma_1 F_{i1} + \sigma_2 F_{i2} + \cdots + \sigma_{11} F_{i11}}{\sum_{j=1}^{1} \sigma_j} \tag{4-5}$$

F_i 表示的是第 i 个被调查者的金融素养得分，σ_j 表示的是第 j 个公共因子的方差贡献率，$\sum_{j=1}^{11} \sigma_j$ 表示的是所提取的 11 个公共因子的累计方差贡献率（即 55.412）。

因为因子分析得到的分数是标准化后的分数，其均值为 0，标准差是 1。为了更加直观地了解农户金融素养得分状况，我们使用下面公式得到十分制分数。其中，F_{max} 是得分最高的分数，F_{min} 是得分最低的分数。

$$Score = \frac{F_i - F_{min}}{F_{max} - F_{min}} \times 10 \tag{4-6}$$

四、农户金融素养的分布

表 4-12　农户金融素养得分描述性统计

统计量	最大值	最小值	均值	中位数	标准差
2234	10	0	4.131	3.967	1.477

通过表 4-12 我们可以发现，农户金融素养差距较大；平均得分只有 4.131，处于偏低状态；标准差是 1.477，大多数农户得分分布在 2.41～5.82 这个区间，金融素养指数近似服从正态分布，如图 4-2 所示。

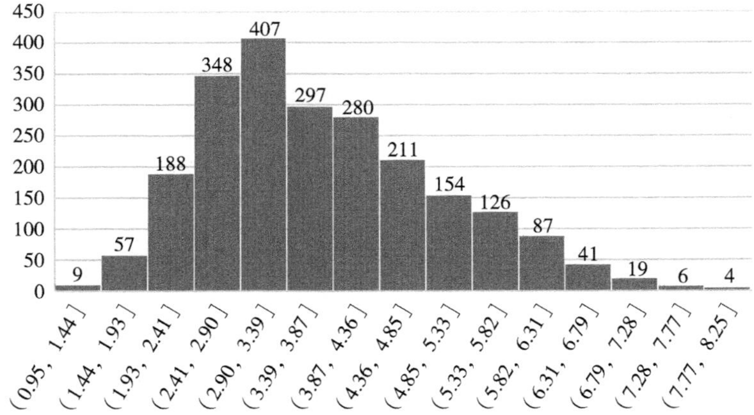

图 4-2　农户金融素养直方图

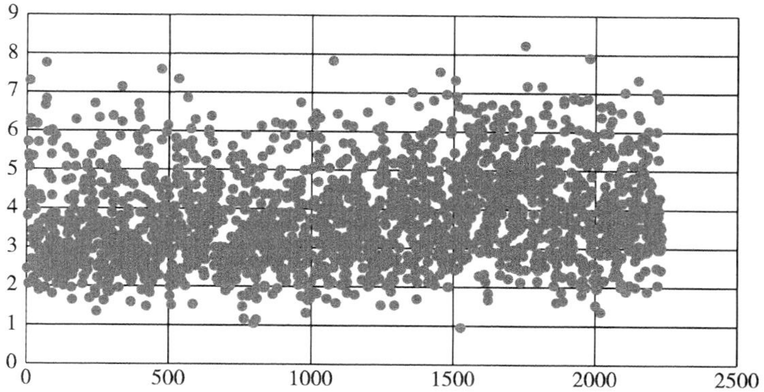

图 4-3　金融素养评测成绩散点图

综上所述，豫皖地区农户金融素养整体偏低，处于中等偏下水平，均值为 4.131 分，中位数为 3.967 分，其中得分在 2.41 分至 3.39 分之间数量最多，占比达 33.79%，其次是 3.39 分到 4.36 分区间，占比 25.83%，两者合计占 59.62%。居民金融素养得分差距大，7 分以上人数过少，农村金融教育环境缺乏金融素养高的居民带动，农户金融素养亟待提高。

五、金融素养对家庭收入影响的拟合：分县域样本回归

鉴于本书重点要分析贫困地区金融素养对返贫阻断的影响，在此将 13 个脱贫摘帽县的受访者的金融素养与家庭收入的相关性进行描述性统计分析。农户年总收入主要集中在较低水平，以工资性收入为主。绝大部分家庭收入集中在 10 万元以内，其中家庭年收入为 2 万~5 万元的最为集中，近三年平均约占 33%。

（一）各县的金融素养与家庭收入的关系

1. 兰考县农户金融素养与家庭收入

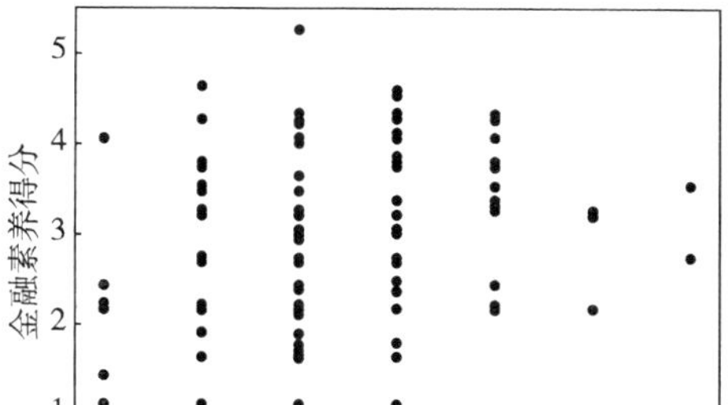

图 4-4　兰考县调研家庭收入分布图

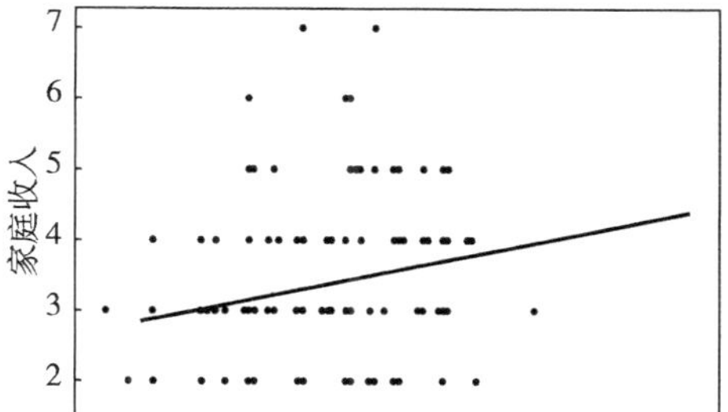

图 4-5　兰考县金融素养得分与家庭收入拟合图

图 4-4 是兰考县调研家庭收入分布图，由图 4-5 可见兰考县农户金融素养和该县家庭收入具有线性关系，金融素养得分高的居民，收入也高，得分低的家庭收入也低。

2. 太康县农户金融素养与家庭收入

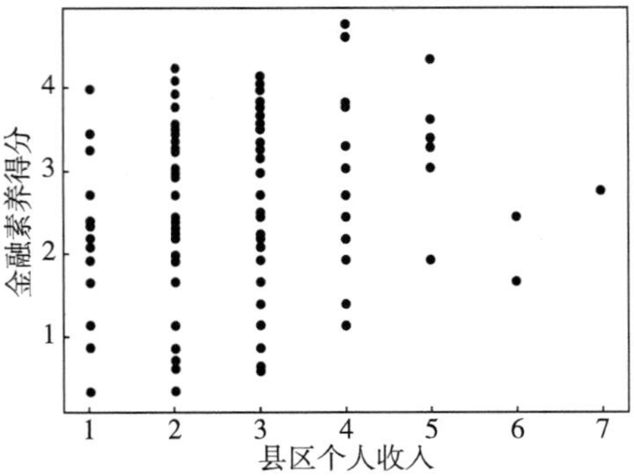

图 4-6　太康县调研家庭收入分布图

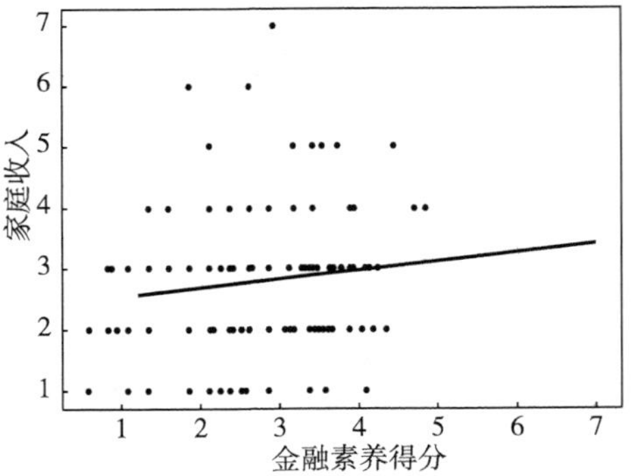

图 4-7　太康县金融素养得分与家庭收入拟合图

图 4-6 是太康县调研家庭收入分布图，由图 4-7 可以看出太康县农户金融素养和该县家庭收入具有线性关系，即金融素养得分高的居民，收入也高，得分低的家庭收入也低。

3. 沈丘县农户金融素养与家庭收入

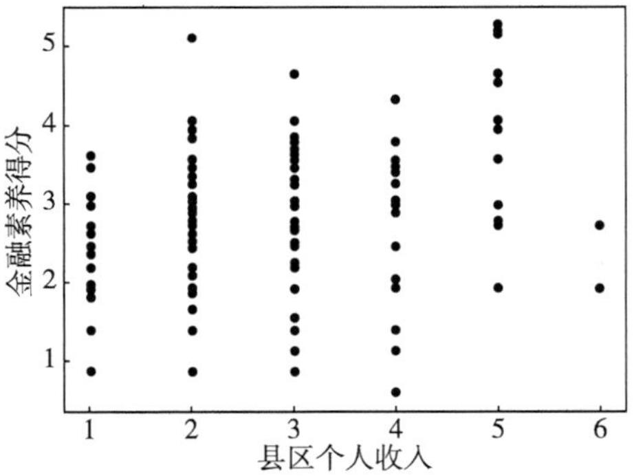

图 4-8　沈丘县调研家庭收入分布图

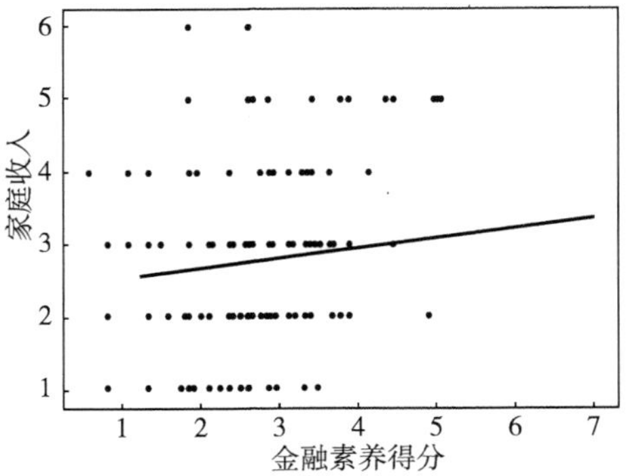

图 4-9　沈丘县金融素养得分与家庭收入拟合图

图 4-8 是沈丘县调研家庭收入分布图，由图 4-9 可以看出沈丘县农户的金融素养和该县家庭收入具有线性关系，即金融素养得分高，收入也高。

4. 桐柏县农户金融素养与家庭收入

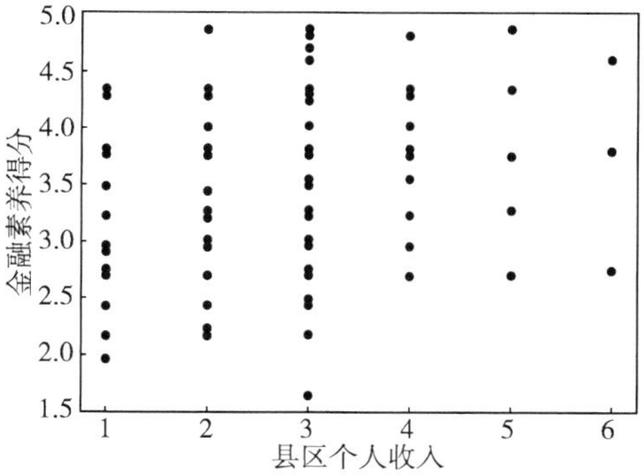

图 4-10　桐柏县调研家庭收入分布图

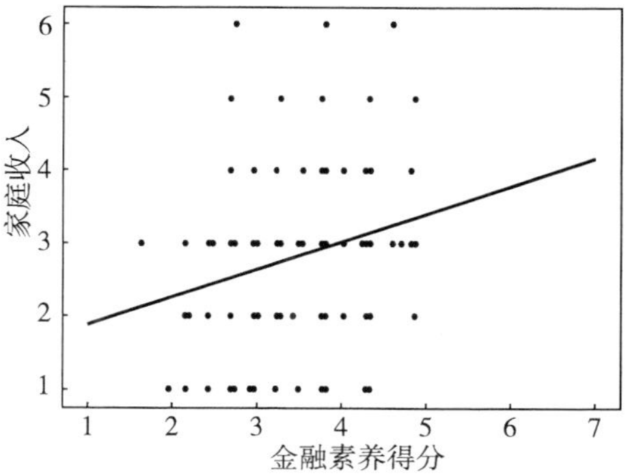

图 4-11　桐柏县金融素养得分与家庭收入拟合图

图 4-10 是桐柏县调研家庭收入分布图，由图 4-11 可以看出桐柏县农户金融素养和该县家庭收入具有线性关系，即金融素养得分高，收入也高。

5. 南召县农户金融素养与家庭收入

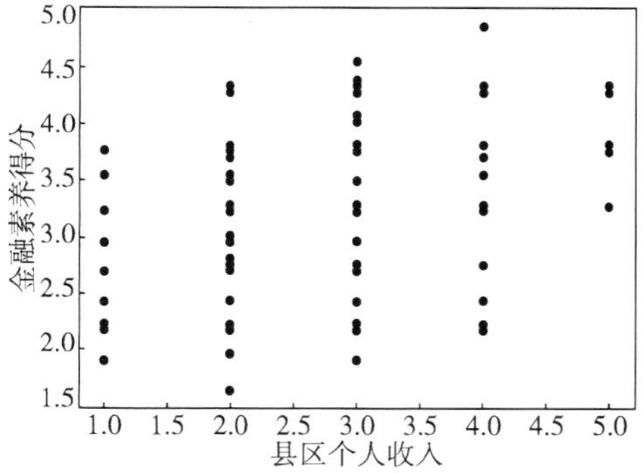

图 4-12　南召县调研家庭收入分布图

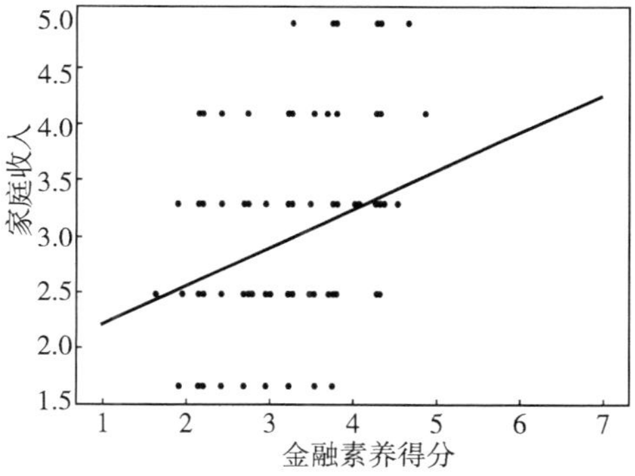

图 4-13　南召县金融素养得分与家庭收入拟合图

由图 4-13 可以看出南召县农户金融素养和该县家庭收入具有线性关系，即随着收入的增加金融素养得分随之增加。

6. 岳西县农户金融素养与家庭收入

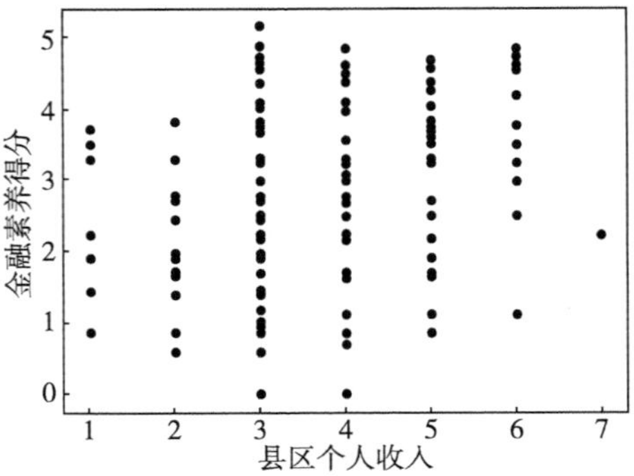

图 4-14　岳西县调研家庭收入分布图

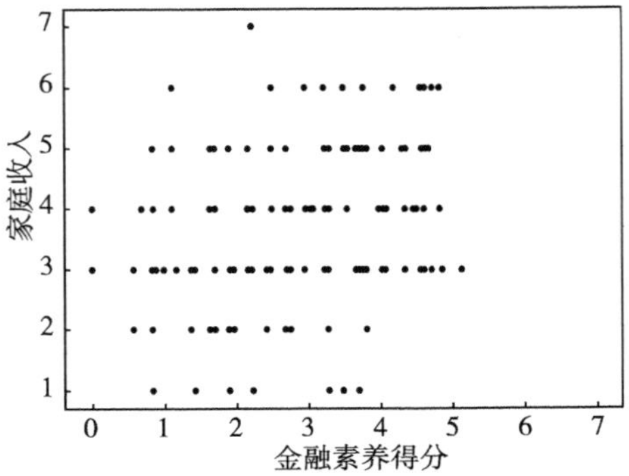

图 4-15　岳西县金融素养得分与家庭收入拟合图

图 4-14、图 4-15 是岳西县调研家庭收入分布图和金融素养得分与家庭收入拟合图，可以看出农户金融素养和该县家庭收入具有线性关系，即随着收入的增加金融素养得分随之增加。

7. 宿松县农户金融素养与家庭收入

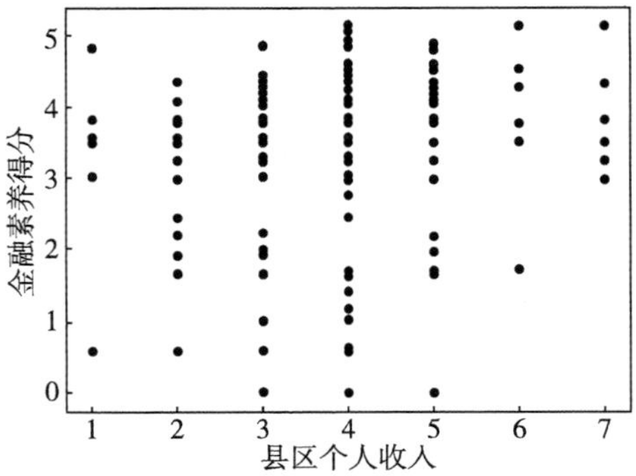

图 4-16　宿松县调研家庭收入分布图

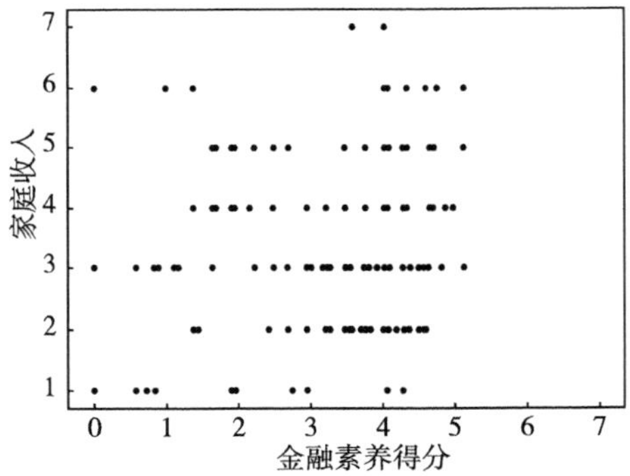

图 4-17　宿松县金融素养得分与家庭收入拟合图

图 4-16、图 4-17 分别是宿松县调研家庭收入分布图和金融素养得分与家庭收入拟合图，可以看出农户金融素养和该县家庭收入具有线性关系，即金融素养得分高，收入也高。

8. 霍邱县农户金融素养与家庭收入

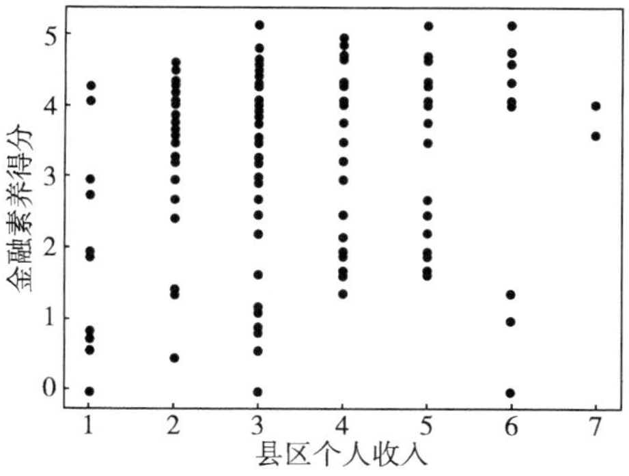

图 4-18　霍邱县调研家庭收入分布图

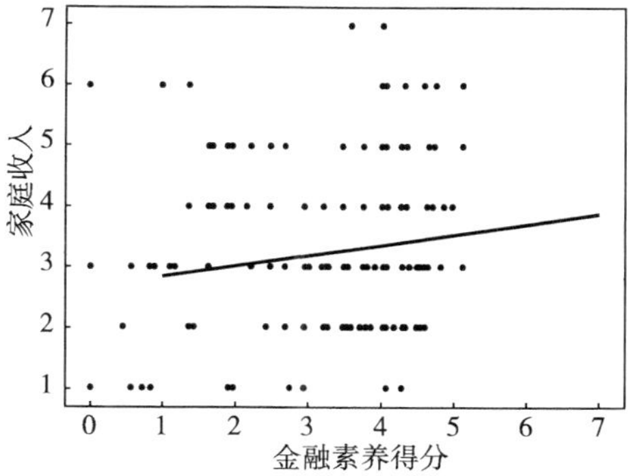

图 4-19　霍邱县金融素养得分与家庭收入拟合图

图 4-18、图 4-19 是霍邱县调研家庭收入分布图和金融素养得分与家庭收入拟合图，可以看出农户金融素养和该县家庭收入具有线性关系，即金融素养得分高，收入也高。

9. 新县农户金融素养与家庭收入

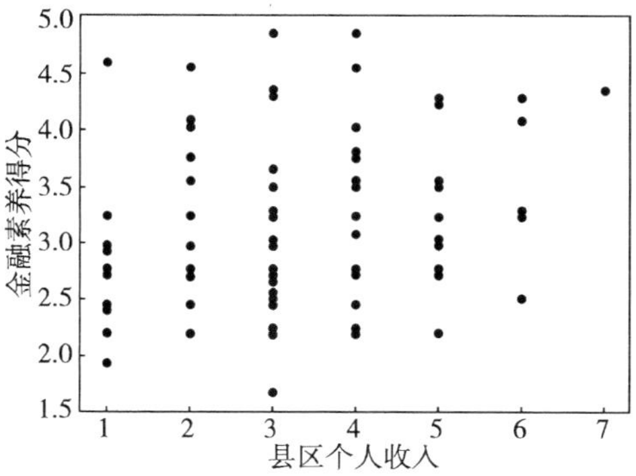

图 4-20　新县调研家庭收入分布图

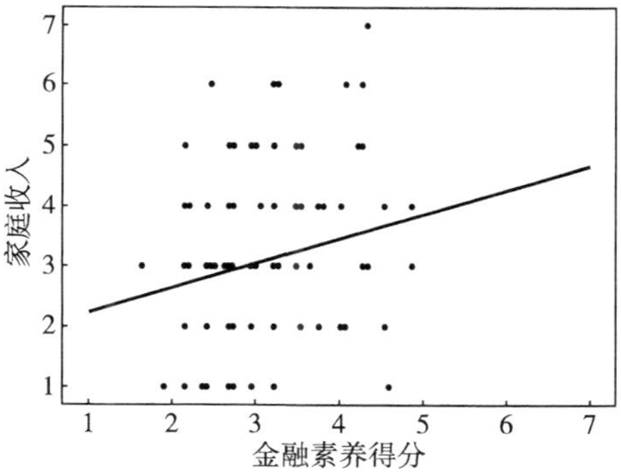

图 4-21　新县金融素养得分与家庭收入拟合图

图 4-20、图 4-21 是新县调研家庭收入分布图和金融素养得分与家庭收入拟合图，可以看出农户金融素养和该县家庭收入具有线性关系，即金融素养得分高，收入也高。

10. 商城县农户金融素养与家庭收入

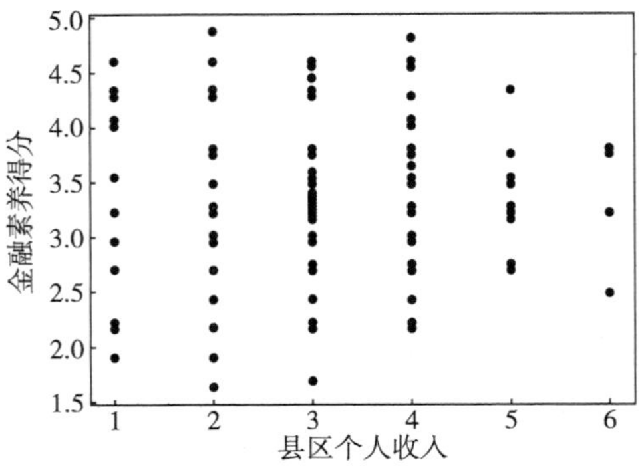

图 4-22　商城县调研家庭收入分布图

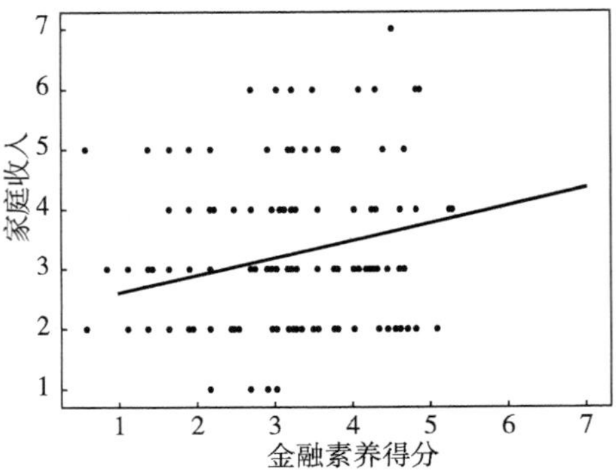

图 4-23　商城县金融素养得分与家庭收入拟合图

图 4-22、图 4-23 是商城县农户调研家庭收入分布图和金融素养得分与家庭收入拟合图，可以看出农户金融素养和该县家庭收入具有线性关系，即金融素养得分高，收入也会稍高。

11. 颍上县农户金融素养与家庭收入

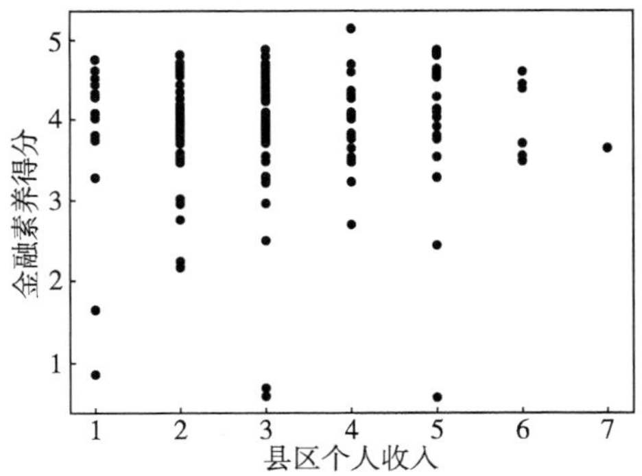

图 4-24　颍上县调研家庭收入分布图

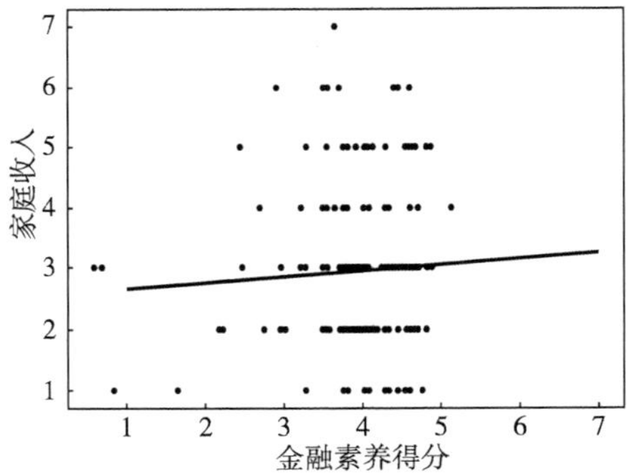

图 4-25　颍上县金融素养得分与家庭收入拟合图

图 4-24、图 4-25 是颍上县调研家庭收入分布图和金融素养得分与家庭收入拟合图，可以看出农户金融素养和该县家庭收入具有线性关系，即金融素养得分高，收入也会稍高。

12. 阜南县农户金融素养与家庭收入

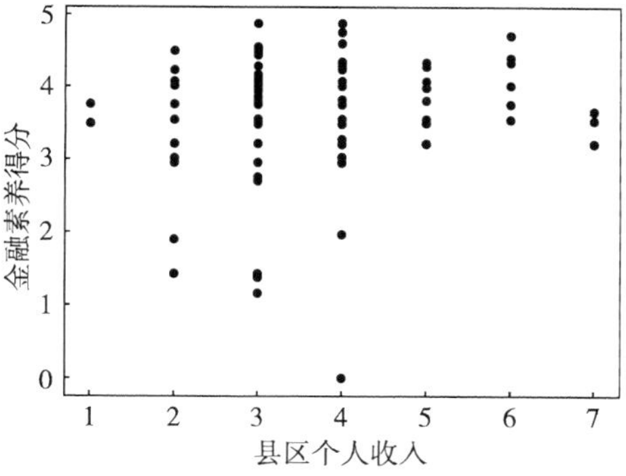

图 4-26 阜南县调研家庭收入分布图

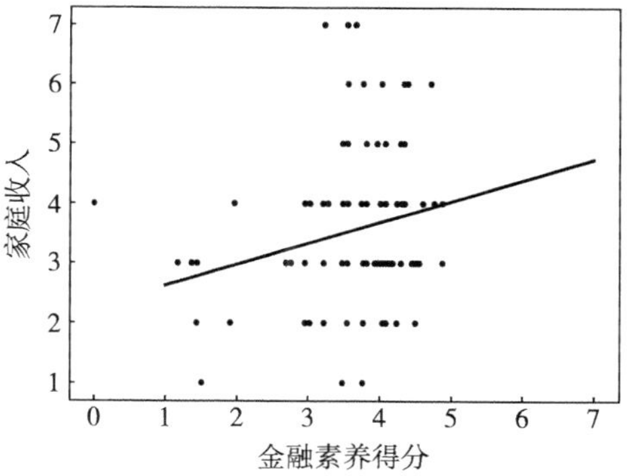

图 4-27 阜南县金融素养得分与家庭收入拟合图

图 4-26、图 4-27 是阜南县调研家庭收入分布图和金融素养得分与家庭收入拟合图，可以看出农户金融素养和该县家庭收入具有线性关系，即随着收入的增加金融素养得分也增加。

13. 临泉县农户金融素养与家庭收入

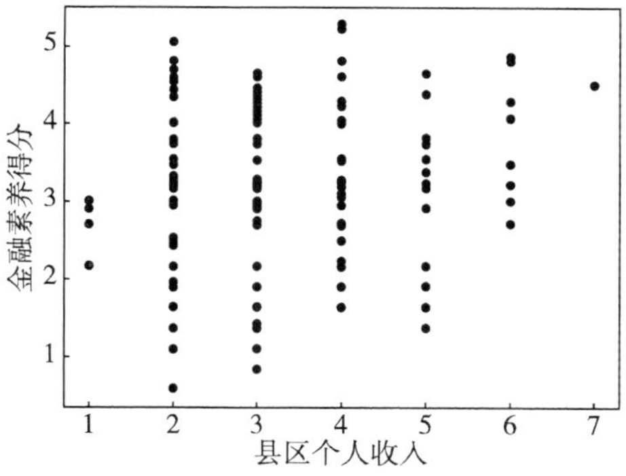

图 4-28 临泉县调研家庭收入分布图

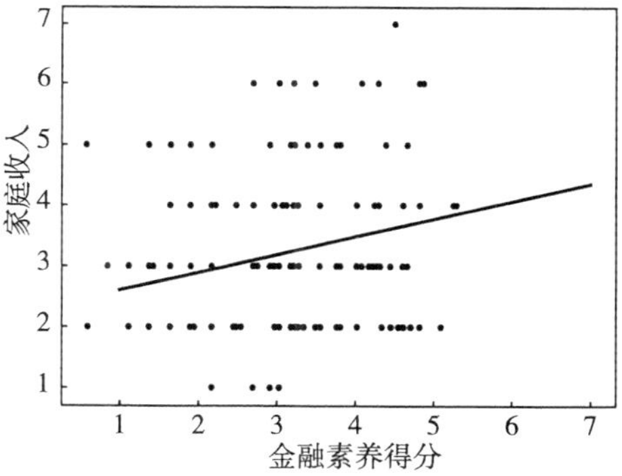

图 4-29 临泉县金融素养得分与家庭收入拟合图

图 4-28、图 4-29 是临泉县调研家庭收入分布图和金融素养得分与家庭收入拟合图，可以看出农户金融素养和该县家庭收入具有线性关系，即随着收入的增加金融素养得分增加。

（二）13 个县的金融素养与家庭收入的整合分析

由 13 个县调查数据分布图（见图 4-30）可以看出，金融素养线性相关强的县，该县农户收入整体向右偏。

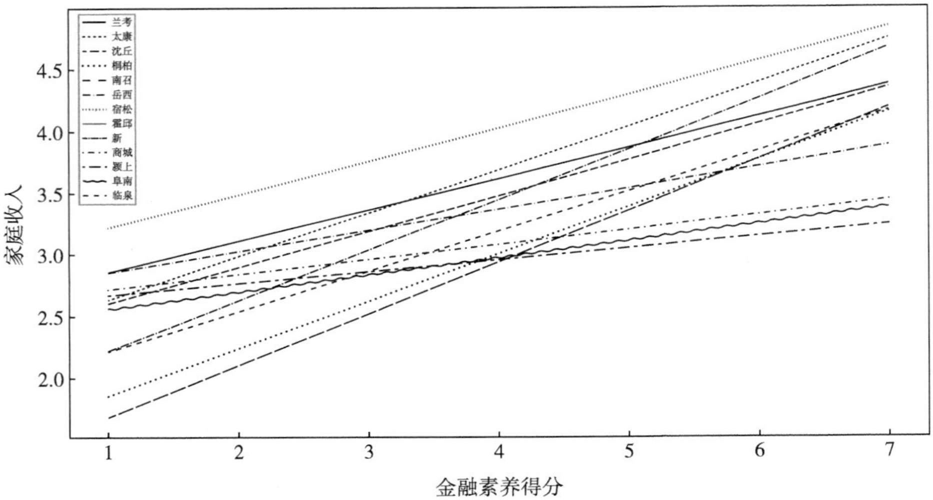

图 4-30　13 个县的农户金融素养与家庭收入水平

金融素养线性相关越强的 6 个县：兰考县、桐柏县、南召县、新县、阜南县、临泉县，农户收入整体向右偏高，即收入分布趋于 4 万~5 万元，意味着金融素养越高的县，该县居民家庭收入越高，农户金融素养水平对农村增收存在正向影响关系。

本章小结

本章首先对金融素养的度量进行全面梳理，然后使用中国金融教育发展基金会在 2019 年 7—8 月进行的“金融教育助力乡村振兴——川皖豫地区‘金惠工程’项目基线调研”项目的数据，考虑到问题数量比较多，通过因子分析构造了衡量农户家庭金融素养水平的指标。河南和安徽两省的贫困农村地区居民金融素养很低，均值为 4. 131 分，中位数为 3. 967 分，其中得分在 2. 41 分至 3. 39 分之间数量最多。此外，重点研究金融素养与返贫阻断之间的关系，根据 13 个脱贫摘帽县的居民金融素养与他们的家庭收入进行回归分析，发现有很强的正相关性，对于这一点可以说是初步印证了本书的假设，后面还将会继续深入分析两者之间的关系和影响机制。

第五章　宏观视角：农户金融素养对农村返贫阻断的影响

当前中国脱贫攻坚战已经取得决定性胜利，但遏制农村返贫成为重要的政策目标，必须找寻一个行之有效的解决方案，近年研究中指出金融素养作为一个可观测变量，正在对返贫阻断问题起着越来越重要的作用，在对返贫阻断的研究中，收入水平和资产状况是两个最优的判别指标，因此本章将收入贫困和资产贫困纳入返贫阻断的考察指标中，在期望贫困脆弱性（VEP）研究框架里研究返贫阻断问题，并且贫困脆弱性对于农户家庭福祉变化的测度具有一定的前瞻性和预见性，本章对金融素养和返贫阻断的关系进行探究，我们将金融素养的影响分离出来，调查金融素养是否对返贫阻断有影响，并检查金融素养对贫困影响的潜在渠道是什么。

第一节　理论分析与机理阐释

一、模型假设与数学推理

假设1：家庭或者投资者在生命周期内安排自己的最佳储蓄和消费模式，以保持其一生的平稳消费，以消费效用最大化为目标。

效用最大化的函数形式可以表示为：

$$MaxU = \int_{0}^{+\infty} u(c)\mathrm{e}^{-\delta t}\mathrm{d}t \tag{5-1}$$

其中，c 表示消费，δ 表示时间偏好率，u（·）为冯·诺伊曼—摩根斯坦效用函数，该效用函数满足 $u'>0$，$u''<0$ 。式（5-1）的经济含义是在没有遗赠和不确定性的情况下，最简单的生命周期消费模型假设，家庭资产配置具有正向效用，家庭在工作期间积累储蓄，风险性资产配置比重就会随之提高，直到退休，然后再减少财富，从而导致其边际效用降低，这种类型的储蓄行为使家庭能够在整个生命周期内平稳其边际消费效用，这里的效用函数使用弹性效用函数形式，表示为：

$$u(c)=\frac{c^{\mu-1}-1}{1-\mu} \tag{5-2}$$

其中，$\mu>0$ 且 $\mu\neq1$。若 $\mu=1$，则效应函数退化为 $u(c)=\ln c$。

假设2：消费者行为和经济环境的理论模型隐含地假设人们能够制订和执行储蓄和消费计划，所有这些都需要具备处理金融市场的专业知识、购买力的知识以及进行现值计算的能力，家庭消费与其在金融市场上的资产配置负相关，且呈现为边际递减的态势。

据此，可以假设家庭消费 c 与风险性资产配置之间的关系如下：

$$c=-af^2+bf+c_1 \tag{5-3}$$

其中，$a>0$，a、b、c_1 为参数，f 为风险性资产在家庭资产配置中的比重，且 $0\leqslant f\leqslant1$。式（5-3）的自变量是局部区间取值，经过计算发现需要满足以下条件：

$$\begin{cases} a>0 \\ 0<b<2\sqrt{ac_1} \\ c_1>0 \end{cases} \tag{5-4}$$

假设3：用柯布—道格拉斯（Cobb-Douglas）效用函数来刻画家庭的财富创造活动，KF 为资本与金融素养结合而成的复合资本，意味着金融素养也是财富创造必不可少的要素，金融素养必须与资本相结合，因为金融素养是家庭财富创造值得关注的要素，因为缺乏这些金融技能可能会危及家庭的财务健康，由于决策过程中缺乏金融知识，个人容易受到市场上各种金融产品的影响，无法区分好的投资和可能风险很大的投资，他们很可能会面临债务和违约等财务困难。

$$y=f(L,\ KF)=AL^{\alpha}(KF)^{\beta} \tag{5-5}$$

其中，A 为综合技术水平，主要指对所有人都有用的金融基础设施；L 为劳动力数量，用小时数来反映；F 为金融素养，是家庭投资时需要的金融技能、金融知识；K 为自由支配的家庭金融资本，该类金融资本的使用不会影响满足家庭基本的消费需求。K、L 和 A 皆大于0，且三个因素都按固定比率增长，且在一定时期内都较为稳定，因此，财富积累函数的规模收益对这三个变量一定时期会呈现不变的特征，相反，当金融素养与资本结合，财富创造函数就会出现规模收益递增的特征，金融素养就是能够改变财富创造函数实质的时变参数，下面主要分析金融素养这个参数，上述式子满足 $\alpha+\beta>1$。

$$\dot{K}=(1-\tau)AL^{\alpha}(KF)^{\beta}-c \tag{5-6}$$

也就是说，在长期内可供家庭支配的复合资本为家庭的税后财富扣除消费后的余额。

根据式（5-1）、式（5-2）和式（5-6），可以建立式（5-7）的现值汉密尔顿函数：

$$H_c = \frac{c^{\mu-1} - 1}{1 - \mu} + \lambda[(1 - \tau)AL^{\alpha}(KF)^{\beta} - c] \tag{5-7}$$

利用最优控制的求解方法，经过一系列数学运算，可得家庭消费的稳态增长率。结果如下：

$$\frac{\dot{c}}{c} = \frac{1}{\mu}[\beta(1 - \tau)AL^{\alpha}F^{\beta-1}K^{\beta-1} - \delta] \tag{5-8}$$

如此一来，由式（5-7）和式（5-8）就可以构成家庭跨期消费与投资决策的微分动力系统：

$$\begin{cases} \dot{c} = \dfrac{c}{\mu}[\beta(1 - \tau)AL^{\alpha}F^{\beta-1}K^{\beta-1} - \delta] \\ \dot{k} = (1 - \tau)AL^{\alpha}(KF)^{\beta} - c \end{cases} \tag{5-9}$$

利用 $\dot{k} = F\dot{K} + \dot{F}K$ 则可将微分动力系统式（5-9）变形为：

$$\begin{cases} \dot{c} = \dfrac{c}{\mu}[\beta(1 - \tau)\dfrac{y}{KF} - \delta] \\ \dot{F} = \dfrac{(1 - \tau)AL^{\alpha}(KF)^{\beta} - c - F\dot{K}}{K} \end{cases} \tag{5-10}$$

在其他任何点，无论 F 还是 c，都会随时间而变化，变化的方向由时间导数 $\dot{F}$ 和 $\dot{c}$ 在该点的符号来确定。根据模型假设，由式（5-10）可得：

$$\frac{\partial \dot{F}}{\partial F} > 0 \tag{5-11}$$

这意味着，当我们持续由南向北移动时（当 F 增加时），$\dot{F}$ 稳定增加，从而它的符号必定依次经过三个阶段：－、0 和＋。同时，根据模型假设，由式（5-11）可得：

$$\frac{\partial \dot{c}}{\partial c} > 0 \tag{5-12}$$

这表明，当我们持续由西向东移动时（当 c 增加时），$\dot{c}$ 会稳定增加，从而它的符号必定依次经过三个阶段：－、0 和＋。

为了减少运算的复杂程度，我们仍以微分动力系统式（5-12）为均衡分析对象。当该系统处于均衡状态时，即当 $\dot{c} = 0, \dot{k} = 0$ 时，则可通过一系列的代数运算，得到如下结果：

$$\delta KF = \beta c \tag{5-13}$$

根据假设2，将式（5-13）代入式（5-12），可得：

$$-af^2 + bf + c_1 - \frac{\delta}{\beta}KF = 0 \tag{5-14}$$

此时，设隐函数 $G(f, F) = -af^2 + bf + c_1 - \frac{\delta}{\beta}KF$，则有：

$$\frac{df}{dF} = -\frac{K\delta/\beta}{2af - b} \tag{5-15}$$

由此可见，如果 $\frac{df}{dF} > 0$，则有：

$$f < \frac{b}{2a} \tag{5-16}$$

式（5-16）表明，当 $f \in (0, \frac{b}{2a})$ 时，随着家庭金融素养的提高，家庭金融资产配置中的风险性资产比重也会随之增加，而此时微分动力系统也恰好处于均衡状态，因此这种增加风险性资产比重的配置行为不仅能够提高家庭的消费水平，而且还可以在长期内增加家庭财富创造（秦海林等，2018）。

在财富积累的标准经济模型假设中，消费决策是在生命周期框架中作出的，其中消费平滑要求人们在工作期间储蓄，以支持退休后的消费。具体来说，这个框架将消费者建模为最大化其贴现寿命预期效用，这样每个点上的消费流动和财富存量都取决于其永久收入。即预期的生存期资源以及首选项参数。要做到这一点，消费者必须了解当前的贴现值，名义和实际金额之间的差异，并能够预测预期的未来劳动收入、养老金和社会保障福利、退休年龄、生存概率以及许多其他因素。

二、机理阐释

Delavande、Rohwedder 和 Willis（2008）提出了一个简单的两期模型，用于跨债券和风险股票进行储蓄和投资组合，从而允许以金融素养的形式获取人力资本（Becker 1975），将最佳的选择投资于金融知识以获取获得更高回报的资产。Jappelli 和 Padula（2013）也考虑了两个时期的模型，但另外绘制了一个内生确定的金融素养的多阶段生命周期模型，他们预测，金融素养和财富将在整个生命周期中密切相关，直到退休为止都在上升，此后下降。他们还建议，在拥有丰厚社会保障福利的国家中，用于储蓄和积累财富的激励措施将更少，而投资于金融知识的理由也就更少了。

假设一个拥有一定财富的家庭，进行两期投资，第一期是只投资于定期储蓄，第二期是投资于定期储蓄和其他金融资产，定期储蓄投资不需要金融素养，其他金融资产投资则需要一定的金融素养，且投资定期储蓄和其他金融资产的资产回报率分别为 R_0 和 R_1（$R_0 < R_1$），引用 Cobb-Douglas 函数构建个体效用方程，X_1 和 X_2 分别代表第一期、第二期投资，a、b 为两期投资的弹性系数，同时将效用函数取自然对数形式。

$$U(X_1,\ X_2) = a \times \ln X_1 + b \times \ln X_2 \tag{5-17}$$

依据拉格朗日法下实现效用极大化的一阶条件得到第二期投资收益的最优解为：

$$X_2 = \frac{b \times \{R_0 X_1 + (R_0 + R_1) X_2\}}{\theta R_0 + (1 - \theta) R_1} \tag{5-18}$$

从式（5-18）可看出，家庭收入与资产与金融素养水平正相关，对于金融素养的获得方面，Lusardi 等（2017）和《中国普惠金融发展报告（2017）》均认为投资于金融教育来提升金融素养的价值大于成本投入，金融教育的优点在于能够对不同收入群体内生形成的资产不平等作出解释，可一旦将金融市场投资、保险市场参与等加入效用方程，便很难作出合理的解释。更值得关注的是，由投资行为而产生的个体金融素养等假设和中国实际情况不相符合，而且中国农户金融素养的形成更倾向于是一个经验积累的过程。为此，本书假定金融素养水平的初始值为 F_0，并假设金融素养的积累是一个不进则退的过程，金融素养的平均折旧率为 δ，且金融素养水平随着资产配置行为而变化。构建金融素养变动的方程为：

$$F = F_0 \times (1 - \delta) + cy \tag{5-19}$$

Y 为个体收入，c 为个体的选择，即是否在参与资产投资过程中不断深化学习，并提高自身金融素养水平，c 越大，证明对资产配置越频繁，而积累的金融素养也将越高。基于上述方程和个体选择，描述本书金融素养影响返贫阻断的机制如下：①金融素养通过影响资产配置成本和收益，改变个体风险偏好程度，从而投资于风险较高、收益更好的积极性资产，影响贫困人口的资产性收入和资本积累，进而影响脱贫户的收入贫困和资产贫困。②金融素养能够通过影响资产配置多样性，从而改善农村脱贫家庭的资产性收入。目前农村脱贫户的储蓄性资产比重大，导致资产回报率低；扩大非储蓄型资产配置将会有效地提升农户资产性收入，并在一定程度上改善贫困现象。③金融素养可以通过经验积累学说对农村贫困现状实现跨期影响，一方面，拥有高水平金融素养的个体将会在资产配置经验积累中进一步对其财富收入产生积极性作用，另一方面，低水平金融素养在学习金融知识时难度更大，通过资产配置跨期经验积累后对金融素养的影响程度更差。④农村脱贫户的财富水平和资产配置行为又影响着金融素养，拥有更多财富意味着有更多闲置资金进行资产配置，而在这连续的投资期间，金融素养也将在经验积累中获得阶段性提高。

第二节　金融素养影响农村返贫阻断的实证分析

一、模型构建

1. 运用 Probit 模型测度金融素养对农村贫困的影响，模型设定如下：

$$Poverty_i = \alpha + \beta_1 OFL + \beta_2 SFL + \lambda \times X_i + \varepsilon_i \tag{5-20}$$

其中，$Poverty_i$ 为家庭 i 的贫困状况，α 为常数项，OFL 为主观金融素养，SFL 为客观金融素养，X_i 为控制变量，ε_i 为残差项，用来控制遗漏变量。

2. 数据来源

本书运用 2019 年河南、安徽两省 2234 户农户金融素养调查数据，该数据库中对农户的金融素养进行了全面的评测，包括金融知识、金融意识、金融技能和金融行为四个部分，利于识别金融素养对于农村贫困的差别影响，为制定差异化政策提供针对性建议；同时数据库中对农户的收入状况、资产状况以及负债状况，利于从收入和资产两方面对农村贫困程度进行测量；数据库中对河南、安徽两省的不同地区数据都做了年龄、教育程度、职业类型、健康状况、婚姻状况等人口统计因素的同类区分，从而在不同环境中去比较其金融素养状况和贫困状况；在进行数据清理后，最终使用的数据一共 2234 份，包括河南省 1203 份，安徽省 1031 份。

3. 变量设定

（1）因变量。本书沿用国内学者在研究农户家庭贫困脆弱性时，大多采用预期贫困脆弱（VEP）（沈冰清、郭忠兴，2018）的方法对农村贫困脆弱性进行测度。采用预期贫困脆弱性（VEP）的优点在于能够反映一个家庭贫困程度的动态变化，同时数据的可获得性相对较好，相对于其他贫困脆弱性衡量更为便捷。而我国将在 2020 年率先消除绝对贫困。依据 Rippin 提出的用人均纯收入和人均净资产的 70%作为收入和资产相对贫困线，最终本书使用的收入相对贫困线为 8657. 36 元，资产相对贫困线为 10638. 89 元。

（2）核心自变量。本书的主要解释变量为农户的金融素养，OECD 在 2011 年的调查报告中定义金融素养为“与金融事务相关的意识、知识、技能、态度和行为，并将其运用于金融决策以改善个人金融福祉”，同时依照 Huston（2009）提出的金融素养包括理解（个人金融知识）与应用（个人金融应用）两个维度，使农户金融素养由主观金融素养和客观金融素养来构成，并采用主成分分析法和因子分析法对主客观金融素养评测指标进行了拟合，最终通过综合得分加总和及变异系数法相加得到主客观金融素养评测分数。

（3）控制变量。基于金融素养对农村贫困产生影响这一重要假设，以及河南、安徽两省农户详尽的调查数据，引入除金融素养之外还有可能对农村贫困状况产生影响的控制变量进行分类探究，具体包括以下几类：①人口统计变量，包括家庭决策者的性别、年龄、学历水平、职业类型、健康状况、婚姻状况、户口状况和家庭人口数量。②影响资产配置还有可能包括其他因素，有家庭成员的最高学历、是否退休、是否入党、是否体制内工作等。一个家庭成员的最高学历水平是建立家庭成员之间良好信息沟通的重要因素；农村退休人口一般都拥有较高的家境底蕴，对于风险感知的能力与其他主体不同，而且资产配置行为也会相对频繁；是否入党对于个体入职后的待遇等方面会有重要影响，同时从行为金融学的角度出发，党员的社会责任感会迫使其参与资产配置相对多一些；体制内员工享受更多福利，也掌握更多信息资源，收入稳定为资产投资行为提供了一定的基础。这些在遗漏变量里的因素均能在金融素养之外对农户资产配置行为产生影响。

4. 变量描述性统计

（1）农户金融素养基本情况。表 5-1 展示的是经过因子拟合、变异系数法综合得分的农户金融素养分布，在对主观金融素养评测中，主要从金融产品自我认知、金融知识自我评估、基础金融知识了解这三个方面去了解农户对于金融产品合法与否辨析能力、风险收益判别和信息接受能力，以及人民币真伪识别、银行保险业务、互联网支付知识观察农户对金融知识的掌握情况；而从主观金融素养得分情况来看，大多数农户得分都在 3~5 分，一方面说明对自身金融素养有着较为清晰的认识，另一方面说明农户金融素养水平低的特征。

表 5-1　金融素养分布

得分区间＼金融素养	主观金融素养		客观金融素养	
	频数	频率	频数	频率
1	120	5.38%	24	1.07%
2	172	7.71%	25	1.12%
3	353	15.83%	302	13.52%

续表

金融素养 得分区间	主观金融素养		客观金融素养	
	频数	频率	频数	频率
4	346	15.52%	697	31.20%
5	333	14.93%	504	22.56%
6	232	10.40%	357	15.98%
7	299	13.41%	203	9.09%
8	232	10.40%	104	4.66%
9	99	4.26%	18	0.81%
10	48	2.15%		
合计	2234	100%	2234	100%

在对客观金融素养评测中，从金融知识认识与运用、金融责任意识、风险与回报、资产规划等方面测度农户利率比较、复利计算能力，以及信用责任认知和风险投资偏好情况；有将近三分之一的被访者的客观金融素养得分在 4 分附近，处于中等偏下水平，而且从客观角度来看，获得满分的个体为零，与自我金融素养评估中有 48 人得到满分相差悬殊，进一步印证了主客观金融素养结合评测的必要性。

（2）金融素养和农村贫困联合描述分析。在观察农户金融素养和农村贫困关系时，对金融素养分了三个区间，其中区间 1 代表金融素养最低，区间 3 代表金融素养最高，对金融素养和农村贫困做了清晰的统计描述分析，并且从收入贫困、资产贫困和贫困脆弱性三个方面对贫困现状进行细化分析（见表 5-2）。从表中数据可以看出，金融素养水平的高低和农村贫困状况有显著的相关性，而且贫困户的主客观金融素养水平均低于非贫困户。从贫困脆弱性可以看到，有 51.27%的贫困户主观金融素养水平处于最低区间，有 51.47%的贫困户客观金融素养水平处于最低区间，但是只有 2.73%的贫困户主客观金融素养处于高水平区间。虽然这样可以大致地看出金融素养对农村贫困呈正相关关系，但是相关性并不意味着因果必然性，在后续章节将控制不同变量，进行金融素养对农村贫困影响的深入探究。

表 5-2　金融素养和农村贫困联合描述统计　　单位：%

金融素养	主观金融素养			客观金融素养		
收入贫困	区间 1	区间 2	区间 3	区间 1	区间 2	区间 3
贫困户	43.67	48.89	7.44	49.34	46.77	3.89

续表

金融素养	主观金融素养			客观金融素养		
非贫困户	31.45	45.48	23.07	25.65	49.99	24.36
资产贫困	区间 1	区间 2	区间 3	区间 1	区间 2	区间 3
贫困户	42.46	45.28	12.26	44.73	50.37	4.9
非贫困户	30.36	39.74	29.9	32.68	47.61	19.71
贫困脆弱性	区间 1	区间 2	区间 3	区间 1	区间 2	区间 3
贫困户	51.27	46.92	1.81	51.47	44.88	3.65
非贫困户	29.86	43.33	26.81	33.18	50.29	16.53

二、实证检验与分析

（一）金融素养影响农村贫困的基本回归

本书首先基于 Probit 模型对金融素养和农村贫困做了一个回归检验（见表 5-3），是对前文中纯描述性相关性的实证升级，模型 M_1、M_2、M_3 代表的主观金融素养和收入贫困发生率、资产贫困发生率以及贫困脆弱性的相关性检验，从这三个模型中主观金融素养对农村贫困三个指标的系数都为负，可以看出越高的主观金融素养，意味着越低的农村贫困程度，即主观金融素养水平对农村收入贫困发生率、资产贫困发生率和贫困脆弱性有显著的抑制效应，而对应的 t 值也达到了 1%的显著性水平，均远超要求的临界值，代表着模型估计系数显著；而模型 M_4、M_5、M_6 代表的则是客观金融素养和收入贫困发生率、资产贫困发生率以及贫困脆弱性的相关性检验，以模型 M_4 中客观金融素养对收入贫困发生率的回归结果来看，其回归系数为-0.5606，说明当客观金融素养提高一个标准单位时，因为收入导致贫困的发生概率就会降低 56.06%，而模型 M_4 ~ M_6 的估计结果均在 1%的水平上显著。除了上述的发现，还通过 Probit 回归结果总结了以下几个结论：①在控制了农村贫困的背景变量后，回归结果表现出主客观金融素养对农村贫困的显著抑制性。由于教育程度、职业类型、婚姻状况、家庭人口数量等背景变量对农村贫困具有显著的影响，因此当控制住了此类可变因素后，金融素养对农村贫困仍有极为显著的抑制效应，同时还表现出了显著的经济意义，对现实研究很有借鉴性帮助。②虽然主客观金融素养对于农村贫困的估计系数都在 1%的显著性水平上显著，但是在收入贫困发生率和贫困脆弱性上主观金融素养的影响均大于客观金融素养。在收入贫困发生率的模型回归中，主观金融素养和客观金融素养的参数估计值为-0.7062、-0.5606，该结果与主客观金融素养对贫困脆弱性相一致，但是从系数之差可以说明农村实现脱贫目标必须依靠农户主观能动性，靠自身“造血”脱贫，从主观意识出发，懂得开源和节流，这也体现了金融素养影响农村贫困的内在机理，农户要提升自我金融素养，学会多元化投资，多参与金融市场积累经验，在经验积累学说指导下实现可持续性减贫。③相对于农户的收入式减贫，金融素养对农村收入稳健性（贫困脆弱性）的影响更为消极。从主观客观金融素养来看，其对收入贫困和收入稳健性的影响系数分别为-0.7062、-0.3306。该回归结果与金融素养对资产贫困的异质影响相一致。④对资产贫困发生率而言，客观金融素养比主观金融素养有着更为积极的影响。

表 5-3　金融素养与农村贫困的 Probit 回归

	M_1 收入贫困	M_2 资产贫困	M_3 贫困脆弱性	M_4 收入贫困	M_5 资产贫困	M_6 贫困脆弱性
主观金融素养	-0.7062*** (-9.78)	-0.4554*** (-6.67)	-0.3306*** (-4.69)			
客观金融素养				-0.5606*** (-2.58)	-0.4996*** (-2.38)	-0.3147*** (-6.77)
控制变量	控制	控制	控制	控制	控制	控制
样本数量	2234	2234	2234	2234	2234	2234

注：***、**、*分别表示在1%、5%、10%水平上显著，括号内的数值为 t 值，下表同。

因为家庭资产包括动产、不动产以及金融资产，而从数据库来看，大多数农户的动产和不动产的比重占到了75%，所以单从资产减贫来看，居民的金融知识运用、复利计算能力、风险偏好和资产规划等因素就显得尤为重要，对于农村实现资产减贫有着更为积极的作用。

（二）引入工具变量处理内生性问题

金融素养和农村贫困存在相互影响的机制，金融素养低易导致农村贫困现象的出现或加剧，另外，农村贫困的现状又在各个层面制约着金融素养的提升，而且金融素养还受经验积累学说的影响，故在此对于Probit回归中产生的显著内生性问题进行解决，本书借鉴谭燕芝、彭千芮（2019）的做法，选取“对经济金融信息的关注度”这一作为农户金融素养的工具变量。其合理性在于个体对于经济金融信息的关注度是独立于金融素养之外的观测变量，且在问卷中对于受访者这一变量的考察分了四个层次：每天必了解财经要闻、一周两三次关注一下财经时事、从朋友闲聊中获取财经新闻、从不关心财经类消息；

并分别赋值为4、3、2、1。表5-4是工具变量对主观金融素养和客观金融素养的一阶段回归结果。

表5-4　工具变量的一阶段回归结果

	主观金融素养	客观金融素养
对经济金融信息的关注度	0.1138***	0.0553***
	(12.14)	(18.87)
控制变量	控制	控制
一阶段回归F值	36.7825	43.6793

从工具变量一阶段回归结果中可以看出，对经济金融信息的关注度这一工具变量与主观金融素养和客观金融素养呈显著正相关关系，主观态度是影响金融素养的重要因素，对于金融素养的提高不仅受个人时间跨度偏好的影响，还依赖于农户对于现状的强烈改变欲望和对未来的期望价值的预估，更希望改变现有状况或者对未来期望价值较高的居民更愿意提高金融素养水平。Monticone（2010）的研究指出，如果居民对于未来期望价值严重低估，则不愿意接触并获得新知识，而满足于较低的金融素养水平。此外，如果农户较为关心未来的金融福祉获得，则会主动地去接触金融知识、习得金融技能。况且这一工具变量能够直接影响个人金融素养，但是和贫困状况的相关程度不大，因此，对经济金融信息的关注度利于缓解变量的内生性问题，而且需要观察到的是在确认了性别、年龄、职业类型、婚姻状况和健康状况等人口统计特征和金融素养的相关关系后，教育程度在工具变量一阶段回归结果中仍然呈显著正相关关系，这说明在研究金融素养对于农村贫困的抑制效应中要谨慎考虑教育因素，也表明当地政府在制定政策时需要考虑差异化因素，因地制宜地关注教育水平情况。

将工具变量分别加入主客观金融素养对收入贫困发生率、资产贫困发生率和贫困脆弱性的二阶段检验中，并构成二阶段Probit回归模型$M_1 \sim M_3$，由回归结果可见，金融素养对收入贫困的影响系数和最初Probit回归结果相差无几，且通过了Wald内生性检验；但对于资产贫困的估计系数却并不显著，可见工具变量产生了效果，缓解了部分由于金融素养内生性而产生的模型结果不严谨性；同时发生显著变化的便是金融素养对于农户收入稳定性（贫困脆弱性）的抑制效应完全失效，反而产生了逆向的促进作用，此时在模型M_3中，工具变量未通过Wald内生性检验，且导致了不受控制的反向作用。两次回归结果的差异表明金融素养在实现农村收入减贫和资产减贫方面有着显著的正向效果，但是在农户收入稳健性方面却不能显示出有力的支撑作用，在提升农户金融素养的同时，也要积极地寻求其他层面的影响因素来稳定化家庭收入，实现农村收入、资产和稳健性减贫的目标（见表 5-5）。

表 5-5 工具变量二阶段回归结果

	M_1 收入贫困	M_2 资产贫困	M_3 贫困脆弱性
主观金融素养 （对经济金融信息关注度）	-2.2684** (-3.29)	-0.0814 (-0.92)	0.1107 (1.28)
客观金融素养 （对经济金融信息关注度）	-0.5523*** (-3.22)	-0.1676 (-0.91)	0.2278 (1.29)
控制变量	控制	控制	控制
Wald 检验	7.3648	5.3713	0.9386
P 值	0.0010	0.3615	0.2000

（三）内生性问题检验

内生性偏差问题不仅仅由反向因果所导致，而且农村贫困是多方面结合的结果，金融素养也面临着家庭及工作单位等各种潜在因素的影响，因此在研究金融素养和农村贫困的关系时，需要考虑到因为遗漏变量而产生的内生性问题。

根据前文的实证模型，农村贫困受主客观金融素养、其他控制变量和未观测变量的影响。其中，控制变量为外生性变量，与误差项不相关。而金融素养作为一个非严格外生性变量，不能通过与农村贫困进行线性回归得到的结果来判断其一致性，因此，为了缓解遗漏变量导致的内生性问题，根据金融素养和误差项的关系，写出主客观金融素养的影响方程：

$$FL(OFL + SFL) = \theta_0 + \theta_1 X_i + \theta_2 H_i + K_i \tag{5-21}$$

其中，将主观金融素养（OFL）和客观金融素养（SFL）统一用金融素养（FL）表示，H_i 表示影响金融素养但不影响农村贫困的新增变量；K_i 与遗漏变量具有相关性，且内生性问题是由 K_i 导致的，故 K_i 具有同时影响金融素养和农村贫困的特征。X_i 由家庭人口数量、家庭儿童数量、村部人口数量、是否中部地区、是否退休，以及是否党员等变量构成。而引入 H 的变量包括：年龄及年龄的二次乘方、性别、受教育程度、婚姻状况、健康状况、复利计算能力、风险识别能力、人情支出占收入比重和同村平均金融素养。

将模型估计方程（4）和方程（5）联合并构成联立方程组，经过异方差怀特检验和 Wald 内生性检验发现，联立方程组后异方差性和内生性都显著增强，因此为了减弱其影响，采用三阶段最小二乘法（3SLS）对各模型进行参数估计，具体步骤如下：首先，使用3SLS对主观金融素养与农村贫困的关系进行实证检验，其中模型M_1～M_3分别表示的是主观金融素养对农村收入贫困、农村资产贫困和贫困脆弱性的影响；其次，实证检验了客观金融素养对农村收入贫困、农村资产贫困和贫困脆弱性的影响，结果见表5-6模型M_3～M_6。

实证检验结果表明，采用联立方程缓解遗漏变量导致的内生性问题后，主观金融素养和客观金融素养对农村贫困的估计系数依旧为负且显著，通过提升农村整体教育水平确实为一个以长远为考虑实现农村减贫脱贫的有效措施，而且金融素养对于农村资产贫困和收入稳健性（贫困脆弱性）的影响仍大于其对于农村收入贫困的影响，说明提高金融素养水平不仅可以在短期内减轻农民因收入致贫的压力，还可以通过资产配置、参与金融市场来在长期内保持其收入的稳健性，实现可持续性减贫。此外，客观金融素养的影响系数均大于主观金融素养，而且在联立模型进行实证检验分析后，参数值较之前均有所降低，但是显著性依旧明显，有着较强的稳健性。

表5-6　应对遗漏变量产生内生性问题的回归

	M_1 收入贫困	M_2 资产贫困	M_3 贫困脆弱性	M_4 收入贫困	M_5 资产贫困	M_6 贫困脆弱性
主观金融素养	-0.0346** (-3.3676)	-0.0517*** (-3..7577)	-0.0287*** (-5.3827)			
客观金融素养				-0.1128*** (-2.4726)	-0.0696*** (-2.8970)	-0.2876*** (-4.5965)
控制变量	控制	控制	控制	控制	控制	控制
样本数量	2234	2234	2234	2234	2234	2234

第三节　稳健性检验与内生性处理

一、基于评测体系对主客观金融素养测度的稳健性检验

从农户金融素养问卷中可以看出，当对农户进行金融素养测度时，受访者回答错误可能是由于询问过程较长，出现了粗心、未听清楚问题的情况，或者接触过相关概念和知识后仍可能因为了解程度不够而回答错误，大部分则是由于实在不了解而作出盲目猜测的答案，这样的回答极易使金融素养的测度结果

与实际结果不符，而且这一偏差在主观金融素养的测度上更为显著。因此在剔除了主客观金融素养中错误率最高的观测变量后，从评测体系角度出发，对主客观金融素养测度进行稳健性检验，结果见表 5-7。

表 5-7 基于评测体系的金融素养稳健性检验

	M_1 收入贫困	M_2 资产贫困	M_3 贫困脆弱性	M_4 收入贫困	M_5 资产贫困	M_6 贫困脆弱性
主观金融素养	-0.6372*** (-8.6823)	-0.4028*** (-4.3780)	-0.2733*** (-2.7434)			
客观金融素养				-0.4358*** (-2.7370)	-0.4217*** (-2.4966)	-0.3067*** (-5.6389)
控制变量	控制	控制	控制	控制	控制	控制
样本数量	2234	2234	2234	2234	2234	2234

从表 5-7 中回归结果可以看出，无论是运用因子分析还是变异系数法相加而得的金融素养测度得分，金融素养依旧对农村贫困有显著的影响关系，同时主观金融素养对收入贫困、资产贫困和贫困脆弱性的估计参数为-0.64、-0.40、-0.27，均在 1%显著性水平上显著，并且在剔除错误率最高的两个观察变量后，该回归结果依然保持稳健。

二、基于农村相对贫困的稳健性检验

由于农村地区的财富不均现象越来越普遍，为了体现这种特性，本书引入相对贫困作为农村贫困的代理变量，并对其进行了稳健性检验。

表 5-8 相对贫困的稳健性检验

	M_1 收入相对贫困	M_2 资产相对贫困	M_3 收入相对贫困	M_4 资产相对贫困
主观金融素养	-0.7023** (-8.3643)	-0.5233*** (-5.6544)		
客观金融素养			-0.5368*** (-2.8702)	-0.3988*** (-2.9847)
控制变量	控制	控制	控制	控制
样本数量	2234	2234	2234	2234

该部分的被解释变量是收入相对贫困和资产相对贫困，运用 Probit 模型对模型 M_1~ M_4 进行稳健性回归，其中 M_1、M_2 表示的是主观金融素养和收入贫困、

资产贫困的相关性，M_3、M_4 表示的是客观金融素养和收入相对贫困、资产相对贫困的相关关系，表 5-8 结果显示，引入相对贫困变量后，金融素养仍然对农村收入贫困和资产贫困起着显著抑制效应。

三、内生性处理与稳健性检验

（一）内生性问题讨论

针对遗漏变量导致的内生性问题不仅可以使用联立方程模型来解决，还可以引入不同的可观测变量，可以观察参数估计值的变化状况来估算那些参数估计偏差，国内学者刘亚飞（2018）和丁从明等（2018）都使用了该方法。让该方法在具体研究中有显著意义的机理是，将引入有限控制变量和引入所有可观测变量两种情况进行分别观测，核心解释变量是参数估计值的变动。Altonji 等（2005）构建了一个反映参数估计值的变动情况的变动系数，该系数 $\sigma = | \beta F/(\beta R-\beta F) |$，其中，$\beta R$ 表示当引入受约束控制变量时，核心解释变量的参数估计值，β 表示引入所有可观测变量作为控制变量时，核心解释变量的参数估计值。分母变小就理解为引入不同可观测控制变量后，其参数估计值相对稳定，因此，遗漏变量的影响变小；相反，分子大意味着核心解释变量的经济意义还是比较显著的，这也说明当估计参数必须非常大时才能将核心解释变量的系数大小调整为不显著水平下的影响。因此，σ 越大也意味着遗漏变量影响核心解释变量参数估计值的可能性越小。

（二）稳健性检验

在对遗漏变量导致的内生性问题进行稳健性检验中，沿用了前人学者的做法，设置了两个约束模型和一个完整模型，第一个约束模型就只引入了金融素养这个核心解释变量，第二个约束模型则引入了金融素养和年龄及年龄的二次乘方、性别、受教育程度、婚姻状况、健康状况、家庭人口数量、家庭儿童数量等人口统计因素，而完整模型则是在第二个约束模型的基础上又添加了区位、经济变量，具体包括村部人口数量、是否中部地区、复利计算能力、风险识别能力。

表 5-9 稳健性回归结果显示，两个约束模型和完整模型的估计参数值相差不大，且变动系数 σ 均大于 1，说明遗漏变量对参数估计值的影响很小；从贫困的三个测量指标来看，金融素养和农村资产贫困和贫困脆弱性的相关性，受到更小遗漏变量的扰动误差影响；从金融素养角度来看，模型 M_4~ M_6 的系数估计值小于模型 M_1 ~ M_3，由此可以看出有着更多的不可观测变量在影响着客观金

融素养和农村贫困的关系。

表 5-9 解决遗漏变量导致内生性的稳健性检验

模型	主观金融素养			客观金融素养		
	M_1（R_1）	M_2（R_2）	M_3（F）	M_4（R_1）	M_5（R_2）	M_6（F）
收入贫困	-0.7287*** (-8.4612)	-0.6882*** (-4.3734)	-0.7003*** (-6.6956)	-0.6013*** (-2.6137)	-0.5024*** (-3.3286)	-0.5421*** (-3.8345)
σ	2.7739	5.2387		1.2206	1.9328	
资产贫困	-0.4833*** (-6.0657)	-0.3844*** (-5.2455)	-0.3991*** (-5.9379)	-0.5175*** (-2.5526)	-0.4232*** (-5.3748)	-0.5549*** (-4.3223)
σ	8.2764	23.4738		3.6732	6.2367	
贫困脆弱性	-0.3394*** (-4.0805)	-0.2899*** (-3.4601)	-0.3011*** (-3.8135)	-0.3129*** (-4.0168)	-0.2889*** (-3.6560)	-0.3374*** (-4.7974)
σ	4.2738	7.2584		4.9874	10.2367	

注：*R* 和 *F* 分别表示约束模型、完整模型。

无论是构建联立方程组来处理内生性问题，还是利用可观测变量来间接地识别遗漏变量的影响程度，通过其检验结果可观察到金融素养对于农村贫困的参数估计均显著为负，同时主观金融素养和客观金融素养的影响差异，以及金融素养对农村贫困三指标的影响，也都保持在 1%的显著性水平显著。因此，可以判断本书中金融素养对于返贫阻断的影响具有显著的稳健性。

第四节　中介效应分析及检验

一、中介效应分析

表 5-10 是中介效应分析，表中第 1 列、第 2 列展示了信贷机制的中介效应，表中第 3 列、第 4 列展示了保险机制的中介效应，表中第 5 列、第 6 列检验了资产机制的中介效应。由表可见，信贷机制、保险机制和资产机制都是金融素养降低农户贫困脆弱性的作用渠道，假说 H2、H3、H4 成立，金融素养可以通过提高农户的信贷可得性、增加保险购买率和优化家庭资产决策这三个机制来降低家庭贫困脆弱性。

具体而言，根据表 5-10 的第 1 列的研究发现，金融素养显著影响信贷机制，其相关系数显著为 0.5286，这说明了金融素养能主动提升农户的信贷可得性。第 2 列的研究发现，当加入信贷机制的因子时，金融素养对贫困脆弱性的影响系数变小，信贷可得性影响贫困脆弱性显著为负，这说明信贷机制成立。可能原因是金融素养越高，个体金融排斥程度越低，越有可能接受正规信贷，避免因不合法的民间借贷而产生的债务风险。并且随着金融素养的提升，个体能更自信合理地表达自己的金融需求，对市面上各种不同借贷渠道的利率进行比较，从而选出最合适的借贷方案，节省资金成本。

对表 5-10 中第 3 列的研究发现，金融素养对于提高家庭保险参与度有着重要的作用，其相关系数显著为正。第 4 列结果表明，当加入中介变量保险机制之后，保险机制影响家庭贫困脆弱性的系数在 1%的显著水平上为负，sobel 检验也成立，表明保险机制的中介效应也是成立的。可能原因是保险是一种相对复杂的金融产品，对购买者的分析能力和理解能力有较高要求，因此金融素养高的人更倾向买保险，也有能力购买适合自己的产品，从而防范未来可能的风险冲击。有些保险具有投资功能，金融素养高的人购买这类保险意愿更强烈，从而实现资产的增值。

表 5-10 中第 5 列结果表明，金融素养有助于优化个体的投资决策，影响系数显著，为 0. 5232。第 6 列结果表明，当加入中介变量资产机制之后，资产机制影响家庭贫困脆弱性的系数在 1%的显著水平上为负，sobel 检验成立，表明资产机制的中介效应也是成立的。可能原因是随着个体金融素养水平的提升，其了解更多的金融产品，从而进行资产的合理配置，不会“把鸡蛋放在一个篮子里”，降低不合理的投资或者过度投资导致的资金风险。金融素养越高，个体进行投资的时候越谨慎，运用已有的金融知识，结合目前的资产情况进行更合理的资产决策，其得到的投资回报更多，也更稳健。

表 5-10　中介效应分析

变量	信贷	贫困脆弱性	保险	贫困脆弱性	资产	贫困脆弱性
金融素养	0. 5286 *** (22. 5794)	-0. 0029 *** (4. 7450)	0. 3377 *** (17. 0205)	-0. 0027 *** (4. 6356)	0. 5232 *** (26. 2214)	-0. 0025 *** (4. 2493)
信贷		-0. 0015 *** (2. 7602)				
保险				-0. 0028 *** (3. 0875)		
资产						-0. 0008 ** (2. 0562)
控制变量	控制	控制	控制	控制	控制	控制

续表

变量	信贷	贫困脆弱性	保险	贫困脆弱性	资产	贫困脆弱性
常数项	0.4923*** (6.0966)	-0.4702*** 0.4227	0.2718*** (3.9712)	-0.2192*** 0.3648	0.3009*** (4.3727)	-0.0985*** 0.6221
N	2208	2208	2208	2208	2208	2208
R^2	0.209	0.781	0.207	0.757	0.255	0.729
sobel 检验 Z	-8.223***		-10.924***		-11.677***	

注：*** p<0.01，** p<0.05，* p<0.1。

二、bootstrap 中介效应检验

表 5-11 列出了 sobel 检验结果，可见在 1%的显著水平下，信贷、保险和资产三大机制的系数分别为-0.0005、-0.0014 和-0.0011，标准误差较小，符合检验标准，Z 统计量大于 1.96，说明信贷、保险和资产机制的中介效应显著存在。

表 5-11　bootstrap 中介效应检验结果

sobel 检验	系数	标准误	Z 值
信贷机制	-0.0005	0.0001	-8.223
保险机制	-0.0014	0.0002	-10.924
资产机制	-0.0011	0.0001	-11.677

通过中介效应研究发现，随着金融素养的提升，农户的信贷可得性、保险购买率和家庭资产决策都能得到优化，进而降低家庭贫困脆弱性，检验结果表示信贷、保险和资产机制是户主金融素养影响农村返贫阻断的中介效应。

本章小结

本书基于河南、安徽农户金融素养调查数据，研究了金融素养对收入贫困、资产贫困和贫困脆弱性的影响，运用工具变量法进行了多阶段检验，还建立了联立方程模型处理内生性问题。得出了以下结论。

第一，在控制了农村贫困的背景变量后，金融素养对农村返贫阻断表现出显著的正向效应，而且收入贫困发生率和贫困脆弱性上主观金融素养的影响大于客观金融素养。

第二，对农户的金融素养测度中，发现绝大部分人的金融素养处于中低水平，并且有46.78%的样本主客观金融素养得分都处于最低区间，较低的金融素养水平也是影响农村返贫阻断的重要原因。

第三，相对于农户的收入式减贫，金融素养对农村收入稳健性（贫困脆弱性）的影响更为消极，对资产贫困发生率而言，客观金融素养比主观金融素养有着更为积极的影响。

第四，经济金融信息的关注度这一工具变量与主观金融素养和客观金融素养呈显著正相关关系，主观态度是影响金融素养的重要因素，对于金融素养的提高不仅受个人时间跨度偏好的影响，还依赖于农户对于现状的强烈改变欲望和对未来的期望绩效的预估，更希望改变现有状况或者对未来期望价值较高的居民更愿意提高金融素养水平。如果农户较为关心未来的金融福祉获得，则会主动地去接触金融知识、习得金融技能。

第五，需要观察到的是在确认了性别、年龄、职业类型、婚姻状况和健康状况等人口统计特征和金融素养的相关关系后，教育程度在工具变量一阶段回归结果中仍然呈显著正相关关系，这说明在研究金融素养对于农村返贫阻断效应中要谨慎考虑教育因素，也表明在当地政府在制定政策时需要考虑差异化因素，因地制宜地关注教育水平情况。

第六，金融机构应该改进农村信用评级体系，农户贷款时往往很难拿出担保资产，因此贷款可能失败，阻碍自身的发展。政府应该完善农村的贷款体系，降低贷款门槛，比如将农作物或者活物作为抵押物，增加农户的信贷可得性。政府应改进农村的金融服务体系，对农村的金融产品和服务进行优化，构建适合农村的金融服务平台，如信贷和投资等，方便农户获得足够的金融资源。银行和金融机构应加强在农村地区的业务覆盖，为农村客户提供更适合他们需求的金融产品和服务，比如小额贷款、养老保险、小额投资等，从而提高他们的金融参与度。

第六章　微观机理：农户金融素养的返贫阻断机制研究

第五章通过中介机制研究发现，随着金融素养的提升，农村家庭的信贷可得性、保险购买率和家庭资产决策都能得到优化，进而降低家庭贫困脆弱性，检验结果表示信贷、保险和资产机制是农户金融素养影响农村返贫阻断的中介效应，本章将以金融科技普及度为门限变量，使用门限模型从主观金融素养和客观金融素养两个维度分析金融素养对金融决策的影响，运用中介和调节效应检验农户主观和客观金融素养对其金融决策的影响路径和影响机制。

本书梳理了现有文献对金融素养的定义，认为金融素养分主观和客观两个方面，并在此基础上构建金融素养评测模型来评测主观金融素养和客观金融素养。本书的贡献在于：一是通过走访豫皖两省 13 个脱贫摘帽县广泛采集数据，了解贫困地区农户的基本情况、金融服务与金融素养现状；二是借鉴国内外金融素养指数构建的方法构建符合农村实际情况的农户金融素养指数，采用因子分析法对农民金融素养调查问卷进行分析，并探讨金融决策在金融市场参与和保险市场参与两部分中如何发挥作用，分析金融素养对两个市场参与的影响机制时，要重点考虑主观金融素养在客观金融素养影响金融决策时的中介效应；三是以金融科技普及度为门限变量，并对主观金融素养和客观金融素养影响金融决策进行了实证研究，得出了两者对金融决策的影响路径依旧没有改变的结论。

第一节　评测方法与研究假设

一、金融素养评测方法

Xiao（2013）提出“金融素养可分为主观金融素养和客观金融素养”，主观金融素养是受访者对自身金融素养水平的自我主观评价，包括主观方面的金融知识和金融技能，主观性比较强，代表性研究如 Lusardi 和 Mitchell（2014）、Jappelli 和 Padula（2015）等。客观金融素养用客观金融知识指标测度受访者的金融素养水平，典型代表是 Lusardi 和 Mitchel（2008、2014）、Klapper 等（2015），反映的是客观的金融知识掌握程度，客观金融素养越高，越有利于投资者或消费者做出合理的金融决策。Dohmen 等（2010）研究发现，丰富的金融知识可帮助家庭理解风险和收益的关系，减少家庭在进行金融决策前期的准备成本和不必要的风险。Roooij 等（2011）对荷兰 DHS 数据研究发现，大多数被调查者仅了解最基本的金融知识，如基金较储蓄收益更高，任何投资都具有风险性等，但对于略微专业的金融知识，如储蓄与投资收益等利率的计算、债券价格与利率的关系等并不知晓。

虽然目前通过人们的主观素养来评估金融行为的研究还较少，但围绕着主观金融素养的热潮正在形成，越来越多的学者发现客观金融素养虽能影响个人金融决策，但个人在做决策时的主观意愿同样也制约着决策行为。Robb（2011）指出，主观金融素养对金融行为的影响比客观金融素养大。张欢欢等（2018）研究指出，主观金融素养直接影响居民金融决策，同时也会通过影响客观金融素养再对金融决策发挥作用。王琳（2019）在对个人购物承受能力进行分析时，客观金融素养水平更高的人，在消费时会更考虑自己的承受能力，而主观金融素养更高的人在消费时反而更不理性，不会考虑他的承受能力。

金融素养的衡量在对象、范围、方法等方面存在不少差异。衡量的对象更多涉及消费者和青少年，对农民的探寻较少。衡量的地理范围上，较多局限于各省市内部，且样本量多在 500 以内，不具有普适性，但 2008 年国际金融危机之后，各国开展了全国性的调查。衡量的方法上，大多采取单选或判断方式，在进行金融素养评分时，采用综合得分加总或通过因子分析得出综合因子，在主观金融素养的评定时，则大多数采用自评方式，一般通过五分量表或七分量表来赋分。衡量的具体内容上，大多数国内外研究仅从复利、通货膨胀和风险分散化三个维度来评测居民客观金融素养水平（如 Lusardi 等，2010；Lusardi，2015；Agarwal 等，2015）；也有学者在这三个维度的基础上增加了几个复杂的维度（如 Lusardi 和 Mitchell，2011）。但总体来看，现有研究对金融素养水平的评测尚不够全面。

二、金融素养和门限模型研究发展状况

Noctor 等在 1992 年最早提出金融素养的概念，指出金融素养即金融技能，包括财富管理、金融分析以及充分利用金融概念的能力。随后，Huston

（2009）在美国金融素养总咨询委员会（PACFL）正式提出并界定金融素养和金融知识概念差异的基础上提出金融素养包括理解（个人金融知识）与应用（个人金融应用）两个维度，国内学者张欢欢（2018）将金融素养分为客观金融素养和主观金融素养两个维度对其进行评测，并且采用了中介和调节效应检验居民主客观金融素养对金融决策的影响，结果发现客观金融素养对金融决策有正的直接效应，此效应还受主观金融素养调节。且王宏（2018）对居民主客观金融素养进行测度，利用自我效能理论和行为金融理论在两条路径上研究金融素养对金融决策的影响机理，发现居民能够利用金融工具实现有利家庭金融决策的能力不足，且教育程度、收入和金融知识技能的基本掌握是影响家庭金融决策的主要因素。谭燕芝（2019）通过因子分析法构建金融能力框架，并运用 Probit 模型、中介效应模型及工具变量法分析金融能力、金融决策和贫困的关系，发现金融能力可以显著抑制贫困，两者呈“U”形关系，且金融能力可以通过改善金融决策进而缓解贫困问题，具有一定现实意义。

Tong（1978）提出了门限自回归模型，并在之后的研究中进一步将这一思想扩展到回归模型中，在国内学者的本土化研究基础上，本书尝试将门限模型引入金融素养对金融决策的影响路径中，并进行分析。

三、研究假设

基于上述学者研究，并结合门限效应模型，因此，本书在控制其他变量的基础上提出以下假设。

H1：农户的主观金融素养对金融决策有直接的效应；

H2：农户的客观金融素养对金融决策有直接的效应；

H3：农户的客观金融素养通过主观金融素养对金融决策有间接效应。

根据社会调研与实际情况来看，个体的主观金融素养往往会在自我评估中被高估，导致其最后不能与客观评测出来的金融素养状况相匹配，同时，具有高水平客观金融素养的居民也很难对自我（主观金融素养）作出正确的判断，从而不会采用理智的方式去进行金融资产等投资，为此，本书进一步提出以下假设。

H4：农户的主观金融素养通过客观金融素养对金融决策起着显著的调节效应。

此外，还有学者研究表明，其余一些控制变量也在对金融决策起着一定量的影响，包括性别、年龄、教育程度、健康状况、婚姻状况、职业状况、2017年和2018年的年总收入状况等，本书将个体特征金融科技接触度作为一个门限变量，探究接触水平下农户金融素养对金融决策的影响路径。

H5：在控制其他变量的基础上，且假设H1、H2、H3、H4都成立的基础上，金融科技普及度越高，金融素养对金融决策产生的影响越显著。

基于上述4个假设，本书构建了农户金融素养对金融决策的影响路径框架（见图6-1）。

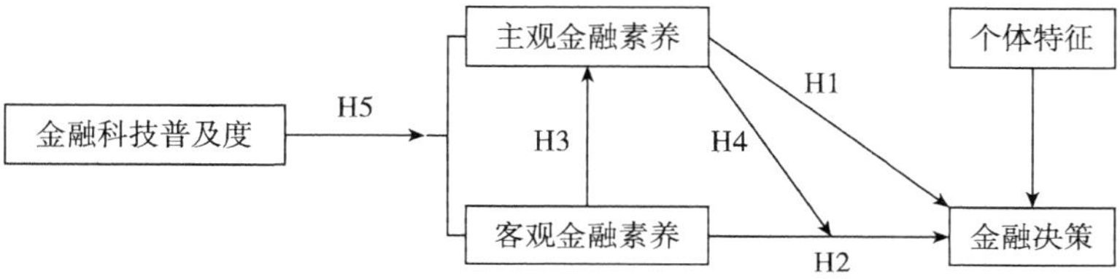

图6-1　农户金融素养对金融决策的影响路径框架

第二节　数据与模型

一、数据来源与样本描述性分析

在2234个有效样本中，调研对象年龄主要分布在40～60岁，占比51%，60岁及以上年龄人数占31%，40岁以下年龄人数仅占18%，样本老龄化现象较严重。同时样本显示该地区教育程度整体偏低，33%的样本是初中文化程度，28%的样本是小学文化程度，不识字的样本比重达16%，高中、大专及以上学历占比仅为23%。调研样本身体健康状况整体处于中等偏上水平，1132人身体状况良好，超过50%，整体算乐观，但642人身体状况一般，460人身体状况不佳。在调研样本职业分布方面，调研样本主要从事农业工作，务农人数占比62%，仅13人从事农村电商行业，加入农村企业的仅有31人，自主创业、经营个体或私营企业占比7%，11%的调研样本为国家工作人员，值得注意的是调研阶段处于年中时期，因此外出务工返乡者仅有5%。有效样本基本情况见表6-1。

表 6-1　有效样本基本情况

类别	选项	样本数	占比（%）	类别	选项	样本数	占比（%）
性别	男	1439	64	身体状况	良好	1132	51
	女	795	36		一般	642	29
年龄	60 岁以上	693	31		不佳	460	20
	40~60 岁	1139	51	职业	务农	1385	62
	40 岁以下	402	18		农村电商	13	0.6
教育程度	高中、大专及以上	514	23		农业企业	31	1.4
					经营个体	156	7
	初中	737	33		国家工作人员	246	11
	小学	626	28				
	不识字	357	16		在外务工	112	5

二、变量选取与指标构建

（一）主成分分析法确定自变量核心指标

本书参考了经济合作与发展组织（OECD）于 2000 年开发的 PISA 的内容、过程、背景的三大指标评测框架，在张欢欢学者构建的评测框架上进行改进与升华，预计从两个方面、7 个指标构建中国农户主客观金融素养的评测体系。

在运用主成分分析法之前，采用了 KMO 检验和 Baretlet 球形检验进行相关性检验，观察检验结果来确定调研数据是否合适做主成分分析与因子分析，通过实证分析发现，可以使用主成分分析法对公共因子进行提取。同时，为了明确公共因子的经济含义，本书通过正交旋转变换得到旋转后的因子载荷，并分析公共因子主要承载着哪些主客观金融素养评测指标。

本书依据 15 个问题 14 个指标在主成分分析法的基础上进行因子分析，KMO 值为 0.709，大于最低标准，同时在 Baretlet 球形检验中，$P<0.001$，根据 Kairser 创建的 KMO 度量标准可知问卷中原有变量适合进行因子分析。同时依据特征值大于 1 的原则，可以保留 2 个公共因子。并使用本书中主要分析方法——主成分分析法来对公共因子进行提取工作，根据刘国强（2018）和朱涛（2015）等对金融知识评测的研究，当公共因子累计方差贡献率达到 60%以上即可有效涵盖大部分信息，本书提取 2 个公共因子，累积方差贡献率达到 78.3%。

表 6-2　变量因子载荷

因子	变量	因子载荷
客观金融素养	金融产品自我认知	0.525
	金融知识自我评估	0.478
	基础金融知识理解	0.817
	金融知识认识与运用	0.626
	金融责任意识	-0.642
	风险与回报	0.376
	资产规划	0.456

通过因子旋转，将第一个因子定义为金融意识，即从风险偏好、风险规避，信用责任认知，是否制订收支计划，理财意愿等方面进行考察。第二个因子主要解释对银行、保险等基础知识理解，以及对于当地银行等金融机构的理解程度，故将第二个因子命名为金融知识。第三个因子定义为金融技能，主要解释对现代互联网金融（网上银行、手机银行和第三方支付）的关注与使用情况，以及对于存贷款的利率计算能力的考察。第四个因子主要解释农户的借贷情况、保险购买情况、理财规划现状和其他一些金融决策行为，故将第四个因子命名为金融行为。如表 6-2 所示，各变量的因子载荷，分别乘以各公共因子得分，累加后除以所选取的 2 个公因子的累计方差贡献率。在分析完各个变量的因子载荷之后，可以依据主成分分析的结果去构建一套农户客观金融素养的评测指标体系（见表 6-3），本书对每个受访者在 7 个指标上的得分进行加总，得到其客观金融素养综合得分。

表 6-3　农户金融素养的评测指标体系

一级指标	二级指标	三级指标	评分标准
客观金融素养	金融产品自我认知	金融产品合法与否辨析能力、风险收益判别、信息接受能力	将 7 个指标的得分直接加总
	金融知识自我评估	人民币真伪识别、银行保险业务了解、政策理解、互联网支付	
	基础金融知识了解	股票知识理解、金融知识掌握程度	
	金融知识认识与运用	利率比较、复利计算、保险额度选择	

续表

一级指标	二级指标	三级指标	评分标准
客观金融素养	金融责任意识	信用责任认知、信用状况披露	采用变异系数法，赋权重，进行综合得分
	风险与回报	风险收益认知	
	资产规划	储蓄方式选择、投资理财偏好	
主观金融素养	您如何评估您的整体金融素养水平		五分量表：从1到10，1表示非常低，10表示非常高

（二）问卷的信度与效度检验

采用克朗巴哈系数（Cronbach's Alpha）和因子载荷值对调研问卷和调研数据的信度进行检验（见表6-4）。结果在区间为99%的置信水平内，主观金融素养维度指标的克朗巴哈系数值达到0.653，客观金融素养维度指标的克朗巴哈系数值为0.608，说明问卷中的客观金融素养调查部分有待改进，而整个调研问卷总量数据表信度系数接近0.7，同时各指标的因子载荷值均达到0.5上下，这表明调查表具有较高的信度，且调研样本通过了内部一致性信度检验。

表6-4　客观金融素养调研问卷及数据的信度检验

维度	变量	因子载荷	克朗巴哈系数
客观金融素养	金融产品自我认知	0.525	
	金融知识自我评估	0.478	0.653
	基础金融知识理解	0.817	
	金融知识认识与运用	0.626	0.699
	金融责任意识	-0.642	
	风险与回报	0.376	0.608
	资产规划	0.456	

在对问卷的效度进行检验时，利用SPSS中的KMO和Bartlett的检验，检验结果如表6-5所示。问卷中各个指标部分的KMO值处于0.8至0.9之间，说明问卷具有较好的适用性；此外，问卷Bartlett球形检验的P值为0.000，表明问卷的效度达到了较好水平，其收集的数据是有价值的，为以此进行实证分析的结果提供了保障。

表 6-5 客观金融素养调研问卷及数据的效度检验

问卷指标	KMO 值	Bartlett 的球形检验		
		近似卡方	df	Sig.
金融产品自我认知	0.805	276.135	2230	0
金融知识自我评估	0.798	268.387	2228	0
基础金融知识理解	0.817	310.275	2230	0
金融知识认识与运用	0.826	324.563	2230	0
金融责任意识	0.842	342.993	2230	0
风险与回报	0.886	359.584	2228	0
资产规划	0.825	322.782	2230	0

三、对主观金融素养进行评测

在对农户进行金融素养测度时，受访者回答错误可能是由于询问过程较长，出现了粗心、未听清楚问题的情况，或者接触过相关概念和知识后仍可能因为了解程度不够而回答错误，但回答“不知道”则多半是因为从未听说过相关概念。因此，本书沿用 Lusardi 、尹志超和 Mitchell（2005）等对金融能力指标的处理方法，将“不知道”与回答错误区分开来，认为回答“不知道”的受访者是非常缺乏金融素养的。通过询问受访者“从 1 到 10 共 10 个等级，其中 1 表示非常低，10 表示非常高，您如何评估您的整体金融素养水平?”来评测受访者的主观金融素养水平，根据受访者主观金融素养各层次得分人数分布状况（见图 6-2）可以清晰地看出，农户主观金融素养集中在中等偏低区域（3~5 分）。

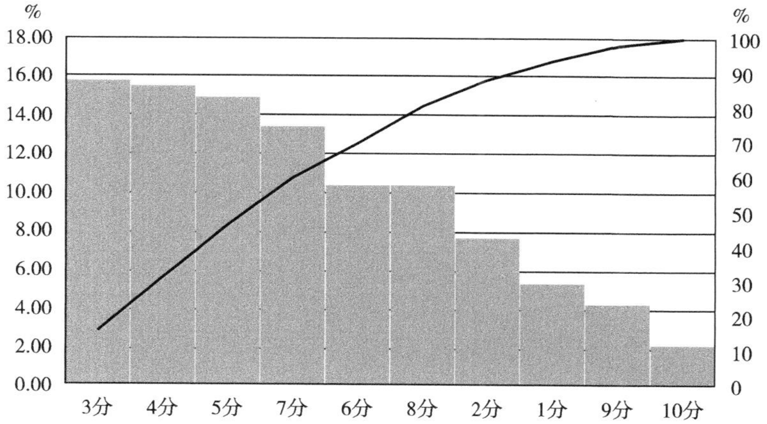

图 6-2 主观金融素养各层次得分人数分布状况

四、对客观金融素养进行评测

本书通过对被调查者的客观金融素养构建 5 个层次、10 个指标的评测框架，对于单选题与多选题，采用变异系数法对其金融素养进行评级得分，从得分占比图（见图 6-3）可以看出农户客观金融素养得分集中在中部区域（4~5 分）。

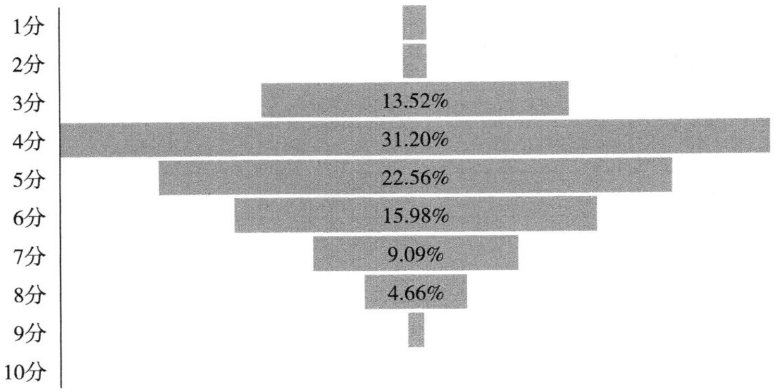

图 6-3　客观金融素养各层次综合得分人数占比状况

五、主客观金融素养水平的分布式列表分析

采用平均值来对主客观金融素养得分进行比较，主观金融素养满分为 2 分，客观金融素养满分为 1 分。可以直观地看出，安徽受访的农户的金融素养水平高于河南省受访的农户（见表 6-6），同时安徽农户的金融素养得分的标准差大于总体样本的标准差，说明安徽省的农村人口金融素养水平跨度大，但这并不代表着将会持续低下，因为当一个群体中有部分金融素养高的人存在，那么这个好的现象带来的影响将会逐渐扩大化，形成羊群效应，进而使整个地区的金融素养不佳的状况得到改善。

表 6-6　两省农户主客观金融素养水平对比

	主观金融素养	客观金融素养	均值	标准差	人口占比
全样本	0. 94	0. 46	0. 7	0. 236	100%
河南	0. 70	0. 38	0. 54	0. 16	53. 8%
安徽	1. 04	0. 48	0. 76	0. 273	46. 2%

第三节　相关性检验和模型选择

一、相关性检验

（一）对主观金融素养、客观金融素养和金融决策进行相关性检验

检验结果显示（见表6-7）主、客观金融素养对金融市场参与和金融决策都呈显著正相关关系，但与保险市场参与的相关性为负。在其他变量不变的情况下，整体的相关性却有了显著的下降，同时主观金融素养和客观素养的相关性也有着一定程度的降低，但依旧是显著的正向关系。

表6-7　主观、客观金融素养和金融决策的 Person 相关性检验

	金融市场参与	保险市场参与	金融决策	主观金融素养	客观金融素养
Pearson 相关性					
主观金融素养	0.4794**	-0.0268	0.4566**	1.0000	0.4997**
客观金融素养	0.4455**	-0.0470***	0.4181**	0.4997**	1.0000
偏相关检验					
主观金融素养	0.3333	-0.0042***	0.3183***	1.0000	0.3848***
客观金融素养	0.2646***	-0.0381***	0.2369	0.3848***	1.0000

注：*** 表示显著水平为1%，** 表示显著水平为5%。

（二）工具变量的选择

由于金融素养存在一定的内生性，从阿罗（1962）的“干中学”模型中可知，学习是经验的不断总结，经验来自行动，农户参与金融市场也是一个逐步积累学习经验和技能的过程，所以会出现被调查者在接受访问之前就已经在日常生活中积累了一定的金融素养的状况，鉴于此，本书沿用谭燕芝、彭千芮（2019）的做法，选取“对经济金融信息的关注度”这一主观评价作为金融素养的工具变量，这一变量能够直接影响个人金融素养，但是与金融决策的相关性不大。

（三）被解释变量与控制变量

本书以农户的金融市场参与和保险市场参与作为金融决策的两大组成部分，探索农户金融素养对其金融决策影响路径。本书定义的金融资产包括银行储蓄存款（定期存款、活期存款）、银行其他理财产品、保险、证券基金公司

理财产品、股票等。农户参与金融市场定义为拥有除储蓄之外的金融资产赋值为2，拥有储蓄资产赋值为1，资金存放家中及其他赋值为0；保险市场参与表示居民是否持有保险资产，若持有则赋值为2，否则赋值为0。

本书选取的控制变量为性别、年龄、教育程度、健康状况、婚姻状况、职业状况、2017年和2018年年均收入状况。具体数值见表6-8。

表6-8 变量、赋值情况、基本统计量和系数符号状况

变量名称		变量性质及赋值状况	变量假定总分	平均值	标准差	系数符号
因变量	金融市场参与	虚拟变量（有且不只=2，有=1，没有=0）×4	8	2.39	1.21	
	保险市场参与	虚拟变量（有=2，没有=0）×1	2	1.86	0.51	
自变量	主观金融素养	虚拟变量：金融产品自我认知（好=2，不好=1，不知道=0）×4 顺序变量：金融知识自我评估（了解多=2，了解一般=1，不了解=0）×1	10	4.72	2.29	+
	客观金融素养得分状况	数值型变量（具体得分数值/分）	10	4.60	1.48	+
控制变量	性别	虚拟变量（男=1，女=0）	1	0.64	0.48	+
	年龄	数值型变量（具体年龄/岁）	年龄大小	51.70	12.10	先+后-
	教育程度	顺序变量（大专及以上=5，高中、职高或中专=4，初中=3，小学=2，不识字=1）	5	2.70	1.14	+
	健康状况	虚拟变量（好=2，一般=1，差=0）	2	1.30	079	+
	婚姻状况	虚拟变量（已婚=1，离异、丧偶、未婚=0）	1	0.86	0.34	+
	职业类型	顺序变量（国企=6，私企、个体=5，电商、农村企业=4，在外务工=3，务农兼业=2，纯务农=1）	6	2.10	1.68	+
	近两年年平均收入	数值型变量（具体金额/万元）	金额大小	5.83	8.5	+
工具变量	对经济金融信息的关注度	顺序变量（非常关注=4，关注=3，偶尔关注=2，从不关注=1）	4	1.89	1.47	+

二、模型选择

基于上述提出的5个研究假设，本书构建了变量之间的直接效应模型、中介效应模型、调节效应模型和门限回归模型。虚拟变量分别是金融市场参与和保险市场参与，主观金融素养和客观金融素养为有序变量，本书用 Probit 模型分析农户金融素养对金融市场参与、保险市场参与的影响，用多元选择模型分析农户主客观金融素养的影响，以及不同金融科技普及度水平下金融素养对于金融决策的影响。金融科技普及度作为门限变量是基于调查问卷中的农户使用手机银行或网上银行的频率、第三方支付收付款的使用等问题构建了金融科技普及度这一指标，并采用变异系数法对每个个体的金融科技普及度进行赋分，从而构建了如下不同金融科技普及度水平下的门限回归模型。

（1）金融市场参与或保险市场参与的中介效应模型：

$$SFL = \alpha_{11} + OFL + \beta X + \mu \tag{6-1}$$

$$Y = 1(\alpha_{21} OFL + \beta X + \mu > 0) \tag{6-2}$$

$$Y = 1(\alpha_{31} OFL + \alpha_{32} SFL + \beta X + \mu > 0) \tag{6-3}$$

在式（6-1）~式（6-3）中，SFL 为主观金融素养，OFL 为客观金融素养，X 为控制变量，Y 表示金融市场参与（Finance）和保险市场参与（Insurance），其中，若 $Y=1$ 则代表金融市场参与或保险市场参与，等于0则表示没有参加。

（2）金融市场参与或保险市场参与的调节效应模型：

$$Y = 1(\alpha_{41} OFL + \alpha_{42} SFL + \alpha_{43} OFL \times SFL + \beta X + \mu > 0) \tag{6-4}$$

式（6-4）中，$OFL \times SFL$ 是主观金融素养与客观金融素养的交叉项。

（3）不同金融科技普及度下农户金融素养对金融决策的门限回归模型：

$$Y = \alpha_{51} OFL + \alpha_{52} SFL + \alpha_{53} Z + \beta X + \mu ,\ 0 < Z < d_1 \tag{6-5}$$

$$Y = \alpha_{61} OFL + \alpha_{62} SFL + \alpha_{63} Z + \beta X + \mu ,\ d_1 < Z < d_2 \tag{6-6}$$

$$Y = \alpha_{71} OFL + \alpha_{72} SFL + \alpha_{73} Z + \beta X + \mu ,\ Z > d_2 \tag{6-7}$$

在式（6-5）~式（6-7）中，Z 称为门限变量，d_1、d_2 称为门限阈值。

第四节 实证检验结果

本书在进行不同金融科技普及度水平下农户金融素养对金融决策的检验时，通过多次重复检验后确定了1和3为本次门限回归两个最佳的门限阈值。然后通过建立主观金融素养、客观金融素养对金融市场参与和保险市场参与这两类金融决策的回归模型，检验主、客观金融素养对金融决策是否直接产生影响，采用层次回归分析方法检验主观金融素养在客观金融素养对这两类金融决策影响中的中介效应，为了保证层次回归分析法能够产生较高的统计效力，本书采用系数乘积检验法（sobel 检验法）进一步确定中介效应；最后，在确定的三段金融科技普及度门限回归模型中，分别检验其中的金融素养对于金融决策的显著性影响水平。

一、农户金融素养对金融市场参与的影响路径检验

本书对农户主观金融素养和客观金融素养对金融决策的直接影响及中介效应、调节效应进行了相关的检验。在回归过程中，运用异方差怀特检验对所有模型进行检验，结果发现所有模型中 Obs * R-squared 的概率值远远小于显著性水平 0.05，则拒绝原假设，存在异方差，使用加权最小二乘法（WLS）对异方差进行修正，并对修正后的模型进行回归二次检验，得到的模型检验回归结果见表 6-9。

模型 M_1 检验的是主观金融素养对金融决策是否存在显著的直接效应，回归结果显示：主观金融素养的系数值为 0.212，说明在控制其他条件不变的情况下，农户的主观金融素养越高，越倾向于参加金融市场。假设 H1 得到证实。

模型 M_2 检验的是客观金融素养对金融决策是否存在显著的直接效应，回归结果显示：客观金融素养的系数值为 0.290，说明在控制其他条件不变的情况下，农户的客观金融素养越高，越倾向于参加金融市场。假设 H2 得到证实。

由于模型都存在异方差，故对模型 M_1 和 M_2 进行 GMM 迭代估计，并通过最终的豪斯曼检验结果显示：模型 M_1 和 M_2 的内生性检验 P 值分别为 0.56 和 0.87，不能拒绝原假设，因此，主观金融素养和客观金融素养均为外生解释变量。

在中介效应检验中，需要进行三次回归：第一，进行客观金融素养回归金融市场参与（模型 M_2）。结果表明，客观金融素养变量显著，这是主体效应中介效应存在的前提。第二，进行客观金融素养对主观金融素养的回归（模型 M_3）。结果表明，客观金融素养变量显著，说明客观金融素养对主观金融素养有显著影响。第三，运用主观金融素养和客观金融素养回归金融市场参与（模型 M_5）。结果表明，主观金融素养和客观金融素养变量均显著。同时，sobel 检验得到的 Z 值为-1.63，在 5%的显著性水平上拒绝了没有中介效应原假设，结论是主观金融素养在客观金融素养对金融决策的影响中起一定的中介作用，中介效应占 26.7%。假设 H3 得到证实。

进行调节效应的检验时，采用主观金融素养和客观金融素养的交叉项来评测其显著性；构建模型 M_5（主观金融素养、客观金融素养、主观金融素养和客观金融素养对金融市场参与的回归）所得结果表明：主客观金融素养及其交叉项对金融市场参与都起着正向的促进作用，且主观金融素养和客观金融素养的交叉项对客观金融素养的估计系数值相对于主观金融素养有着更为显著的正向作用。由此可见，客观金融素养对金融决策的影响受到主观金融素养的调节，假设 H4 得到证实。从实证结果来看，由于主客观金融素养交叉项正向促进效果的存在，拥有更高主观金融素养的农户，提高其客观金融素养水平将会对其参与金融市场起到一个良好的促进作用。

不同年龄的农户对金融市场参与呈“M”形分布（双峰分别在 23 岁与 48 岁）；显然受教育程度越高、年均收入越高、身体状况越好的被调查者对金融市场参与的兴趣越高涨；没有显著的统计数据量表明已婚者相对于其他未婚、离异等群体更倾向于参与金融市场；同时，从事非农业的农户更乐于参与金融市场。

表 6-9 农户金融素养对金融市场参与模型回归结果

变量	模型 M_1	模型 M_2	模型 M_3	模型 M_4	模型 M_5
	金融市场参与	金融市场参与	主观金融素养	金融市场参与	金融市场参与
主观金融素养	15.81*** (17.42)			111.42*** (13.33)	3.23*** (4.32)
客观金融素养		15.04*** (24.34)	18.52*** (23.34)	9.86*** (5.43)	3.84*** (4.54)
主客观交乘项					1.51 (1.21)
性别	-0.56 (-0.24)	-1.62 (-1.13)	-4.54*** (6.45)	-0.61 (-0.23)	-0.62 (-0.14)
年龄	-3.65*** (-4.23)	-2.22** (-2.18)	4.20*** (4.56)	-3.24*** (-2.94)	-3.19*** (-2.78)
年龄^2	2.43** (2.33)	0.92 (0.64)	-5.30*** (-3.31)	2.17** (2.21)	2.11** (2.43)
教育程度	7.11*** (6.35)	7.59*** (8.43)	7.66*** (7.74)	5.95*** (4.45)	5.83*** (432)
健康状况	-2.16** (-2.34)	-0.99 (-0.43)	4.04*** (3.43)	-2.10** (-2.22)	-2.12** (-2.32)

续表

变量	模型 M_1	模型 M_2	模型 M_3	模型 M_4	模型 M_5
	金融市场参与	金融市场参与	主观金融素养	金融市场参与	金融市场参与
婚姻状况	-1.07 (-1.23)	-1.14 (-1.21)	-0.03 (-0.01)	-1.15 (-1.02)	-1.11 (-0.14)
职业类型	2.91*** (3.34)	2.55** (2.47)	1.37 (1.04)	2.35** (2.25)	2.29** (2.19)
年均收入	4.24*** (3.87)	5.48*** (3.37)	5.52*** (5.52)	4.28*** (3.38)	4.20*** (2.97)
_cons	7.57*** (4.56)	5.19*** (2.99)	-0.85 (0.04)	5.57*** (4.57)	5.77*** (3.68)
P 值（F 检验）	0.0000	0.0000	0.0000	0.0000	0.0000
内生性检验 P 值（χ^2 统计量）	0.56	0.87			
N	2229	2232	2229	2229	2229
R^2	0.313	0.304	0.374	0.342	0.342
r2_a	0.31	0.30	0.37	0.34	0.34

注：*** 表示显著水平为 1%，** 表示显著水平为 5%，* 表示显著水平为 10%。

二、农户金融素养对保险市场参与的影响路径检验

随着农村保险市场的日益活跃，越来越多的农民拥有规避风险、减免风险造成损失的意识，因此探究这样一个活跃的市场对于研究金融决策显得尤为必要。首先对农户主观金融素养和客观金融素养对金融决策的直接影响及中介效应、调节效应进行相关的检验，并对所有模型进行异方差检验，发现均存在异方差，采用 FGLS 法修正；再对所有模型采用自动逐步回归法中的前向搜寻法进行回归，消除模型中存在的多重共线性，具体的模型检验结果见表 6-10。

模型 M_1 检验的是主观金融素养对保险市场参与是否有直接效应。回归结果显示，主观金融素养的系数为负，与金融素养参与的影响方向完全相反，这有可能是我国农村保险市场体系不完善、保险风险过大才导致农户主观抗拒参与保险市场。假设 H1 得到证实。

模型 M_2 检验的是客观金融素养对保险市场参与是否有直接效应。回归结果显示，客观金融素养系数为负，这就说明，当被调查者拥有更高的客观金融素养，反而越不可能参与保险市场，这与平常的理解不尽相同，有可能是因为豫皖农村地区保险产品进入晚，居民对保险接触少，从而出现保险贵、保险难等

问题。

同理，提供豪斯曼检验得知模型 M_1 和 M_2 分别以 P=0.23 和 P=0.19 的概率不能拒绝原假设，说明主观金融素养和客观金融素养在模型中均为外生解释变量。

在对中介效应的检验中，需要进行三次回归：首先，进行客观金融素养对保险市场参与的回归（模型 M_2），结果显示，客观金融素养变量显著，这是主体效应存在中介效应的前提；其次，进行客观金融素养对主观金融素养的回归（模型 M_3），结果显示，客观金融素养变量显著，说明客观金融素养对主观金融素养存在显著性影响；最后，进行主观金融素养、客观金融素养对金融市场参与的回归（模型 M_4），结果表明，主观金融素养和客观金融素养变量均显著；同时，运用 sobel 检验得到的 Z 值为-2.43，在5%显著性水平下拒绝不存在中介效应的原假设，并由此得出主观金融素养在客观金融素养对金融决策的影响中起着一定程度的中介效应，中介效应占比为0.1207。假设 H3 得到证实。

在进行调节效应的检验时，采用主观金融素养和客观金融素养的交叉项来评测其显著性；构建模型 M_5（主观金融素养、客观金融素养、主观金融素养和客观金融素养对金融市场参与的回归）所得结果表明：主客观金融素养对保险市场参与起着正向的促进作用，但是主观金融素养和客观金融素养的交叉项对客观金融素养的回归系数值相对于主观金融素养有着更微弱的反向作用。由此可见，客观金融素养对金融决策的影响受到主观金融素养的调节，假设 H4 得到证实。从实证结果来看，由于主客观金融素养交叉项反向阻碍效果的存在，拥有更高主观金融素养水平的农户，提高其客观金融素养将不一定对其参与保险市场起到一个良好的促进作用，反而会起到一定阻碍作用。

年均收入越高、从事非农职业的被调查者对参与保险市场的兴趣越高涨；没有显著的统计数据表明已婚者相对于其他未婚、离异等群体更倾向于参与保险市场，说明已婚者的保险意识较差；同时，学历层次越低、年龄越低，反而更倾向于参与保险市场。

表 6-10　农户金融素养对保险市场参与模型回归结果

变量	模型 M_1	模型 M_2	模型 M_3	模型 M_4	模型 M_5
	金融市场参与	金融市场参与	主观金融素养	金融市场参与	金融市场参与
主观金融素养	-0.17 (1.01)			0.28 (1.26)	1.43 (1.21)

续表

变量	模型 M_1	模型 M_2	模型 M_3	模型 M_4	模型 M_5
	金融市场参与	金融市场参与	主观金融素养	金融市场参与	金融市场参与
客观金融素养		-1.22 (-0.92)	18.52*** (10.64)	-1.19 (1.17)	0.61 (1.13)
主客观交叉项					-1.44 (-1.36)
性别	-1.90* (-1.86)	-1.93* (1.91)	-4.54*** (5.34)	-1.90* (-1.89)	-1.89* (-1.88)
年龄	0.79 (0.798)	0.77 (0.69)	4.20*** (5.22)	0.73 (0.99)	0.68 (1.38)
年龄^2	-0.58 (1.03)	-0.58 (-0.98)	-5.30*** (-4.32)	-0.54** (1.44)	-0.49** (1.32)
教育程度	-2.47** (-2.36)	-2.27** (-2.04)	7.66*** (6.76)	-2.30** (-1.99)	-2.19** (-2.16)
健康状况	0.16 (1.01)	0.15 (1.06)	4.04 (1.33)	0.14 (0.87)	0.16 (1.16)
婚姻状况	0.66 (1.56)	0.67 (0.77)	-0.03 (0.02)	0.66 (0.89)	0.63 (1.23)
职业类型	0.77 (0.43)	0.86 (0.89)	1.37 (1.21)	0.84 (1.52)	0.89 (1.42)
年均收入	1.19** (2.02)	1.24** (1.99)	5.52*** (6.34)	1.20** (2.16)	1.27*** (3.87)
_cons	10.37*** (7.35)	10.40*** (11.25)	-0.85 (1.03)	10.40*** (13.33)	9.37*** (6.44)
P 值（F 检验）	0.0000	0.0000	0.0000	0.0000	0.0000
内生性检验 P 值（χ^2 统计量）	0.23	0.19			
N	2229	2231	2229	2229	2229
R^2	0.008	0.009	0.374	0.009	0.010
r2_a	0.00	0.00	0.37	0.00	0.00

注：*** 表示显著水平为 1%，** 表示显著水平为 5%，* 表示显著水平为 10%。

三、不同金融科技普及度下农户金融素养对金融决策的影响效应检验

（一）模型解释

本书借鉴了 Tong（1978）的门限自回归模型（Threshold Autoregression Model，TAR），并结合 Hansen（2000）提出的内生面板门限回归模型的思想，首先将单门限回归模型不分区间表示为：

$$Y = \{\alpha_{51}OFL + \alpha_{52}SFL + \alpha_{53}Z + \beta X + \mu\}(d \leqslant Z) + \{\alpha_{61}OFL + \alpha_{62}SFL + \alpha_{63}Z + \beta X + \mu\}(d > Z) + \varepsilon \quad (6\text{-}8)$$

其中，μ 和 ε 为残差项，系数 α_{51}、α_{52}、α_{61}、α_{62}、Z 均为待估参数。

由于得到的门限值是在没有门限效应的原假设上提出的，所以需要确认该模型是否存在门限效应，检验的原假设和备择假设分别为：H0：$\alpha_{51} = \alpha_{61}$，H1：$\alpha_{52} \neq \alpha_{62}$。

令 S_0 为在原假设条件下（即无门限效应条件下）的残差项平方和，S_1 为具有门限效应条件下的残差平方和。从而可以得出对应的拉格朗日乘子检验的 F 统计量，易得：

F<给定的显著性水平下对应的临界值，则不拒绝原假设，表示模型不存在门限效应；

F>给定的显著性水平下对应的临界值，则拒绝原假设，表示模型存在门限效应，系数 α_{51}、α_{52}、α_{61}、α_{62} 在不同机制下取值不相同。

如若要判断第二个门限是否存在，其估计方法和检验方法与第一个门限值相同。

（二）实证分析

由计量软件构造的置信区间以及得出相应的区间数值个数，明确指出 1 和 3 为存在门限效应模型下的两个门限阈值，得出如表 6-11 所示的门限回归参数值。

表 6-11　金融科技普及度双门限的参数估计值

变量	系数	标准误差	t 值
Z<1— 1210 obs			
金融决策	0.0000	0.0137	0.0000
主观金融素养	0.0000	0.0124	0.0000
客观金融素养	0.0000	0.0084	0.0000

续表

变量	系数	标准误差	t 值
$1 \leqslant Z < 3$— 506 obs			
金融决策	0.1400	0.0175	7.9824
主观金融素养	0.0126	0.0128	0.9851
客观金融素养	0.0655	0.0156	4.1855
$3 \leqslant Z$— 514 obs			
金融决策	0.2487	0.0142	17.5607
主观金融素养	0.1914	0.0118	16.2230
客观金融素养	0.2649	0.0149	17.7320

从估计的结果可以看出，在不同的金融科技普及度水平下，农户的金融素养对金融决策的影响弹性大小不同，而且随着金融科技普及度的提升，影响弹性也在逐步攀升，这表明金融科技普及度对主观金融素养、客观金融素养具有非线性的影响结构特征。当金融科技普及度小于1时，系数值为0，可是这并不能说明当金融科技没有完全普及农村时，金融科技普及对于农民的金融素养及金融决策没有影响，只是从统计值上来看是不相关的，但是从现实情况来看，没有金融科技的普及，农民金融素养对其金融决策中极有可能起着负向的显著影响；而当金融科技普及度介于 1 和 3 之间时，金融决策、主观金融素养和客观金融素养的系数都为正，且客观金融素养的增幅最为明显，通过直接影响及主观金融素养的调节作用，最终使金融决策的系数达到了 0.14，金融科技普及度作为一个相对外生性的变量，在农户金融素养对其金融决策的影响路径中起到了一个不错的增进效果；当金融科技普及度到达一个相对高的水平时，主观金融素养的中介调节作用更加显著，此时被解释变量（金融决策）不单单受到主观、客观金融素养的直接影响作用，还伴随着中介模型和交叉项的有效发挥，让农户的金融决策估计参数达到一个相对峰值。至此，假设 H5 得到验证。

本章小结

本书通过主成分分析法确定主观金融素养和客观金融素养为两个因子，并以此为因变量构建金融素养评测体系，然后通过因子分析确定金融素养影响因素，最后通过回归分析研究不同影响因素的影响标准化系数，判断出影响农户金融素养的显著性因素，从而为提升金融素养提出合理有效的建议。

研究显示，金融素养与金融市场参与之间存在着明确的相关性，受教育程度越高、年均收入越高、身体状况越好的被调查者对金融市场参与的兴趣越高涨；没有显著的统计数据量表明已婚者相对于其他未婚、离异等群体更倾向于参与金融市场；同时，从事非农业的农户更乐于参与金融市场。本书证明了农户的金融素养和良好的金融决策之间存在着正相关关系。然而，实证证明金融素养对个人金融决策质量的因果影响是相当困难的，这至少有三个原因。第一，已被记录在案的正相关关系可能只是反映了反向因果关系：观察到更好财务结果的个人可能有更强的动机去获取金融素养。研究发现，积极参与股票市场和金融素养之间存在正相关关系，因为他们能够相应地获得基本的金融素养。第二，这种正相关性可能反映了金融素养在人口中并非随机分布的事实。那些拥有高水平金融素养的人可能具有某些不易察觉的特征，比如天赋、能力或耐心，这些也可能会让他们作出更好的金融决策。发现越有远见的消费者越有可能参与金融教育项目；同时，有远见的消费者更倾向为退休做计划，积累更多的资产，这可以解释理财素养与退休储蓄之间的正相关关系。重要的是，反向因果关系和未观察到的异质性都使金融知识与财务结果之间的关系呈上升趋势，夸大了金融知识的有益影响。第三，金融素养与收入水平之间存在着更为复杂的逻辑关联，容易过分夸大金融因素的增收作用，毕竟实体经济才是决定收入水平的根本影响因素，金融素养影响金融决策进而促进农户金融行为，通过金融发挥作用去影响农民的物质生产和经济生活。

第七章　政策研究：金融素养提升的重要因素与可行方案

第六章研究金融素养对收入贫困、资产贫困和贫困脆弱性的不同影响发现，农户金融素养的提升不仅能够体现贫困人口的收入“开源”，而且可以通过影响金融市场和保险市场参与行为，实现财富积累，并提升收入稳健性，金融素养低下是农村脱贫户增收但不减贫现象的重要原因。

2019 年 8 月，《乡村振兴战略规划（2018—2022 年）》被中央政治局审议通过，标志乡村振兴这一重大战略全面进入落地实施期，必将给我国“三农”发展带来重大而深远的影响，而与乡村振兴战略相匹配的却是和美欧国家农户相差甚远的金融素养水平，而目前金融素养研究对象大多数是学生（高中或大学生）和投资者。2019 年我国农村总人口已达到 62961 万，因此，进行学术探究，为国家制定合理的金融素养政策提出建议，提升我国农户金融素养的任务刻不容缓。

通过文献梳理得知，影响农户金融素养的因素主要有三大因素，一是人口基本情况统计因素，二是教育程度及金融教育因素，三是其他因素，包括健康及婚姻状况等因素。在人口统计因素里面，大多数研究认为男性金融素养水平高于女性；关于个体年龄特征之间，多数学者研究表明，其分布呈倒“U”形，即老年人口和青年人口的金融素养偏低，中年人口金融素养偏高；虽有部分学者认为拥有更高收入的人口，更愿意提升自身金融素养，从而参与金融市场的投资；对于家庭父母教育程度或个人教育程度较高的情况，Clarke（2005）认为一方面父母可以通过直接或间接的方式对子女进行金融知识的传授，而在这样的环境之下子女也更愿意去接受和理解金融知识，并在无形中提升了自己的金融素养；教育程度对金融素养的提高存在一定的显著影响，而 Sayinzoga（2015）对卢旺达小农场主的一次随机现场试验后研究发现，短期金融培训显著提高了大多数小农场主的金融素养水平，他们的储蓄与借贷决策行为也发生了改变，因此，金融教育也是提升居民金融素养的重要手段。在一些不被大多数研究者重视的因素中，健康程度和婚姻状况也对个体金融素养起着不可忽视的作用，有学者研究指出，越健康的个体，将会有更多精力和时间投身于自我提升中，而结婚之后的个体也会出于对家庭的责任感，通过购买保险等产品来对自身财产进行风险保障，因此其金融素养水平自然比没有这方面考虑的未婚个体要高。

第一节　金融素养水平区域异质性分析

一、主客观金融素养水平描述性统计分析

在测度农户金融素养水平时，考虑不同环境下金融素养状况是作出科学性判断的重要依据，因此，本书从性别、年龄、收入、职业类型、学历水平、健康状况和婚姻状况等多个角度来对农户主客观金融素养水平进行深入的描述分析。

（一）金融素养的性别分布

据农户金融素养水平分布结构性别特征统计，被访者主要以男性为主，其中安徽省调查样本中男性占比高达67.22%，河南省男性比例则达到了61.98%（见表7-1），这和两省均为国内知名农业大省的特征相符，由于农民们都以从事农业为生，家中男性也多数留在农村，帮忙打理重型机械农活，所以才会出现男性样本较多的情况。

从主观金融素养和客观金融素养方面，样本中男性的金融素养水平均高于女性，这和男性作为家中经济来源的支柱、接触更多的金融知识、享受更多的金融服务等因素密切相关；同时值得注意的是，安徽省农户整体金融素养水平高于河南省，说明安徽省农户的金融意识、金融知识和金融技能等方面都在一定程度上超越了河南省农户。

表7-1　农户金融素养水平：性别差异

	河南			安徽		
	主观金融素养	客观金融素养	人数占比	主观金融素养	客观金融素养	人数占比
全样本	0.85	0.44	100%	1.06	0.48	100%
男	1.37	0.71	61.98%	1.57	0.72	67.22%
女	0.76	0.43	38.02%	1.00	0.47	32.88%

（二）金融素养的年龄结构层次分布

农户金融素养水平的年龄分组统计。从样本年龄层次来看，22岁以下的样

本占比仅有 1.5%，更多的受访者年龄在 40~60 岁，占比接近 55%，其次是 30~40 岁和 60 岁以上这两个年龄段，所占比例分别为 11.73%、29.27%，可以看出，受访者多集中于中老年人口，反映出当前农村老年人口多、老龄化现象严重的现状，而这样不合理的人口结构也导致了农村整体金融素养水平低、主观金融素养和客观金融素养都未达到同时期他国的农户金融素养水平，甚至远远落后。

表 7-2　农户金融素养水平：年龄层次

年龄层次	河南			安徽		
	主观金融素养	客观金融素养	占比	主观金融素养	客观金融素养	占比
22 岁以下	1.02	0.51	0.99%	1.06	0.50	0.16%
22~30 岁	0.96	0.49	2.99%	1.02	0.50	6.59%
30~40 岁	0.94	0.45	10.40%	1.07	0.49	13.29%
40~50 岁	0.93	0.45	20.05%	1.11	0.49	26.38%
50~60 岁	0.82	0.44	28.70%	1.02	0.47	26.58%
60 岁以上	0.78	0.43	36.86%	1.05	0.47	25.51%

从两省的对比来看，安徽省各个年龄层次的农户的金融素养水平均高于河南省，且主观金融素养得分远超于同年龄段的河南农民，其中很大一部分原因有可能是河南农村 60 岁以上的老年人口较多，老年人口在样本中的比例高达 36.86%（见表 7-2），这也在一定程度上拉低了整个河南地区农户的整体金融素养水平。

（三）主客观金融素养按照农户的职业分布

农户金融素养按照受访者的职业分组统计。从职业类型上对受访者的统计来看，受访者从事最多的职业是务农，全样本占比达到了 65%，河南省尤为突出，接近 70%的人口仍然在从事农业，而同时期调查的安徽省则只有不到 60%的人口依靠个体务农为生；从事事业单位工作的比重在两省都排在第二位，但不足以说明农户职业结构趋于完善，公务员、教师、医生以及村干部作为一个地区的刚需，这些岗位是不容缺失的，并且完备的人员配置是乡村振兴的第一步，受到更多政策、经济层面上的优待，自然事业单位工作的农户也具有更高的金融素养，其主观及客观金融素养水平都在众多职业类型中达到了最优；由于政策优惠及乡村经济的复苏，从事个体户或其他工作的农户越发增多，其占比达到了第三位；安徽省农村电商和个体户的数量明显高于河南省，而与之对应的主观金融素养水平也明显超越了河南省（见表7-3）。

表7-3 农户金融素养水平：职业类型

职业类型	河南			安徽		
	主观金融素养	客观金融素养	占比	主观金融素养	客观金融素养	占比
务农	0.84	0.43	66.89%	1.05	0.48	57.03%
农村电商	0.23	0.40	0.17%	0.90	0.45	1.07%
个体户	0.87	0.45	4.91%	1.03	0.48	12.90%
事业单位	0.93	0.46	7.49%	1.09	0.49	15.71%
在外务工	0.85	0.45	5.99%	1.16	0.50	5.24%
其他	0.82	0.46	14.56%	1.04	0.48	8.05%

（四）金融素养的教育程度分布

按照学历分组下的农户金融素养水平统计。绝大多数受访者的学历为初中或小学，其占比达到了45%，此学历人口占比在河南省更是达到了50.5%；由于调查样本中老年人口较多，不识字的人数也占到了15%；高中或职高学历的占比为15%；而大专及以上的学历人口不及10%，反映出农村地区居民受教育程度低，整体学历水平偏低的现状。

从主观金融素养和客观金融素养两个方面来看，拥有越高学历的居民在主观金融素养和客观金融素养的评测中都拥有更好的表现，并且得到了相对较高的分数（见表7-4），需要观察到的是金融教育水平虽然没有在数据里面体现出来，但金融教育在农户金融素养状况上也有一定的影响程度。

表7-4 农户金融素养水平：教育程度

学历程度	河南			安徽		
	主观金融素养	客观金融素养	占比	主观金融素养	客观金融素养	占比
不识字	0.81	0.44	19.8%	0.84	0.44	12.4%
小学	0.76	0.45	30.7%	0.98	0.54	24.2%
初中	0.88	0.42	33.3%	1.10	0.49	33.7%
高中或职高	0.96	0.43	11.8%	1.20	0.47	17.9%
大专及以上	1.04	0.53	4.4%	1.12	0.48	11.8%

（五）金融素养的收入水平分布

收入水平分布下的农户金融素养状况统计。农户大多数收入水平在5000~

100000 元，占比达到了 70%，但是收入低于 5000 元的也有 7.5%的人口，而收入高于 200000 元的农户也有 10%的人口，表明农村收入水平差距大，多集中于中等收入水平。

处于收入水平最低区间的农户，其主观金融素养和客观金融素养也处于最低水平，但是拥有最高收入的人口，其金融素养却不是最高的，这一现象在河南、安徽两省都可以看到（见表 7-5），据了解，拥有较多资产的居民多数是自己子女给予的，而处于中等收入水平的农户，其收入是自己创收的，故其金融素养水平较高，实践检验，拥有更高金融素养水平的农户不一定是收入最高的，但是却拥有最真实的收入，体现在日常对于资本市场的参与和从事职业与金融经济相关度上。

表 7-5　农户金融素养水平：收入水平

收入水平	河南			安徽		
	主观金融素养	客观金融素养	占比	主观金融素养	客观金融素养	占比
5000 元以内	0.84	0.43	10.2%	0.81	0.43	5.6%
5000~20000 元	0.73	0.46	30.0%	0.99	0.50	21.9%
20000~50000 元	0.84	0.42	35.2%	1.14	0.51	31.3%
50000~100000 元	0.97	0.43	16.1%	1.10	0.48	21.9%
100000~200000 元	1.02	0.49	6.0%	1.09	0.49	13.1%
200000~500000 元	0.93	0.44	1.9%	0.83	0.34	4.9%
500000 元以上	1.00	0.60	0.3%	1.12	0.51	1.0%

（六）金融素养的婚姻状况分布

从受访者的婚姻状况统计可以看出，两省的已婚人口都达到了 85%的占比；丧偶人口比重处在第二位，离异的比重较小，未婚人口也较少。而河南省已婚人口的主观金融素养是最低的，可能与当地婚姻习俗有关，才会导致这样的不寻常值的出现，安徽省已婚者的金融素养水平居于较高水平，比未婚、离异和丧偶群体的主观金融素养水平和客观金融素养水平都要高（见表 7-6）。

表 7-6　农户金融素养水平：婚姻状况

婚姻状况	河南			安徽		
	主观金融素养	客观金融素养	占比	主观金融素养	客观金融素养	占比
已婚	0.82	0.44	84.1%	1.07	0.49	87.1%
离异	1.19	0.37	2.9%	0.87	0.47	1.0%

续表

婚姻状况	河南			安徽		
	主观金融素养	客观金融素养	占比	主观金融素养	客观金融素养	占比
丧偶	0.93	0.43	10.1%	1.07	0.45	6.8%
未婚	1.05	0.53	4.8%	0.84	0.37	4.9%

（七）金融素养依照健康状况分布

不同健康状况下的金融素养水平统计。统计结果与惯常理解不相一致，其原因是健康好坏虽然可以看作是一个顺序变量，但是金融素养却不随健康状况的好转而升高（见表 7-7）。

表 7-7 农户金融素养水平：健康状况

健康状况	河南			安徽		
	主观金融素养	客观金融素养	占比	主观金融素养	客观金融素养	占比
很差	0.97	0.43	4.7%	0.82	0.43	4.1%
差	0.70	0.44	20.8%	0.90	0.49	11.4%
一般	0.81	0.45	26.7%	1.11	0.53	27.3%
优良	0.88	0.42	34.4%	1.11	0.47	36.1%
极佳	1.00	0.47	13.1%	1.02	0.45	20.8%

具体表现为河南省拥有较差身体健康状况的农户的主观金融素养水平却远远高于身体状况差、一般和健康状况优良的个体，以及安徽省中身体状况极佳的农户，其主客观金融素养却低于身体状况一般和身体状况优良的农户。

二、金融素养异质性实证分析

为了更好地对农户金融素养的影响进行探究，本书构建了如下模型对不同影响因素的影响程度进行检验。

$$Y = \alpha + \sum_{i=1}^{n} \beta_i X_i + \varepsilon_i \tag{7-1}$$

式（7-1）中，Y 作为被解释变量，代表农户金融素养，α 为常数项，β_i 为系数项，ε_i 为残差项，X_i 表示影响农户金融素养的第 i 个因素（$i=1, 2, \cdots, n$），本书中 $n=7$。

本书将数据划分为河南、安徽两省数据，运用 stata15.0 软件对 2234 份数据进行回归分析，对各个因素均建立对应的模型进行稳健性回归。将被访者性别、年龄、收入、职业类型、学历水平、健康状况和婚姻状况等因素引入模型，并运用最小二乘法进行估计。发现回归后4个模型的VIF平均值均小于2，不存在多重共线性。通过怀特检验，模型不存在异方差。在样本的最终模型中，对金融素养有显著影响的变量结果，如表7-8所示。

表7-8 河南、安徽两省农户主客观金融素养异质性实证结果

影响因素	河南		安徽	
	主观金融素养	客观金融素养	主观金融素养	客观金融素养
性别	0.89 (1.02)	-0.33 (0.98)	0.15 (0.83)	0.86 (1.23)
年龄	-4.36*** (3.11)	-2.88*** (3.92)	-0.93 (0.45)	-0.10 (0.65)
教育程度	0.80** (1.02)	0.06*** (3.34)	2.82*** (4.81)	2.53** (2.43)
职业类型	-0.52*** (2.85)	1.55* (1.65)	0.13*** (4.65)	-0.32* (1.31)
收入水平	-1.02 *** (3.34)	-0.96** (2.32)	-0.11 (0.32)	-0.73** (1.99)
婚姻状况	0.26 (0.02)	0.81** (2.03)	1.49*** (5.43)	0.24 (1.11)
健康状况	0.72* (1.34)	1.26** (1.98)	-0.50 (-0.35)	-0.14 (1.06)
样本数量	1195	1195	1039	1039
可决系数	0.028	0.019	0.012	0.010
调整可决系数	0.02	0.01	0.01	0.00

注：*、**、***分别表示在10%、5%、1%的水平上显著。

（一）金融素养的性别特征

在河南、安徽两省的金融素养影响因素实证分析中，性别差异除了对河南省农户客观金融素养水平产生负向的影响之外，对安徽省农户的主客观金融素养和河南省的主观金融素养均呈显著正相关关系，其中河南主观金融素养和性别特征相关性最强，达到了0.89，这与河南地区农村以农业为生活来源家庭多、留家务农男性多等特征密切相关。

（二）金融素养的年龄特征

在两省所调研的全部地区中，农户年龄与其主观金融素养水平和客观金融素养水平显著负相关关系，其中对于河南地区农户主观金融素养的估计系数最大，为-4.36，农村青年人的主客观金融素养一般都比老年人高。

（三）金融素养的教育程度特征

河南、安徽地区农户教育程度与其金融素养水平都呈显著正相关关系，侧面反映出个体学历水平高的确有利于金融知识的理解应用以及金融技能的习得；从调研来看，文化程度越高的受访者对金融教育的需求越强烈，而且每年去金融机构的次数较多。从实证分析来看，河南地区的估计系数远远低于安徽地区，且安徽农户教育程度对其主观金融素养水平影响系数为2.82，说明安徽农村更重视教育，农户的教育程度也越高，无论从主观或是客观来看都会对其金融素养水平起着很大程度的提升作用。

（四）金融素养的职业特征

在河南地区中，从事非农职业样本的客观金融素养越高，其主观金融素养却越低，两者呈显著负相关关系，作为传统的农业大省，河南地区从事非农业的人员大多在事业单位岗位任职，比当地农民获取金融知识的机会和渠道更多，同时也拥有更强的金融计算能力等技能，但是对于自我金融知识评估方面却和农民相差无几，并且从事非农业的人员拥有更强烈的风险偏好，易作出和自身金融素养不相符合的投资行为；而安徽作为一个转型相对成功的省份，其农村地区从事非农业比重大，但是大部分人缺少一定基础的教育程度，从根本上检验出安徽农户即使从事非农业工作，却依旧不能彻底改变其金融素养水平低的现状，因此职业变量对安徽省农户的客观金融素养水平估计系数为-0.32，呈负相关关系。

（五）金融素养的收入特征

收入水平特征与两省调研地区的农户主客观金融素养水平都呈显著负相关关系，河南地区的主观金融素养系数为-1.02，客观金融素养为-0.96，安徽地区的主观金融素养系数为-0.11，客观金融素养为-0.73。一般情况而言，拥有更多收入的农户将会有更多闲置资金，然后这些可支配资金可以让农户在理财与投资规划中掌握更强的主动性，同时也可以在投资过程中不断积累金融经验进而提高金融素养，但是世代为农的河南、安徽地区农户还停留在自给自足的小农思想，不愿意投资，从而造成两地农村中拥有更高收入的农民，其金融素养水平并没有呈现相应增长的现象。

（六）金融素养的婚姻特征

两省婚姻状况的标准化系数都为正值，说明已婚人士的主客观金融素养得分比未婚、离异和丧偶人士金融素养得分高。一方面是已婚人士的风险规避意识强，通过购买保险为家庭可能出现的风险来规避损失，并且参与金融市场或者保险市场对提升金融素养有着一定的作用，另一方面可能是已婚人士对家庭更高的责任感促使其自主提升金融素养，从而提升整个家庭的金融福祉。

（七）金融素养的健康特征

拥有更好身体状况的河南农户，其金融素养水平较高，对主客观金融素养的标准化系数都为正，影响程度在5%显著性水平上显著；但安徽地区的农户的健康特征和金融素养呈负相关关系，说明健康变量对于金融素养的影响不是决定性的，也不存在普遍适用性。

（八）金融素养的地区特征

对比河南、安徽两省不难发现，虽然两省都位于中部地区，具有相当的人口规模，但是拥有更年轻化年龄层次结构、高学历水平人口比重大、非农职业人口多、收入水平高等优势的安徽省，在整体的主观金融素养水平和客观金融素养水平上都领先于河南省，其中不易被量化的人文因素也在起着至关重要的作用，安徽人民自古就有徽商走遍天下的美称，从商的人口见识广、接触事物多，对金钱与资产的配置就有超于常人的天赋，这也是探究安徽农户金融素养高于河南的不可忽视的因素。

第二节　分位数回归分析

一、模型构建

在分析如何提升金融素养时，普通的均值回归难以精确刻画出在不同的环境变量下，性别、年龄、教育水平等控制因素影响主观金融素养和客观金融素养的异质性，而在很多时候，均值回归无法检测出解释变量对被解释变量结构上发生变动导致的影响。但是分位数回归可以进行异质性检验，并带来稳健性效果，从而帮助实现这一目的。Koenker 和 Bas-sett（1978）最早指出当数据出现尖峰或长尾的分布、存在显著异方差等情况时，最小二乘法估计将不再具有优良性质，同时稳健性变差，而分位数回归可以缓解最小二乘法带来的稳健性变差的情况，并展现出稳健性上的优势。分位数回归方程形式如下：

$$Qy(\tau \mid x) = a_0 + a_1 FL_i + a_2 X_i + Qr(\tau) \qquad (7-2)$$

其中，FL_i 表示金融素养，X_i 表示控制变量，即样本家庭的年人均收入、年龄、性别、教育程度、职业类型、收入水平、婚姻状况、健康状况等；$Qr(\tau)$ 表示不同的分位数区间。

二、描述性统计分析

（一）性别因素

图 7-1 展示的是在不同分位点下，性别特征对于金融素养的影响估计系数分布图。可以看出，在第十个分位点上估计系数为负值，反映了女性的金融素养水平低于男性的金融素养水平，第二十五个分位点的性别特征对金融素养的影响系数达到最高点，在均值分位点上的值相对均衡，说明性别特征在 OLS 回归下显示了较好的稳健性。

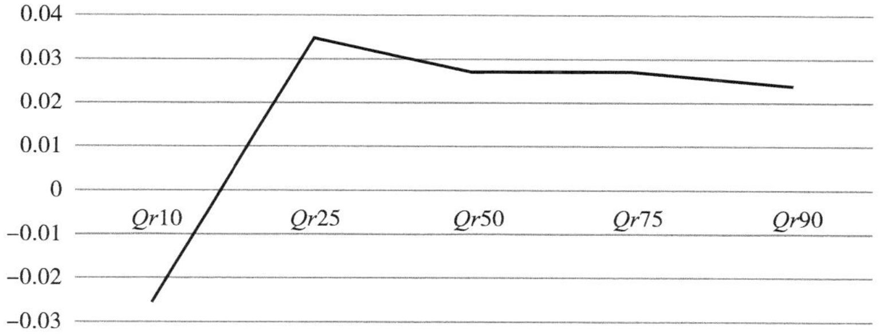

图 7-1 金融素养与性别特征：分位数回归

（二）年龄因素

图 7-2 展示的是在不同分位点下，年龄特征对于金融素养的影响估计系数分布图。随着分位点的增大，年龄特征对金融素养的影响程度也在不断攀升，但是在第十个分位点处估计系数为负，同时可以清楚地看到年龄对金融素养的异质性影响。

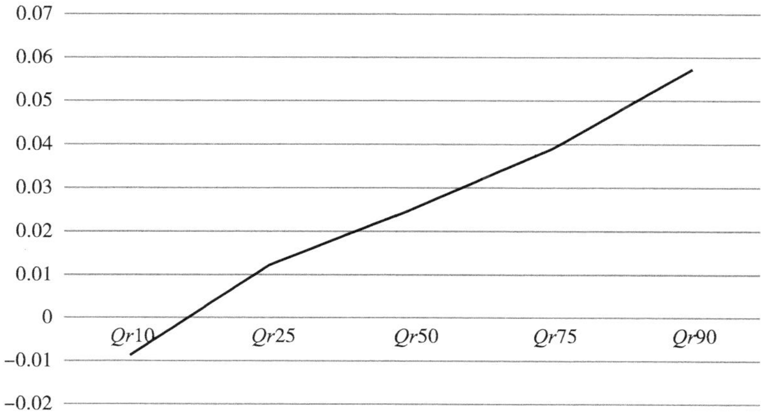

图 7-2 金融素养与年龄特征：分位数回归

(三) 教育程度

图 7-3 展示的是在不同分位点下，教育程度对于金融素养的影响估计系数分布图。与年龄的估计系数逐步增长不同的是，教育程度在第十个分位点处就显示了极显著的正向促进作用，同时随分位数的增加，教育程度对金融素养的估计系数的增长速率虽然在慢慢回落，但其数值也在不断升高。

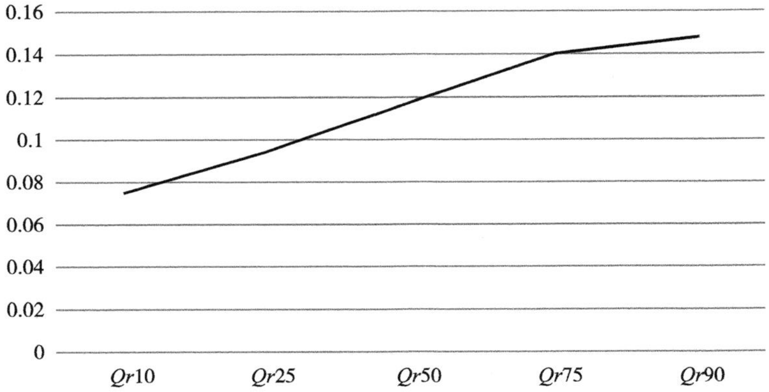

图 7-3 金融素养与教育程度：分位数回归

(四) 职业类型

图 7-4 展示的是在不同分位点下，职业类型对于金融素养的影响估计系数分布图。第二十五个分位点成为职业类型对金融素养的拐角，从这之后，估计系数随分位数的增加而下降，而在拐角点之前，第十个分位点的系数值为 -0.04，达到最低。

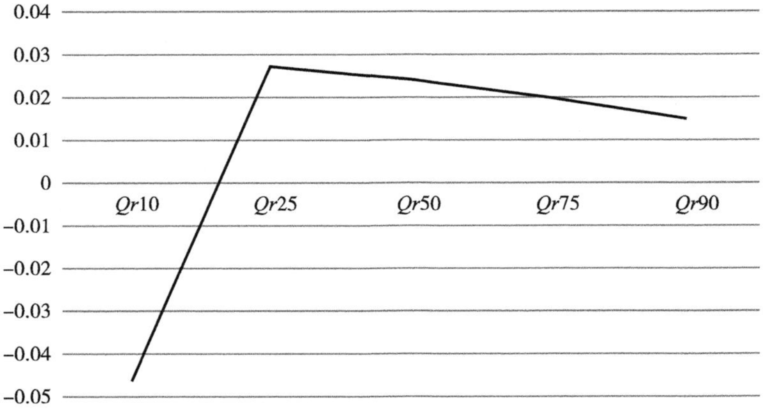

图 7-4 金融素养与职业类型：分位数回归

（五）收入水平

图 7-5 展示的是在不同分位点下，收入水平对于金融素养的影响估计系数分布图。第十个分位点、第二十五个分位点和第九十个分位点处的估计系数都近似为 0，在第五十个分位点和第七十五个分位点处的收入水平对金融素养起着一定程度的影响作用，系数值为 0.0001。反映出分位数回归中去除趋势性等因素之后展现了最真实的稳健性回归结果。

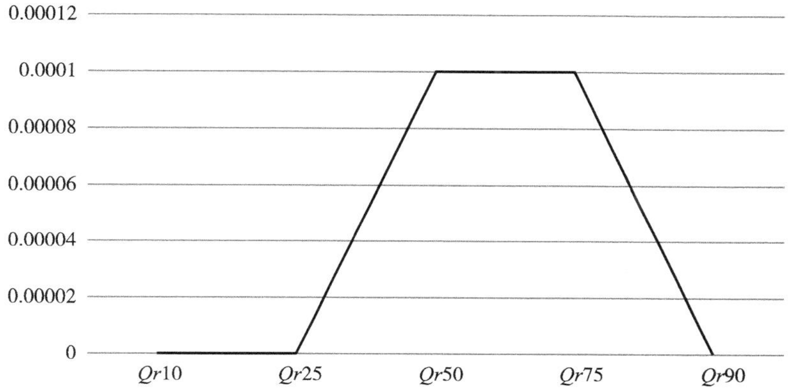

图 7-5　金融素养与收入水平：分位数回归

（六）婚姻状况

图 7-6 展示的是在不同分位点下，婚姻状况对于金融素养的影响估计系数分布图。虽然从第二十五个分位点到第五十个分位点的系数估计值增长速度变缓，但是整体来看，随分位数的增加，婚姻状况对金融素养的影响程度一直在显著扩大。

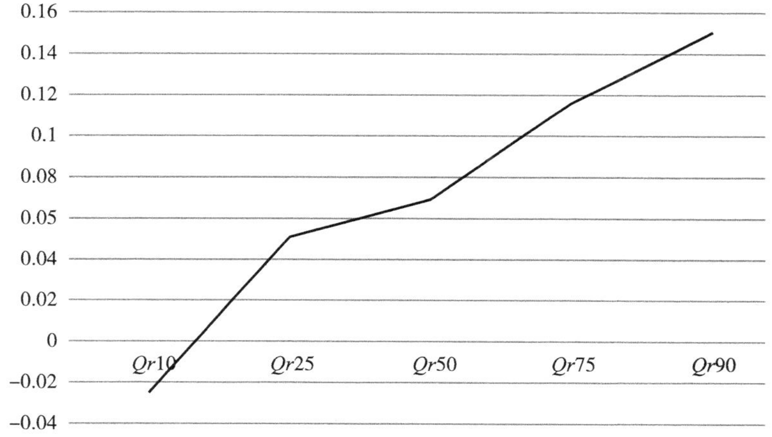

图 7-6　金融素养与婚姻状况：分位数回归

（七）健康状况

图 7-7 展示的是在不同分位点下，健康状况对于金融素养的影响估计系数分布图。从这 5 个分位点的估计参数来看，健康状况对金融素养的影响系数均高于 0.04，且在第九十个分位点处达到最高，为 0.0866。

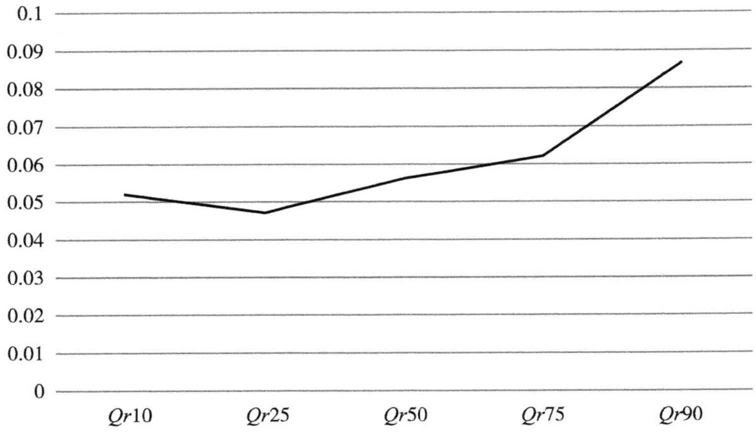

图 7-7　金融素养与健康状况：分位数回归

三、实证结果检验

在对分位数回归的不同影响因素进行剖析后，又将农户金融素养细化为主观金融素养和客观金融素养，并对主客观金融素养影响因素在第十个、第二十五个、第五十个、第七十五个和第九十个分位点处进行了分位数回归检验，回归结果显示，年龄、教育程度、职业类型、婚姻状况和健康状况等因素对其主观金融素养和客观金融素养均产生了显著的影响，而性别和收入特征的影响不显著，这说明金融素养水平的高低和性别差异的相关性很小，可以忽略不计，而且更高的收入并不意味着更高的金融素养水平，这与一般理解相违背，理论上认为拥有更高收入水平的个体将会拥有更多闲置资金去进行投资等资产配置活动，并在干中学的影响下，逐步提高其金融素养，但是对于农村地区居民来说，拥有高收入的群体绝大多数是老年人口，而且其财富更多是儿女、政府给予，不是自我创造得来的，因此农村地区不存在老年人口积极参与资产配置的现象，也不存在拥有高收入的群体拥有高水平金融素养的特征。从回归系数的估计值来看，教育水平因素的系数估计值最大，说明教育程度在农村地区对农民的主客观金融素养水平影响最强，其次为职业类型和婚姻状况，而健康因素最低。农村地区老旧思想固化，从事农业人口多，婚姻观念相对保守，但是已婚者和健康个体对金融素养的影响也会更加显著，如表 7-9 所示。

表 7-9 金融素养影响因素分位数回归结果

	影响因素	*Qr*10	*Qr*25	*Qr*50	*Qr*75	*Qr*90
主观金融素养	性别	0. 1570 (1. 0342)	0. 4395 *** (3. 3451)	0. 2903 ** (1. 7821)	0. 3009 ** (1. 8726)	0. 1375 (0. 9362)
	年龄	−0. 0734 (1. 1673)	−0. 0002 (1. 4375)	0. 0723 *** (2. 7358)	0. 2208 *** (3. 0462)	0. 4396 *** (3. 5524)
	教育程度	0. 2097 (0. 5362)	0. 6666 *** (5. 3352)	0. 8521 *** (3. 7332)	1. 0003 *** (2. 9832)	1. 0336 *** (4. 8492)
	职业类型	−0. 0712 (1. 1098)	0. 1552 *** (2. 8332)	0. 1894 *** (4. 0252)	0. 1380 *** (3. 1362)	0. 1375 *** (4. 1739)
	收入水平	0. 0000 * (1. 6623)	0. 0001 *** (2. 7942)	0. 0002 *** (2. 7942)	0. 0000 *** (3. 7142)	0. 0000 * (1. 5982)
	婚姻状况	0. 0629 (1. 3267)	0. 2589 * (1. 7823)	0. 6176 *** (3. 5622)	0. 8987 *** (3. 2273)	0. 9606 *** (3. 6262)
	健康状况	0. 0102 (0. 9543)	0. 3333 *** (2. 9976)	0. 4673 *** (2. 7839)	0. 5624 *** (3. 1124)	0. 6984 *** (3. 2256)
客观金融素养	性别	0. 0480 (1. 0013)	−0. 0019 (1. 3353)	0. 0020 (1. 1221)	−0. 0059 (1. 0421)	−0. 0014 (0. 3372)
	年龄	0. 0082 (0. 1483)	0. 0232 *** (2. 7675)	0. 0286 *** (2. 9368)	0. 0367 *** (3. 3345)	0. 0486 *** (3. 9824)
	教育程度	0. 0474 ** (1. 9943)	0. 0494 *** (2. 7675)	0. 0616 *** (3. 1588)	0. 0732 *** (4. 3695)	0. 0961 *** (3. 6392)
	职业类型	−0. 0321 *** (3. 2638)	0. 0183 *** (3. 7489)	0. 0217 *** (2. 9368)	0. 0179 *** (3. 4324)	0. 0052 * (1. 0023)
	收入水平	0. 0000 (0. 0329)	0. 0000 (0. 3737)	0. 0001 (0. 2493)	0. 0000 *** (4. 6545)	0. 0000 *** (3. 2839)
	婚姻状况	−0. 0818 * (1. 7444)	0. 0494 *** (2. 8645)	0. 0541 *** (2. 8834)	0. 0563 *** (3. 3545)	0. 0473 *** (3. 6546)
	健康状况	0. 0395 (0. 4324)	0. 0121 *** (2. 9343)	0. 0178 *** (2. 8767)	0. 0384 *** (3. 1547)	0. 0430 *** (3. 7544)

注：*、**、*** 分别表示在 10%、5%、1%的水平上显著。

对于农村地区居民来说，拥有高收入的群体绝大多数是老年人，而且其财富更多是儿女、政府给予，不是自我创造得来的。因此农村地区不存在老年人积极参与资产配置的现象，也不存在拥有高收入的群体拥有高水平金融素养的特征。从回归系数的估计值来看，教育水平因素的系数估计值最大，说明教育程度在农村地区对农民的金融素养水平影响最强，其次为职业类型和婚姻状况，而健康因素最低。农村地区老旧思想固化，从事农业人口多，婚姻观念相对保守，但是已婚者和健康个体对金融素养的影响也会更加显著。随着分位数的增加，教育程度和健康状况因素的回归系数也在不断增大，这说明这两个个因素对于农村地区居民金融素养影响程度更大。健康状况在分位数到第二十五个点之后对金融素养均呈显著影响，估计参数在不断提升，说明农户的健康状况也是提升居民金融素养的重要关注点，尤其是当一个地区的金融素养水平状况波动越大的时候，越应该注意居民的基本身体健康状况；而且教育程度对农民主观金融素养的估计系数随着分位数递增而增加，说明政府在制定提高居民金融素养政策时，应从农户出发，要知道农民缺什么，也要清楚何种方式才是农民最容易接受并吸收金融知识的途径，以农户为本，制定个性化政策。

金融素养在对分位数回归的不同影响因素进行剖析后，又将农户金融素养影响因素在第十个、第二十五个、第五十个、第七十五个和第九十个分位点处进行了分位数回归检验，回归结果显示，年龄、教育程度、职业类型、婚姻状况和健康状况等因素对其金融素养均产生了显著的影响，而性别和收入特征的影响不显著，这说明金融素养水平的高低和性别差异的相关性很小，可以忽略不计，而且更高的收入并不意味着更高的金融素养水平，这与一般理解相违背，理论上认为拥有更高收入水平的个体将会拥有更多闲置资金去进行投资等资产配置活动，并在干中学的影响下，逐步提高其金融素养。

第三节 金融素养提升路径分析

本章通过确定5个分位点对可能影响农户金融素养的因素进行了比最小二乘法更优的分位数回归，得出了教育程度和健康状况是影响贫困地区农户金融素养稳健性的最重要的两个因素，同时收入水平、职业状况等因素也对金融素养有着一定程度的影响。除此之外，在第二章、第三章和第四章分析金融素养评测水平、金融科技普及度以及经济金融信息关注度都充分论证了金融教育直接或间接影响金融素养水平。

首先，受教育程度高的人会识字会计算，对所获取的信息进行及时加工并为己所用，甚至可以指导其他农户，他们往往是农村的创业者和致富能手，经常接触金融机构，使用金融产品，特别是金融与科技相结合的今天，通过移动互联网就能了解很多金融产品，接受金融服务。因此，教育程度是一个影响金融素养的长期因素，是一个非常重要的长期变量。

其次，之所以健康也会显著影响金融素养，因为农村比较健康的中青年都会进城打短工或者较长时间的固定工，有的在农村企业工作，都能够通过自己的劳动获得较高的收入，在劳动过程中开放的环境里跟其他人学习相关金融知识，尽管这种“干中学”模式值得提倡，但从效果来讲并不是每个人都能很快提高金融素养的，但整体水平上来讲，健康的人的金融素养会提高。因此健康也是提升金融素养的一个变量。

最后，要想很快提升农户的金融素养，金融教育是一个非常重要的工具，尽管不是唯一提高经济弱势群体的金融知识的工具，但还是一个可以减轻贫困的工具（Jacob、Hudson 和 Bush，2000）。因为金融教育是对传统福利的有效补充，为福利接受者提供作出正确的金融决策所需的知识、技能和价值观，帮助他们参与主流金融体系，走上经济阶梯，最终实现金融安全（Collins，2007）。有一个非常有名的例子就证明了金融教育在提升金融素养方面的快捷和有效性，Sayinzoga（2015）对卢旺达小农场主开展了一次随机现场试验后，证实了短期金融培训能够显著提高大多数小农场主的金融素养水平，并且他们的储蓄与借贷决策行为也发生了很好的改变，因此，金融教育至少在短期内是可以迅速提升居民金融素养的重要手段，是一个短期有效变量。

综上所述，下面围绕金融教育从宏观和微观两个层面、供给端和需求端两个维度、主观和客观两个方面提供可供选择的提升农户金融素养的路径。

一、宏观层面

（一）政府等各个部门应该在农村地区尽快增加金融教育的公共供给

1. 迅速加大农村地区的金融知识普及层面与宣传力度

从金融素养的分布状况来看，从性别、年龄、受教育程度区分均存在处于弱势的一方，故需要加大金融知识的普及层面与宣传力度，从知识、技能、态度和行为多维度开展金融宣传。重点是普及人民币、存贷款、银行卡、征信、投资理财、保险等金融知识，引导农户正确掌握反假币、财务规划、金融机具使用、消费维权等技能，树立良好的消费观、理财观以及权利责任意识。通过各种金融教育活动，引导金融消费者改变固有的行为特点，克服盲目自信、短视等系统性行为偏差。

2. 快速整合社会各界的力量并探索多渠道的教育实现方式

形成政府为主导，中国人民银行为主要责任主体，金融机构、教育部门、行业协会、各种民间团体等社会各界力量协同推广的金融普及教育体系。政府需要规划金融普及教育目标与实施体系，制定相关法律与政策建议给予金融普及教育方向性的指导。

3. 建立并发挥“一行一局一会”的金融素养领导协调机构的作用

为了提升农户金融素养，中国人民银行为金融素养培育责任部门，国家金融监督管理总局和中国证监会等部门统筹分工，统筹制定农户金融素养培育战略规划，研究制定并组织实施强化农村地区金融素养的总体规划，专门制定农村地区金融素养培育反馈考核制度。完善金融机构综合评价体系，提升对农村地区金融素养培育的考核比重，要求金融机构在推荐金融产品时嵌入相关教育内容，提升金融机构金融素养培育工作的贡献度。

（二）针对不同人群开展针对性金融教育活动

1. 长期开展对农村在校青少年的金融素养教育

从现有调查结果来看，世界各国居民金融素养总体水平并不高，需要接受金融教育的人群具有广泛性和普遍性，但不同群体存在不同的金融教育需求（徐明瑜，2016）。世界各国政府都承认，对在校学生进行个人理财教育至关重要（经合组织，2013）。Lusardi（2015）认为，金融素养是21世纪学生的一项技能，学校最适合培养所需的技能和能力。

金融教育的普及对象必须惠及农村地区的青少年，将金融教育与义务教育结合，快速提升农村青少年的金融素养。目前，我国对于青少年的基础教育还没有涉及金融教育相关理论知识，我国长期的城乡二元化结构使金融教育资源城乡配置严重不均等，虽然近年来开展了一些金融知识下乡活动，但是由于农民居住分散、知识水平有限、农村金融网点稀少，大部分农民仍然不能从金融教育中受益。

中国农村的现状就是留守儿童青少年问题严重，他们的父母都进城务工，由他们的爷爷奶奶来养育，农村老年人的金融素养非常低，导致孩子形成了错误的金钱观和财富观，也影响了他们的成长和成才。从国外的经验来看，提高全民金融素养的最快途径就是金融知识的尽快普及，特别是对低年龄人群。对金融知识的普及要从娃娃抓起，因此应该将金融知识的学习纳入义务教育体系当中，特别是农村地区要实施差异化的金融知识教育，才有助于农村青少年更好地学习和掌握金融知识，提升金融素养，形成正确的财富观，防范电信诈骗和金融诈骗，抵御金融风险。

2. 重点以农村弱势群体为主开展有针对性的金融宣传

农村老年人、低收入者、低学历者和无业者的金融素养普遍偏低，这些群体应是农村开展金融宣传的重点服务对象。由此，我们应结合普惠金融发展规划，重视不同群体消费者的金融需求，重点关注农村合作社、农村小微企业、农民、贫困人群和残疾人、老年人六类特殊群体。根据他们的知识水平、知识需求和行为特点，设计差异化的金融知识普及方案，使其掌握适合其需求的金融知识。

(三) 在贫困农村地区实施“金融扫盲教育工程”

在美国，金融扫盲教育得到了广泛和长期的社会支持，它的资金主要来自20世纪30年代通用汽车公司董事长Alfred Sloan Jr. 设立的基金会（Gordon，1940）的捐款，因此充分发挥了非政府组织和社区组织的作用。在中国，一些非政府组织（中国金融教育发展基金会）或半政府组织（如村委会）在贫困农村地区开展金融教育活动，除了当地的金融机构外，其他金融教育的服务提供者通常不一定拥有为这些地区服务的基础设施，金融机构等服务提供者通常对贫困农村地区的服务不太感兴趣，因为这些地区不存在扩大市场和增加利润的机会。另外，非政府组织的外联活动受到限制，因为它们的社会资源可能有限。这为非政府组织提供了机会，通过与其他重要的金融教育提供者建立伙伴关系，促进金融扫盲教育的开展，并加强和改进了外联工作（Jacob等，2000；Piprek等，2004）。非政府组织和社区组织通常向他们熟悉的社区的当地居民提供服务，并熟悉这些成员的财政和教育需求。当地居民也熟悉这些组织提供的其他方案，并与他们建立信任关系。有关机构通常有一线工作人员，他们可以与社区成员轻松沟通，因为他们充分熟悉社区成员的文化背景（Jacob等，2000；Clancy等，2001；美国劳工部，2001；Piprek等，2004；Friedman，2005a）。

在中国，开展金融扫盲教育正当时，特别是在农村贫困地区。在社会经济生活中，金融扮演着越来越重要的角色，金融知识的多寡会直接影响到农户的金融意识和金融需求，不仅要学会投资理财，了解复利计算，为资产保值增值，更重要的是，在互联网金融和科技金融迅速发展的今天，各种正规的和不正规金融产品大行网络，针对农户的电信诈骗案例层出不穷，甚至农村大学生被骗也屡见不鲜。究其原因就是金融素养欠缺，不仅因为财商太低不会理财，更有可能是因为缺乏理性思维，容易上当受骗，所以，应该在贫困地区和农村地区大力开展金融扫盲教育的金融教育工程。

（四）制定金融素养教育有效性评估标准

前面提到了应该在农村开展金融教育，就像中国金融教育发展基金会那样，每年在全国农村地区开展金融素养调研，并且对当地农民进行金融知识的教育，但究竟效果如何，一般需要有一个第三方评价机构，不是由金融教育投入者自身去评价，但从国内金融素养相关研究来看，中国对金融素养发展的重视程度仍然不足，因此构建农村金融素养评估体系以及金融教育质量保障体系是非常必要的，可以及时掌握我国农户的金融素养发展状况，进行及时干预，开展金融教育，提供行之有效的政策措施，也可以为学术研究提供真实的数据支撑。

二、微观层面

（一）尽快调动各类金融教育主体的积极性和主动性开展金融教育

金融机构是金融教育的主力军，鼓励和督促金融机构开展金融素养提升计划。Piprek 等（2004）研究就认为金融扫盲教育主要是在金融机构范围内实施的。农村金融机构，如农村商业银行、邮政储蓄银行以及村镇银行等在中国农村金融阵地前沿，应加强金融教育重要性的宣传，让广大农户认识到提高金融素养和金融技能的重要性，并主动寻求接受金融教育的机会。农村金融机构对于自己的客户进行风险意识教育与金融技能培训，让广大投资者树立正确的投资理念，克服盲目跟风、短视等缺陷，理性地参与金融活动。同时积极响应政府号召，配合行业协会开展日常性、持续性的金融素养教育活动。商业银行可以充分利用已有的网点优势、人才优势，定期安排员工到农村地区开展宣传，帮助农村消费者了解信贷业务，解决他们的资金缺口问题。

教育部门方面，要把金融普及教育纳入国民教育体系中来，将金融教育纳入九年义务教育中，根据不同阶段学生的需求，确定不同的金融教育内容，同时跟高校合作，在全国范围内，针对教师进行金融教育，对学生开展有层次、有重点的金融素养提升活动。一方面，普及基础性金融知识教育，主要针对青少年进行基础金融教育的试点工作，另一方面，结合我国广大农户金融素养水平低下的市场调查结果，建立有针对性的金融素养提升的课程体系，金融教育的重点在于观察金融素养课程是否可以增加学生的金融知识、改善其理财行为，研究发现较高水平的金融课程将改进学生的理财行为（Xiao 等，2011）。为了方便学习，还可以采取多元化的金融知识教育方式，比如结合互联网开展线上线下混合式教学与体验式教学模式，为不同人群设计开展适合他们的金融普及方案，为不同年龄段的农户提供多种受教育形式。

行业协会方面，应开展金融投资者的问卷调查，充分了解金融投资者的投资需求、投资偏好等，为相关部门开展金融普及教育提供参考。建立金融知识与金融实践交流平台，由金融经济专家定期解答经济金融热点问题，与此同时，加强金融消费者之间的经验交流等。除了建立网站，通过网络媒体共享金融教育资源外，还可开发自媒体如官方微信平台、官方微博等，使投资者通过交互式查询方式自行解决相关疑问。

其他社会团体也应当参与到金融教育中来。比如社会各类统计调查部门作为第三方评估机构，通过招投标方式，可对金融机构、教育部口等的金融教育活动的有效性作出独立评估，通过专业的调查方法、科学的评估体系，对金融教育活动的开展作出科学评价、提出改进建议，促进相关机构不断改进教育方法，提高金融普及教育的效果。还有社会工作者的作用，比如高校大学生参与金融知识下乡的金融教育活动。

（二）金融机构进行创新满足农户的金融要求

对于金融机构来说，应根据农户家庭的收入、结构来设计和提供针对性的金融产品。前文分析以及中国人民银行调研的结果知道，我国农户的金融素养非常低，几乎没有什么投资理财，一般最多的是储蓄存款和农村医疗保险等，家庭财富规模小，普遍厌恶风险，信息比较闭塞，比较排斥接受新的东西。因此，金融机构结合农户的心理特征、金融素养水平以及风险态度来创新开发金融产品，满足农户个性化的需求，同时提升农户金融素养，提高农户参与金融市场的广度和深度，使金融机构与农村消费者实现共赢。

（三）鼓励农民积极参与农业现代化建设，帮助农民保质增收

在精准脱贫和乡村振兴背景下的农户，应该积极参与农业现代化、国家城乡一体化发展的事业中去，在干中学，提升自身的业务素质和金融素养。据第二章的分析，农户参与农村新产业的积极性仍然不足，土地改革进程变缓，农民进城务工意愿下降，对三块不同性质的土地（农用地、宅基地、农村集体经营性建设用地）进行改革还有“最后一公里”问题没有解决。我们知道，农村改革有利于实现城乡一体化，逐步实现城乡融合，最终达到乡村振兴，农户是受益方，通过农用地入股得到分红、将宅基地与闲置房屋进行流转收取租金、农村集体经营性建设用地使村民集体成为股东，借此提高农户收入，进而通过积极地参与金融相关实践来提高农民的金融素养水平，同时金融素养的提高反过来又会进一步推动农村改革的进行，形成一个良性的循环共同体。

（四）加快产业转型，支持农村企业发展

农村改革后，在农村集体经营性建设用地使用权入股并成立企业后，农户可以就地成为农村企业的员工，是拓宽农民收入渠道和间接提高其金融素养水平的共赢选择。支持部分农村企业进行专业化和大规模生产，打造当地农村知名企业品牌，在政府支持下，逐步形成极具当地特色品牌的龙头企业。利用互联网技术吸引外来游客带来产品订单的同时增加旅游收入，使农户富裕的同时，可以去追求更高层次的马斯洛需求，为金融素养的提升创造了良好的经济基础。

（五）在农村地区加快提供数字普惠金融服务

普惠金融是为大多数无法获得金融资源的弱势群体提供的金融服务，比如小微企业、穷人、无业者以及农户等，他们共同的特点是没有太多资产做抵押品。但是农村地区由于交通不便，正规的小微贷款规模小，成本很高，实际上推行农村普惠金融往往没办法到村到户，前文调研得知，银行网点往往设在乡镇，有的村有便民金融服务站，但也不太方便，因此普惠金融服务的“最后一公里问题”仍然没有得到很好的解决，随着金融科技普及度提高，如果在农村地区能够构建行之有效的数字普惠金融服务支撑体系，推广诸如移动端的普惠金融服务，可以大大降低金融机构的服务成本的同时，提高乡村的金融覆盖率，给农户提供了融资便利，同时会大大提升他们的金融参与度，也为农户金融素养的提升创造一个良好的周围环境。

（六）关注农户健康状况，落实社会保险保障机制

农户健康因素对金融素养产生正向的影响，因此，各地乡村政府将国家主导的社会保险制度确实落实在积贫积弱的农村地区是保障当地居民身体健康的第一要务，同时也要关注高危疾病群体，对每位农户给予关注；同时吸引商业保险进入农村，为提高农村地区的保险覆盖率加大政策扶持，一方面对农户的健康情况进行保障，另一方面又为农户参与保险市场提供了条件，保持良好的身体状况有利于提升金融素养，而购买保险来规避风险又是参与金融实践的重要途径，为提升农户金融素养创造一个有利的环境。

第八章　研究结论和政策建议

一、主要结论

本书使用中国金融教育发展基金会在 2019 年 7—9 月进行的“金融教育助力乡村振兴——川皖豫地区‘金惠工程’项目基线调研”项目数据，从不同角度研究了农户金融素养水平对农村贫困的影响。结果表明，农户金融素养水平与农村返贫阻断存在紧密联系，提升金融素养既有利于农村扶贫减贫目标的实现，也有利于农村经济的可持续性发展。

本书得到的主要研究结论如下。

（一）贫困地区农户金融素养整体水平很低

根据金融素养评测结果发现，河南、安徽两省调研地区的农户平均得分只有 4.131，处于偏低状态；2 分至 5 分之间居多，基本呈现正态分布。女性、低收入者、年老者、受教育水平低者、未婚或离异者金融素养水平较低。

（二）金融素养的影响因素存在异质性特征

研究发现，年龄与其主观金融素养水平和客观金融素养水平显著负相关；教育程度与其金融素养水平显著正相关；从事非农职业人群的客观金融素养越高，其主观金融素养却越低，呈显著负相关关系；收入水平特征与河南、安徽两省调研地区的农户主客观金融素养水平都呈显著负相关关系；两省婚姻状况的标准化系数都为正值，说明已婚人士的主客观金融素养得分比未婚、离异和丧偶人士金融素养得分高；拥有更好身体状况的河南农户，其金融素养水平较高，对主客观金融素养的标准化系数都为正；对比河南、安徽两省不难发现，虽然两省都位于中部地区，具有相当的人口规模，但是安徽省贫困农村年龄结构更加年轻，高学历水平人口比重大，非农职业人口多，收入水平相对较高，其整体主观金融素养水平和客观金融素养水平都领先于河南省。

（三）金融素养对金融市场参与和保险市场参与有显著影响

金融市场参与具有显著的正向影响，但是在保险市场参与中却产生直接的负向效应；主观金融素养和客观金融素养对金融市场参与和保险市场参与的影响中起着不完全中介作用，其中介效应占比分别为26.7%、12.07%，并且客观金融素养在金融市场参与和保险市场参与中都受到了主观金融素养的调节作用。

（四）金融素养对农村返贫阻断具有显著的正效应

在收入贫困发生率和贫困脆弱性上，主观金融素养的影响大于客观金融素养。在对农户的金融素养测度中，发现绝大部分人的金融素养处于中低水平，并且有46.78%的样本主客观金融素养得分都处于最低区间，较低的金融素养水平是影响返贫阻断的重要原因。对资产贫困发生率而言，客观金融素养比主观金融素养有着更为积极的影响。

（五）影响金融素养水平包含内在和外在的多维因素

多元回归和分位数回归的结果显示，教育水平的系数估计值最大，表明教育程度在农村地区对农民的主客观金融素养水平影响最强，其次为健康因素。对金融素养水平、金融科技普及度以及经济金融信息关注度的分析结果表明，金融教育作为外在因素能够直接或间接影响金融素养水平，对主观金融素养和客观金融素养都存在显著的正向影响。

（六）推动乡村金融科技普及对乡村振兴有着深远的意义

研究发现，金融科技普及度高，通过中介效应和调节效应，农户金融素养会对其金融决策产生更为显著的影响，因为金融科技可带动一系列连锁反应，包括金融服务、金融教育及金融素养等现状的改善。各个国家或地区为提升居民金融素养纷纷采取了广泛的政策措施，但是，这些政策的关注点都侧重于客观金融素养的提高，却忽视了主观金融素养对于居民金融决策的影响，研究表明，农户作出的金融决策不仅仅受到主客观金融素养的直接影响，而且在客观金融素养对金融决策的影响中，主观金融素养发挥着中介调节效应，引入金融科技普及度作为门限变量后，这一影响路径依旧不发生改变。

（七）应该从宏观层面和微观层面多层次制订金融素养提升计划

在农村加强金融教育的普及，鼓励农民参与金融市场，通过资产配置提高个体金融福祉。金融素养在实现农村减贫脱贫中发挥着不可忽视的作用，但仍存在诸多其他影响因素，因此在政策制定与实施时需要多方协同，规避不利因素的影响；重点关注农村中老年人和青少年，青少年作为金融素养提升中至关重要的一环，是未来实现农村减贫的主体人群，提升其金融素养有利于形成连环效应，进而有利于实现可持续性减贫；加强金融实际案例分享，开展全方位立体式理论与实践相结合的金融教育，让农民通过实际金融操作来感受资产配置带来的福祉，借此打破农户传统观念中小农思想的禁锢；树立典型模范，实现村内居民自主带动效应，而不只是单单靠政府自上而下的宣传。

二、政策启示及建议

现代金融交易越来越复杂，农户不懂金融，农村金融真正要为农村、农业和农民服务，不能只为少数人服务，普惠金融是发展的方向，因此不论从宏观层面还是微观层面，让更多人懂得金融原理和金融规律都非常重要，要尽快提升农户金融素养水平。上述结论具有以下的政策启示：

第一，尽快提升贫困地区农户的金融素养有利于长久性扶贫脱贫。分析结果显示，金融素养较高的农户在农村置业和创业意愿较强烈，有贷款意愿和贷款需求，有较强的风险认知能力和理财规划能力，对自身和家人的养老有较完备的规划，并能准确地把握各项金融政策，能够规避风险，防范电信诈骗和金融诈骗，可以增加财富的积累，对返贫阻断有显著的作用，因此尽快提升金融素养对贫困地区农户脱贫致富非常关键。

第二，教育水平长期影响农户金融素养，健康因素和金融教育干预短期影响农户金融素养。受教育水平不是一朝一夕能提高的；健康居民尽管短期内有机会提升金融素养，但健康这个变量在农村地区变动性强，很难控制，因病致贫、因病返贫现象很普遍。与此同时，调查研究结果显示，在农村地区经济金融信息关注度明显不足，而实证分析结果反映经济金融信息关注度与主观和客观金融素养显著正相关。因此，必须在农村地区尽快开展金融教育以提高农户的金融素养。

第三，应该重点针对农村青少年和弱势群体开展金融知识教育。农户金融素养全面提高的重点在“一老一小”和贫困户，“老”是指老年人，“小”是指青少年，通常他们不能或不愿主动获取金融知识，应该采取相适应的教育方式提升其金融素养。贫困户的金融素养提升非常有价值，实证结果显示，贫困户的金融素养提升可以直接抑制贫困，增加财富积累。

第四，金融监管部门需要完善金融素养提升工程的评价与激励制度。金融监管部门全方位推动金融教育工作，农户应提高对金融教育活动的重视，坚持提升自身的金融素养，不断巩固减贫成果，最终实现彻底脱贫。

提升农户金融素养以提升金融扶贫效果要注意以下三点。

第一，实施农村地区金融素养扶贫工程，提升农户金融素养水平。研究结果表明，农户的金融素养水平与其农村返贫阻断有着明显的正向的关系，因此从金融素养角度，应该加强金融知识宣传普及教育，动员社会多元主体协同参与，围绕精准脱贫战略，实施“金融素养扶贫工程”，对精准识别的贫困户针对性地制订金融素养教育工作方案，创造性地运用金融科技手段增加农户金融知识，提升农户金融教育效率。

第二，加强农村义务教育普及力度，提高农村整体学历水平，将金融教育纳入国民教育体系。个体的教育学历水平对其金融素养的提升具有至关重要的作用，政府应当加大对农村的教育投入力度，让农村的孩子也可以享受到优质教育资源，吸引优秀大学生回归乡村，致力于乡村教育的发展，进一步完善农村地区义务教育体系，为农户金融素养提升奠定良好的基础，政府完全可以尝试将金融素养纳入国民教育体系中。

第三，加大农村金融市场监管力度，增强金融产品透明度，为农户进行资产配置提供良好的市场环境。一方面，良好的金融市场环境为农户提供一个公平合法的金融场所，既增加他们参与金融市场的热情，又有利于增长他们长期投资的信心，从而增加农户金融投资实践活动，是有效提升农户金融素养的途径之一，另一方面，农村老年人口由于缺乏基本金融常识，金融素养低，老年人资金被骗的恶劣事件时常发生，尤其在我国老龄化现象严重的现阶段，不符合法律监管的金融产品层出不穷，规范农村金融市场，既可以减少老年人口的损失，同时还可以让农村老年人在购买保险等金融产品时积累金融知识，提高其对于资产的配置效率，提高农村老年人口的金融素养，为农户金融素养的提升提供良好的保障。

参考文献

［1］阿玛蒂亚·森．贫困与饥荒：论权力与剥夺［M］．北京：商务印书馆，2009.

［2］曾志耕，何青，吴雨，等．金融知识与家庭投资组合多样性［J］．经济学家，2015（6）.

［3］单德朋．金融素养与城市贫困［J］．中国工业经济，2014（4）：136-154.

［4］丁从明，吉振霖，雷雨，等．方言多样性与市场一体化：基于城市圈的视角［J］．经济研究，2018（11）：148-164.

［5］董晓林，戴月，朱晨露．金融素养对家庭借贷决策的影响——基于CHFS2013的实证分析［J］．东南大学学报（哲学社会科学版），2019（5）.

［6］董晓林，石晓磊．信息渠道、金融素养与城乡家庭互联网金融产品的接受意愿［J］．南京农业大学学报（社会科学版），2018，18（4）：109-118.

［7］段军平．贫困地区农户的金融素养对金融扶贫效果的影响研究［J］．经贸实践，2018（5）：110，112.

［8］葛洪申．金融知识、投资经验对我国家庭金融市场参与及资产配置的影响［D］．成都：西南财经大学，2013.

［9］何昇轩．家庭成员对个人金融素养影响的研究［J］．中国软科学，2020（5）：63-71.

［10］何学松，孔荣．金融素养、金融行为与农民收入——基于陕西省的农户调查［J］．北京工商大学学报（社会科学版），2019，34（2）：1-11.

［11］何学松．普惠金融视域下西部地区农民金融素养水平及其影响因素［J］．经济研究，2018（9）：1-9.

［12］侯昱薇．金融素养与风险认知对投资选择的实证研究［J］．现代管理科学，2018（1）：9-11.

［13］胡振，臧日宏．金融素养对家庭理财规划影响研究——中国城镇家庭的微观证据［J］．中央财经大学学报，2017（2）：72-83.

［14］胡振．消费者金融素养研究综述［J］．金融与经济，2019（10）：

84-88.

［15］黄茉莉．养老金融产品风险防范视角下的老年金融教育［J］．时代金融，2018（30）：230-231.

［16］雷汉云，谭卓敏．金融素养对相对贫困的影响机制检验［J］．统计与决策，2022，38（1）：81-84.

［17］李俏萍．差异化金融素质教育研究——以广东梅州为例［J］．黑龙江金融，2019（9）：27-29.

［18］李晓嘉．教育能促进脱贫吗——基于 CFPS 农户数据的实证研究［J］．北京大学教育评论，2015，13（4）：110-122，187.

［19］廖理，初众，张伟强．中国居民金融素养差异性的测度实证［J］．数量经济技术经济研究，2019，36（1）：96-112.

［20］刘国强．我国消费者金融素养现状研究——基于 2017 年消费者金融素养问卷调查［J］．金融研究，2018（3）：1-20.

［21］刘荣茂，陈丹临．江苏省农户贷款可获得性影响因素分析——基于正规金融与非正规金融对比分析的视角［J］．东南大学学报（哲学社会科学版），2014，16（1）：61-67.

［22］刘修岩，章元，贺小海．教育与消除农村贫困：基于上海市农户调查数据的实证研究［J］．中国农村经济，2007（10）：61-68.

［23］刘学爱．湘西州居民金融素养测度与影响因素研究［D］．吉首：吉首大学，2018.

［24］刘亚飞．童年饥饿经历会影响老年健康吗［J］．经济评论，2018（6）：113-126.

［25］卢建．金融素养、市场参与金融福祉［D］．南京：东南大学，2015.

［26］卢玮楠．陕西省大学生金融素养影响因素研究［D］．咸阳：西北农林科技大学，2018.

［27］马克思，恩格斯．马克思恩格斯全集（第 23 卷）［M］．北京：人民出版社，1973.

［28］马克斯·韦伯．经济与社会（第一卷）［M］．阎克文，译．上海：上海人民出版社，2010.

［29］马婧．青少年金融素养形成的影响因素分析［D］．南京：东南大学，2015.

［30］毛泽强．消费者金融素养调查分析——以青海省为例［J］．青海金融，2017（2）：18-23.

［31］穆治锟．能力贫困：三农问题的“痛点”［J］．世界知识，2004（6）：18．

［32］钱锐．人格特征、金融素养与养老规划的关系研究［D］．南京：东南大学，2017．

［33］秦海林，李超伟，万佳乐．金融素养、金融资产配置与投资组合有效性［J］．南京审计大学学报，2018，15（6）：99-110．

［34］苏岚岚．农民金融素养与农村要素市场发育的互动关联机理研究［J］．中国农村观察，2019（2）：61-77．

［35］谭燕芝，彭千芮．金融能力、金融决策与贫困［J］．经济理论与经济管理，2019（2）．

［36］唐怡铮，陈杨旸．青少年金融素养提升路径研究［J］．福建金融，2015（S2）：34-38．

［37］王璐．培养少年儿童金融素养的教育对策［J］．时代金融，2018（30）：352-355．

［38］王露露．消费者金融素养差异研究——基于2012年中国城镇居民消费金融数据［J］．时代金融，2018（8）：60-61，63．

［39］王宇，周丽．农户金融市场参与影响因素的比较研究［J］．金融理论与实践，2009（4）：13-17．

［40］王宇熹，范洁．消费者金融素养影响因素研究——基于上海地区问卷调查数据的实证分析［J］．金融理论与实践，2015（3）：70-75．

［41］王宇熹，杨少华．金融素养理论研究新进展［J］．上海金融，2014（3）：26-33．

［42］王正位，邓颖惠，廖理．知识改变命运：金融知识与微观收入流动性［J］．金融研究，2016（12）．

［43］吴锟．金融素养对中国居民家庭金融行为的影响研究［D］．北京：对外经济贸易大学，2016．

［44］吴卫星，吴锟，王琎．金融素养与家庭负债——基于中国居民家庭微观调查数据的分析［J］．经济研究，2018（1）．

［45］吴卫星．金融素养与家庭负债——基于中国居民家庭微观调查数据的分析［J］．金融市场，2018（5）：66-75．

［46］吴欣悦，于恩锋．乐山市居民金融素养影响因素分析——基于不同群体的多元线性回归［J］．中国集体经济，2020（11）：114-115．

［47］吴雨，彭嫦燕，尹志超．金融知识、财富积累和家庭资产结构

[J]. 当代经济科学，2016（4）.

[48] 伍再华，叶菁菁，郭新华. 财富不平等会抑制金融素养对家庭借贷行为的作用效果吗——基于 CHFS 数据的经验分析 [J]. 经济理论与经济管理，2017（9）：71-86.

[49] 向大攀，朱小梅，陈刚. 消费者金融素养影响因素研究 [J]. 当代经济，2019（4）：154-157.

[50] 谢绵陛. 家庭债务收入比的影响因素研究——来自微观调查数据的证据 [J]. 中国经济问题，2018（1）：62-72.

[51] 谢平，李敏，曹铁军，等. 欠发达地区居民金融素养、金融福祉与普惠金融发展关系研究：以贵港为例 [J]. 区域金融研究，2018（9）：55-60.

[52] 熊学萍. 金融素养评测框架及其对金融决策的影响研究评述 [J]. 华北金融，2018（5）：28-33.

[53] 徐明瑜. 金融素养普查国际实践的比较研究 [D]. 南京：东南大学，2016.

[54] 徐诺金，姜再勇. 中国经济杠杆率水平评估及潜在风险研究 [J]. 金融监管研究，2014（5）：23-38.

[55] 亚当·斯密. 国富论 [M]. 郭大力，王亚南，译. 北京：商务印书馆，2015.

[56] 颜睿. 农户金融素养的影响因素研究——基于浙江万户调研实证研究 [J]. 科技与管理，2018（9）：1-6.

[57] 尹志超，宋全云，吴雨. 金融知识、投资经验与家庭资产选择 [J]. 经济研究，2014（4）.

[58] 尹志超，宋全云，吴雨，等. 金融知识、创业决策和创业动机 [J]. 管理世界，2015（1）.

[59] 攸频，田菁. 贫困减少与经济增长和收入不平等的关系研究——基于时序数据 [J]. 管理科学，2009，22（4）：115-120.

[60] 余绍忠. 创业资源对创业绩效的影响机制研究——基于环境动态性的调节作用 [J]. 科学学与科学技术管理，2013（6）：131-139.

[61] 余文建，武岳，华国斌. 消费者金融素养指数模型构建与分析 [J]. 上海金融，2017（4）：27-34.

[62] 张欢欢，熊学萍. 普惠金融视角下农户的金融素养特征与影响因素研究——基于三省的调查 [J]. 农业现代化研究，2017，38（6）：1026-1035.

[63] 张欢欢，熊学萍. 农户金融素养对金融决策的影响路径与实证检

验——基于山东省的调查［J］．华中农业大学学报（社会科学版），2018（6）：75-85，155.

［64］张欢欢．农户金融素养评测与影响因素研究——基于湖北、河南两省的调查数据［J］．中国农村观察，2017（3）：131-144.

［65］张冀，于梦迪，曹杨．金融素养与中国家庭金融脆弱性［J］．吉林大学社会科学学报，2020，60（4）：140-150，238.

［66］张冀，祝伟，王亚柯．家庭经济脆弱性与风险规避［J］．经济研究，2016（6）.

［67］张江涛．中国居民部门加杠杆的逻辑和潜在风险［J］．国际金融，2018（7）：64-72.

［68］张梦林，李国平，侯宇洋．从脱贫攻坚到乡村振兴：金融素养如何防范返贫［J］．统计与信息论坛，2022，37（2）：117-128.

［69］张鑫，谢家智，张明．社会资本、借贷特征与农民创业模式选择［J］．财经问题研究，2015（3）：104-112.

［70］周弘．风险态度、消费者金融教育与家庭金融市场参与［J］．经济科学，2015（1）：79-88.

［71］周强，张全红．农村非正规金融对多维资产贫困的减贫效应研究——基于 CFPS 微观家庭调查数据的分析［J］．中南财经政法大学学报，2019（4）：46-57，159.

［72］周亭孜．金融素养、风险态度对家庭金融行为的影响研究［D］．北京：首都经济贸易大学，2017.

［73］朱涛，吴宣文，李苏乔．金融素养与风险态度——来自微观调查数据的实证研究［J］．科技与经济，2016，29（1）：62-66.

［74］朱涛．金融素养与风险态度——来自微观调查数据的实证研究［J］．科技与经济，2016（2）：62-66.

［75］朱涛．金融素养与教育水平对家庭金融行为影响的实证研究［J］．金融纵横，2015（5）：85-93.

［76］Agnew，J. R，L. R. Szykman. Asset allocation and information overload：The influence of information display，asset choice，and investor experience［J］．Journal of Behavioral Finance，2005，6（2）：57-70.

［77］Akudugu A，Egyir M，Mensah B A. Women farmers' access to credit from rural banks in Ghana［J］．Agricultural Finance Review，2009，69（3）：84-299.

[78] Alemis, M. C. and Yap, K. The role of negative urgency impulsivity and financial management practices in compulsive buying [J]. Australian Journal of Psychology, 2013, Vol. 65, No. 4, pp. 224-231.

[79] Alessie. R, et al. Financial literacy and retirement preparation in the Netherlands [J]. Journal of Pension Economics&Finance, 2011, 10 (4): 527-545.

[80] Almenberg, J., and Dreber, A.. Gender, Stock Market Participation and Financial Literacy [J]. Economics Letters, 2015, 137: 140-142.

[81] Altonji, J., and Card, D.. The Effects of Immigration on the Labor Market Outcomes of Less-skilled Natives [M]. University of Chicago Press, 1991.

[82] Ameriks, J., Caplin, A. and Leahy, J. Wealth accumulation and the propensity to plan [J]. Quarterly Journal of Economics, 2003, vol. 118 (3), pp. 1007-1047.

[83] Ani Caroline Grigion Potrich, Kelmara Mendes Vieira. Demystifying financial literacy: a behavioral perspective analysis [J]. Management Research Review, 2018, 41 (9).

[84] Antonia Grohmann, Roy Kouwenberg, Lukas Menkhoff. Childhood roots of financial literacy [J]. Journal of Economic Psychology, 2015, 51: 114-133.

[85] Arrondel L, Debbich M, Savignac F. Financial Literacy and Financial Planning in France [R]. Working papers, 2013, 6 (2).

[86] Atkinson, Adele, Messy, Flore-Anne. Assessing financial literacy in 12 countries: an OECD/INFE international pilot exercise [J]. Journal of Pension Economics and Finance, 2011, 10 (4): 657-665.

[87] Australian Curriculum, Assessment and Reporting Authority (ACARA), 2017.

[88] Australian Securities & Investments Commission (ASIC). National financial literacy strategy 2014-2017, 2014.

[89] Australian Securities & Investments Commission (ASIC). Strategy 2018: Shaping a national strategy for 2018, 2018.

[90] Australian Securities and Investment Commission (ASIC). Money Smart teaching links to Australian curriculum, 2012.

[91] Australian Securities and Investments Commission (ASIC). Financial literacy strategy (report 229). Sydney, Australia: Australian Securities and Investments Commission, 2011.

[92] Banerjee, A. &E. Duflo. Poor Economics: A Radical Rethinking of the Way to Fight Global Poverty, New York: Public Affairs, 2011.

[93] Becker G. Accounting for Tastes [M]. Cambridge: Harvard University Press, 1996.

[94] Becker G. The economic approach to human behavior [J]. University of Chicago Press Economics Books, 1976, 4 (4): 515-518.

[95] Bell, E. & Lerman, R. I. Can financial literacy enhance asset building? Washington DC: The Urban Institute, 2005.

[96] Ben-Porath Y. The production of human capital and the life cycle of earnings [J]. The Journal of Political Economy, 1967: 352-365.

[97] Bernheim, B. D. Do Households Appreciate Their Financial Vulnerabilities? An Analysis of Actions, Perceptions, and Public Policy [J]. Policy and Economic Growth, Washington, DC: American Council for Capital Formation, 1995, pp. 1-30.

[98] Bernheim, B. D. Financial illiteracy, education, and retirement saving, in: O. S. Mitchell and S. J. Schieber (eds), Living with Defined Contribution Pensions, Pension Research Council, Philadelphia, 1998, 38-68.

[99] Bernheim, B. D and Daniel M. Garrett. The Determinants and Consequences of Financial Education in the Workplace: Evidence for a Survey of Households [R]. NBER Working Paper 5667, 1996.

[100] Blue, L. E. . Exploring financial literacy education practices in a Canadian Aboriginal community: A case study (PhD dissertation) [D]. Griffith University, 2016.

[101] Blue, L. E. , & Grootenboer, P. Learning practices: Finacnial literacy in an Aborigianl community. In P. Grootenboer, C. Edwards - Groves, & S. Choy (Eds.), Practice theory perspectives on pedagogy and education: Praxis, diversity and contestation (pp. 175-189) [M]. Singapore: Springer, 2017.

[102] Blue, L. E. , Grootenboer, P. J. , & Brimble, M. A. Financial literacy education curriculum: Missing the mark or making the grade [J]. International Journal of Economic Education, 2014, 16 (5): 1-62.

[103] Bowen D J. Passenger rail: a national priority. (Special Report) [J]. Railway Age, 2008.

[104] Bowen, C F. Financial knowledge of teensand their parents [J]. Jour-

nal of Financial Counselingand Planning, 2002, 13 (2): 93-102.

[105] Braunstein, S. & Welch, C. Financial literacy: An overview of practice, research, and policy [R]. Federal Reserve Bulletin, November: 2002: 445-457.

[106] Brobeck S. U. S. Consumer Knowledge: Results of a Nationwide Test [M]. Washington, DC: Consum. Fed. Am, 1990.

[107] Brobeck S. U. S. High School Student Consumer Knowledge: A Nationwide Test [M]. Washington, DC: Consum. Fed. Am, 1991.

[108] Brobeck S. College Student Consumer Knowledge: The Results of a Nationwide Test [M]. Washington, DC: Consum. Fed. Am, 1993.

[109] Brobeck S. American Consumers Get Mixed Grades on Consumer Literacy Quiz [M]. Washington, DC: Consum. Fed. Am, 1998.

[110] Brown M, Graf R. Financial Literacy and Retirement Planning in Switzerland [J]. Numeracy, 2013, 6 (2).

[111] Buchcr-Kocncn, T. et al. How financially literate are women? An overview and new insights [J]. Journal of Consumer Affair, 2016, 51 (2): 255-283.

[112] Bucher-Koenen T, Lusardi A, Alisie R, et al. How Finantionally literate are women? An overview and new insights [R]. National Bureau of Economic Research, 2014.

[113] Calvert, Laurent, John Campbell, and Paolo Sodini. Down or Out: Assessing the Welfare Costs of Household Investment Mistakes [D]. Mimeo, Harvard University, 2005.

[114] Campbell. J Y. Household Finance [J]. The Journal of Finance, 2006, 61 (4): 1553-1604.

[115] Campbell, J. Y.. Restoring Rational Choice: The Challenge of Consumer Financial Regulation, Social Science Electronic Publishing, 2016, 106 (5): 1-30.

[116] Christelis, D., Jappelli, T., and Padula, M. Cognitive abilities and portfolio choice [J]. European Economic Review, 2010, 54: 18-39.

[117] Clancy, M., Grinstein-Weiss, M. & Schreiner, M. Financial education and savings outcomes in individual development accounts. Center for Social Development, Working Paper 01-2. St [R]. Louis: Washington University, 2001.

[118] Cohen, M., Stach, K. & Mcguinnes, E. Financial education: a

win－win for clients and MFIs [D]. Washington DC: Microfinance Opportunities, 2004.

[119] Cole, S., Sampson, T. and Zia, B., Prices or knowledge? What drives demand for financial services in emerging markets? [J]. Journal Of Finance, 2011, Vol. 66, No. 6.

[120] Collins, D. Focus note: Styles and profiles, investigating the financial lives of the poor. The connection between livelihoods and financial portfolios of the poor, 2007.

[121] Cude, Brenda, Frances Lawrence, Angela Lyons. College Students and Financial Literacy: What They Know and What We Need to Learn, Eastern Family Economics and Resource Management Association Conference Proceedings, 2006: 102－109.

[122] Cutler, Neil E, Steven J. Devlin. Financial Literacy [J]. Journal of the American Society, 2000.

[123] Daud, S. N. M, Marzuki, A, Ahmad, N & Kefeli, Z. Financial Vulnerability and Its Determinants: Survey Evidence from Malaysian Households [J]. Emerging Markets Finance and Trade, 2018, Vol. 55, No. 9, pp. 1－13.

[124] Davids Y D, Gouws A. Monitoring perceptions of the causes of poverty in South Africa [J]. Social indicators research, 2013, 110 (3): 1201－1220.

[125] Davies, P. Towards a framework for financial literacy in the context of democracy [J]. Journal of Curriculum Studies, 2015, 47 (2): 300－316.

[126] Davis, S. Social entrepreneurship: Towards an entrepreneurial culture for social and economic development. Arlington: Ashoka, 2002.

[127] De Matos, C. A, Vieira, V, Bonfanti, K, Monika, F & Mette, B. Antecedents of Indebtedness for Low－income Consumers: The Mediating Role of Materialism [J]. Journal of Consumer Marketing, 2019, Vol. 36, No. 1, pp. 92－101.

[128] Delavande, A. et al. Preparation for retirement, financial literacy, and cognitive resources, Michigan Retirment Research Center Working Paper, No. WP 2008－190.

[129] Disney R, Gathergood J. Financial Literacy and Indebtedness: New Evidence for UK Consumers [R]. Working Papers, 2011.

[130] Disney, R. and Gathergood, J. Financial literacy and consumer credit

portfolios [J]. Journal of Banking and Finance, 2013, Vol. 37, No. 7, pp. 2246-2254.

[131] Dohmen. T, Falk. A, Huffman. D, et al. Are Risk Aversion and Impatience Related to Cognitive Ability? [J]. American Economic Review, 2010, 100 (3): 1238-1260.

[132] Elliott, W. B., S. M. Grant, and K. M. Rennekamp. How disclosure features of corporate social responsibility reports interact with investor numeracy to influence investor judgments. Contemporary Accounting Research, 2017, 34 (3): 1596-1621.

[133] Finke M S, Howe J S, Huston S J. Old age and the decline in financial literacy [J]. Management Science, 2016.

[134] Fonscca, R, et al. What explains the gender gap in financial literacy? The role of household decision making [J]. Journal of Consumer Affairs, 2012, 46 (1): 90-106.

[135] Fornero E, Monticone C. Financial Literacy and Pension Plan Participation in Italy [J]. Journal of Pension Economics&Finance, 2011, 10 (4): 547-564.

[136] French, D, McKillop, D. Financial Literacy and Over-indebtedness in Low- income Households [J]. Inter - national Review of Financial Analysis, 2016, Vol. 48, pp. 1-11.

[137] Friedman, P. Banking the unbanked. Helping low-income families build financial assets [R]. Washington DC: The Finance Project, 2005.

[138] Funke, M, Sun, R & Zhu, L. The Credit Risk of Chinese Households-A Micro-level Assessment [R]. BOFIT Discussion Paper, 2018, No. 12.

[139] Gardarsd ottir, R. B. and Dittmar, H. The relationship of materialism to debt and financial well-being: the case of Iceland's perceived prosperity [J]. Journal of Economic Psychology, 2012, Vol. 33 No. 3, pp. 471-481.

[140] Garman, E. T., Kim, J., Kratzer, C. Y., Brunson, B. H. & Joo, S. Workplace financial education improves personal financial wellness. Columbus: Association for Financial Counseling and Planning Education, 1999.

[141] Gathergood, J., and J. Weber. Financial Literacy, Present Bias and Alternative Mortgage Products, Journal of Banking & Finance, 2015, 78 (2): 58-83.

[142] Gaudeckcr, H. M. V. How Does Household Portfolio Diversification Vary with Financial Literacy and Financial Advice? [R]. Social Science Electromic Publishing, 2015, 70 (2): 489-507.

[143] Goodwin-Groen, R. P & Kelly-Louw, M. The National Credit Act and its regulations in the context of access to finance in South Africa. Marshalltown: FinMark Trust, 2006.

[144] Guiso, L. P. Sapienza, L. Zingales. Trusting the Stock Market [J]. Journal of Finance, 2008 (63): 2557-2600.

[145] Gustman, A. L., Steinmeier, T. L., and Tabatabai, N. Financial knowledge and financial literacy at the household level, American Economic Review: Papers & Proceedings, 2012, 102: 309-313.

[146] Haiven, M. The uses of financial literacy. Financialization, the racial imagination, and the unpayable debts of settler colonialism [J]. Cultural Politics, 2017, 13 (3): 348-369.

[147] Haliassos, M. and Bertaut, C. Why do so few hold stocks? [J]. Economic Journal, 1995, vol. 105 (432): 1110-1129.

[148] Hansen, B. E. Sample Splitting and Threshold Estimation [J]. Econometrica, 2000, 68: 575-603.

[149] Hansen J, Hellin J, Rosenstock T, et al. Climate risk management and rural poverty reduction [J]. Agricultural Systems, 2019, 172: 28-46.

[150] Hastings, Justine, Lydia Tejeda - Ashton. Financial literacy, information, and demand elasticity: survey and experimental evidence from Mexico [J]. Discover the world's research, 2008.

[151] Hastings, J. S., Madrian, B. C., Skimmyhorn, W. L. Financial literacy, financial education and economic outcomes [J]. Annual Review of Economics, 2013: 347-373.

[152] Henager R, MAULDIN T. Financial Literacy: The Relationship to Saving Behavior in Low- To Moderate-Income Households [J]. Family & Consumer Sciences Research Journal, 2015, 44 (1): 73-87.

[153] Heney, J. Enhancing farmers' financial management skills [J]. Agricultural Finance Revisited, 2000: 1-86.

[154] Hilgert, M. A., Hogarth, J. M., and Beverly, S. G. Household financial management: The connection between knowledge and behaviour [R]. Federal

Reserve Bulletin, 2003, 89: 309-322.

[155] Hsu J W. Aging and Strategic Learning: The Impact of Spousal Incentives on Financial Literacy [J]. Journal of Human Resources, 2016, 51 (4): 1036.

[156] Hung, A. A. et al. Defining and measuring financial literacy [R]. RAND Working Paper, 2009, No. WR-708.

[157] Huston S J. Financial Literacy and the Cost of Borrowing [J]. International Journal of Consumer Studies, 2012, 36 (5): 566-572.

[158] Huston S. J. Measuring Financial Literacy [J]. Journal of Consumer Affairs, 2010, 44 (2): 296-316.

[159] Jappelli T, Padula M. Investment in Financial Literacy, Social Security, and Portfolio Choice [J]. Journal of Pension Economics &Finance, 2015, 14 (4): 369-411.

[160] Jappelli T. and Padula M. Investment in Financial Literacy and Saving Decisions [J]. Journal of Banking & Finance, 2013, 37 (8): 2779-2792.

[161] Jacob, K., Hudson, S. & Bush, M. Tools for survival: an analysis of financial literacy programs for lower-income families [R]. Chicago: Woodstock Institute, 2000.

[162] Jump$tart coalition. Jump$tart coalition for personal financial literacy (4th Edition) [M]. Washington Univer-sity Press, 2007.

[163] Jump$tart Coalition for Personal Financial Literacy. Financial literacy shows slight improvement among nation's high school students. Rep., Washington, DC, 2006.

[164] Kaptey N A, PANIS C. The Size and Composition of Wealth Holdings in the United States, Italy, and the Netherlands [R]. National Bureau of Economic Research. DOI: 10. 3386/w10182, 2003.

[165] Kallio J, Niemelä M. Who blames the poor? Multilevel evidence of support for and determinants of individualistic explanation of poverty in Europe [J]. European Societies, 2014, 16 (1): 112-135.

[166] Kim, J., Financial knowledge and subjective and objective financial wellbeing [J]. Consumer Interests Annual, 2001 (47): 1-3.

[167] Klapper L, Panos G A. Financial literacy and retirement planning: the Russian case [J]. Journal of Pension Economics and Finance, 2011, 10 (4): 599-618.

[168] Klapper, L., Lusardi, A. and Panos, G. A. Financial literacy and its consequences: Evidence from Russia during the financial crisis [J]. Journal Of Banking And Finance, 2013, Vol. 37, No. 10.

[169] Kon Y, Storey D J. A theory of discouraged borrowers [J]. Small Business Economics, 2003, 21 (1): 37-49.

[170] Ling Xiao, Wang Luanfeng, Pan Yuxi, Feng Yanchao. The Impact of Financial Literacy on Household Health Investment: Empirical Evidence from China [J]. International Journal of Environmental Research and Public Health, 2023, 20 (3).

[171] Loke, Y. J. Financial Vulnerability of Working Adults in Malaysia [J]. Contemporary Economics, 2017, Vol. 11, No. 2, pp. 205-218.

[172] Lucas R E. On the Mechanics of Economic Development [J]. Journal of Monetary Economics, 1988, 22: 3-42.

[173] Lucey, T. A., Agnello, M. F., & Laney, J. D. A critically compassionate approach to financial literacy [M]. Rotterdam, the Netherlands: Sense Publishing, 2015.

[174] Lusardi, A. & Mitchell, O. S. Financial literacy and retirement preparedness: Evidence and implications for financial education programs [J]. Business Economics 2007, volume 42, pages35-44.

[175] Lusardi A, Mitchell O S. Planning and Financial Literacy: How Do Women Fare? [J]. American Economic Review, 2008, 98 (2): 413-417.

[176] Lusardi A, Mitchell O S. The Economic Importance of Financial Literacy: Theory and Evidencer? [J]. Journal of Economic Literature, 2014, 52 (1): 5-44.

[177] Lusardi A, Michaud P C, and Mitchell O S. Optimal Financial Literacy and Wealth Inequality [R]. NBER Working Paper, 2013.

[178] Lusardi A. Financial literacy: Do people know the ABCs of finance? [J]. Public Understanding of Science, 2015, 24 (3): 260-271.

[179] Lusardi, A. Financial literacy skills for the 21st century: Evidence from PISA [J]. Journal of Consumer Affairs, 2015, 49: 639-659.

[180] Lusardi, A. and Tufano, P. Debt literacy, Financial experiences, and over indebtedness [J]. Journal of Pension Economics and Finance, 2015, Vol. 14, No. 4, pp. 332-368.

［181］ Lusardi，A.，Mitchell，O. S. and Curto，V. Financial literacy among the young ［J］. The Journal of Consumer Affairs，2010，Vol. 44，No. 2，pp. 358-380.

［182］ Lusardi，Annamaria，Olivia Mitchell. Planning and financial literacy：how do women fare? ［J］. American Economic Review，2008，98（2）：413-417.

［183］ Lusardi，Annamaria，Olivia S. Mitchell Baby boomer retirement security：the role of planning，financial literacy，and housing wealth ［J］. Journal of Monetary Economics，2007，54：205-224.

［184］ Lusardi，Annamaria，Olivia S. Mitchell. Financial literacy and retirement planning in the United States ［J］. Journal of Pension Economics and Finance，2011，10（4）：509-525.

［185］ Lusardi，Annamaria and Olivia S. Mitchell. Financial literacy around the world：an overview ［J］. Journal of Pension Economics and Finane，2011，10（4）：497-508.

［186］ Lusardi，A. &O. S. Mitchell. How ordinary consumers make complex economic decisions：Financial literacy and retirement readiness ［R］. Goethe University Frankfurt Center for Financial Security Working Paper，2010，No. 2010.

［187］ Lusardi A，Mitchell，O S. Financial Literacy and Planning：Implication for Retirement Planning ［R］. NBER working paper，2011.

［188］ Lusardi A，Mitchell，O S. How Ordinary Consumers Make Complex Economic Decisions：Financial Literacy and Retirement Readiness ［R］. NBER Working Paper，2009.

［189］ Lyons，A. C. A profile of financially at-risk college students ［J］. The Journal of Consumer Affairs，2004，Vol. 38，No. 1，pp. 56-80.

［190］ Maarten van Rooij，Annamaria Lusardi，Rob Alessie. Financial literacy and stock market participation ［J］. Journal of Financial Economics，2011，101 pp. 449-472.

［191］ Markcolin Brigitte and Abraham Smith. Financial Literacy and Investment Decisions ［J］. Review of Economics and Statistics，2006，93（4）：244-265.

［192］ Messy，F. and Monticone，C. Financial education policies in Asia and the Pacific，OECD Working Papers on Finance ［J］. Insurance and Private Pensions，OECD Publishing，Paris，2016，No. 40.

［193］ Ministerial Council for Education，Early Childhood Development and

Youth Affairs (MCEECDYA). National consumer and financial literacy framework (revised 2009), 2011.

[194] Moore D L. Survey of Financial Literacy in Washington state: knowledge, behavior, attitudes, and experiences [J]. Journal of Consumer Affairs, 2011: 354-379.

[195] Moore, Danna. Survey of financial literacy in Washington state: knowledge, behavior, attitudes, and experiences [R]. Technical Report No. 03 - 39, Social and Economic Sciences Research Center, Washington State University, 2003.

[196] Nash, J., Jenkinson, A., Vayro, A. & Sandlant, R. Understanding personal debt and financial difficulty in Australia. Melbourne: ANZ & ACNielson, 2005.

[197] Noctor M, Stoney S, Strading R. Financial literacy: A Discussion of Concepts and Competences of Financial Literacy and Opportunities for Its Introduction into Young Peopled Leaming [R]. Report prepared for the National Westminster Bank, National Foundation for Education Research, London, 1992.

[198] Noctor, M., S. Stoney, and R. Stradling, "Financial Literacy", A report prepared for the National Westminster Bank, 1992.

[199] Nurdan S., Fatih T. and Ozlem S. The Effects of Financial Literacy on the Borrowing Behavior of Turkish Financial Consumers [J]. International Journal of Consumer Studies, 2012 (36): 573-579.

[200] Nurkse R. Problems of capital formation in underdeveloped countries. Basil Blackwell, 413-420. of CLU and CHFC, 1996, 50 (4): 32-34.

[201] Organisation for Economic and Cooperative Development (OECD). Assessment and analytical framework, 2013.

[202] Organisation for Economic Co - Operation and Development (OECD). OECD/INFE Toolkit for Measuring Financial Literacy and Financial Inclusion, OECD Publishing, 2015.

[203] Peter Townsend. Poverty in the United Kingdom. Berkeley [M]. Los Angeles University of California Press, 1979.

[204] Petrick M. A Microeconometric Analysis of Credit Rationing in the Polish Farm Sector [J]. European Review of Agriculture Economics, 2004, 31 (1): 77-101.

[205] Piprek, G., Dlamini, P. & Coetzee, G. Financial literacy scoping

study and strategy project. Final report. Marshalltown：FinMark Trust，ECI Africa Consulting（Pty）Ltd，2004.

[206] Potrich，A. C. G.，Vieira，K. M. and Kirch，G. Você é alfabetizado financeiramente? Descubra no termômetro de alfabetização financeira，BASE-Revista De Administração e Contabilidade Da Unisinos，2016，Vol. 13，No. 2，pp. 153-170.

[207] President's Advisory Committee on Financial Literacy（PACFL），Annual Report to the President：Executive Summary，2008.

[208] Rand，D. Financial education and asset building programs for welfare recipients and low income workers：the Illinois experience. Washington DC：The Brookings Institution，Center on Urban and Metropolitan Policy，2004.

[209] Remund D L. Financial Literacy Explicated：The Case for a Clearer Definition in an Increasingly Complex Economy [J]. Journal of Consumer Affairs，2010，44（2）：276-295.

[210] Richard Disney and John Gathergood. Financial Literacy and Indebteness：New Evidence for UK Consumers [R]. SSRN Working Paper，2011.

[211] Robb C A. Financial Knowledge and Credit Card Behavior of College Students [J]. Journal of Family and Economic Issues，2011，32（4）：690-698.

[212] Rooij M V，Lusardi A，Alessie R. Financial literacy and stock market participation [J]. Journal of Financial Economics，2011，101（2）：449-472.

[213] Rowntree B S，Hunter R. Poverty：A study of town life [J]. Charity Organisation Review，1902，11（65）：260-266.

[214] Runciman W G. Relative deprivation and social justice：A study of attitudes to social inequality in twentieth-century England [M]. Berkeley：University of California Press，1966.

[215] Sandra J. Huston. Measuring Financial Litera-cy [J]. The Journal of Consumer Affairs，2010，Volume 44，NO. 2，pp. 296-316.

[216] Sandlant，R.，Harris，A. & Barker，N. AZN Survey of adult financial literacy in Australia. Melbourne：AZN & ACNielson，2005.

[217] Sayinzoga，A.，Erwin H. Bulte，and R. Lensink. Financial Literacy and Financial Behavior：Experimental Evidence from Rural Rwanda [J]. The Economic Journal，2015，126（594）：1571-1599.

[218] Schicks，J. Over-Indebtedness in Microfinance-An Empirical Analysis of Related Factors on the Borrower Level [J]. World Development，2014，

Vol. 54, pp. 301-324.

[219] Schultz T W. Investing in poor people: an economist's view [J]. American Economic Review, 1965, 55 (1/2): 510-520.

[220] SEC Staff (Staff of the Office of Investor Education and Advocacy of the SEC). Study regarding financial literacy among investors as required by Section 917 of the Dodd-Frank Wall Street Reform and Consumer Protection Act. Washington, DC: SEC, 2012.

[221] Sekita Shizuka. Financial literacy and retirement planning in Japan [J]. Journal of Pension Economics and Finance, 2011, 10 (4).

[222] Sen, A. Commodities and Capabilities (2ndEd.) [M]. London: Oxford University Press, 1999.

[223] Servon L J, Kaestner R. Consumer Financial Literacy and the Impact of Online Banking on the Financial Behavior of Lower income Bank Customers [J]. Journal of Consumer Affairs, 2008, 42 (2): 271-305.

[224] Shum. P&M. Faig. What explains household stock holdings [J]. Journal of Banking &Fincance, 2006, 30: 2579-2596.

[225] Stango V, Zinman J. Exponential Growth Bias and Household Finance [J]. The Journal of Finance, 2009, 64 (6): 2807-2849.

[226] Tan, H. T., E. Y. Wang, and B. Zhou. When the use of positive language backfires: The joint effect of tone, readability, and investor sophistication on earnings judgments [J]. Journal of Accounting Research, 2014, 52 (1): 273-302.

[227] Tatzel, M. Money worlds and well-being: an integration of money dispositions, materialism and price - related behavior [J]. Journal of Economic Psychology, 2002, Vol. 23, No. 1, pp. 103-126.

[228] Tong H. On a threshold model [M]. Sijthoff & Noordhoff, 1978.

[229] van Rooij, Maarten. Annamaria Lusardi and Rob Alessie Financial literacy and stock market participation [J]. Journal of Financial Economics, 2011, 101 (2): 449-472.

[230] Vissing-Jorgensen, A. Perspectives on behavioral finance: does "irrationality" disappear with wealth? Evidence from expectations and actions, in (M. Gertler and K. Rogoff, eds.), NBER Macroeconomics Annual 2003, pp. 139-208, Cambridge: MIT Press, 2004.

[231] Vitt J. Grocery E-Commerce: Consumer Behavior and Business Strategies

[J]. IEEE Transactions on Engineering Management, 2000.

[232] Willis, L. E. Against Financial-literacy Education [J]. Iowa Law Review, 2008, 94 (1): 197-285.

[233] Xiao J J, Chen C, Chen F. Consumer Financial Capability and Financial Satisfaction [J]. Social Indicators Research, 2013, 118 (1): 415-432.

[234] Yi Li, Zheng Wang Li, Fan Su, Qi Teng Wang. Fintech penetration, financial literacy and financial decision-making-Empirical analysis based on TAR [J]. Complexity, 2020 (12).

[235] Yoong, Joanne. Financial illiteracy and stock market participation: evidence from the RAND American Life Panel [M]. Oxford University Press, 2011.

[236] Yusof, S. A. Ethnic Disparity in Financial Fragility in Malaysia [J]. International Journal of Social Economics, 2018, Vol. 46, No. 1, pp. 31-46.